歴史は実験できるのか

自然実験が解き明かす人類史

Natural Experiments of History

編著 ジャレド・ダイアモンド＋ジェイムズ・A・ロビンソン
訳 小坂恵理

慶應義塾大学出版会

NATURAL EXPERIMENTS OF HISTORY
edited by Jared Diamond and James A. Robinson

Japanese translation published by arrangement with Harvard University Press
through The English Agency (Japan) Ltd.

目次

凡例と謝辞

・訳注は〔　〕の中に示した。
・明らかな誤植等については適宜修正を加えた。
・専門用語の訳語について、助言をいただいた皆様に感謝申しあげます（訳者）。

プロローグ

ジャレド・ダイアモンド
ジェイムズ・A・ロビンソン

研究室の制御された環境で反復される実験においては、変化する要素を実験者が直接コントロールする。こうした形の実験はしばしば科学的方法の典型とみなされ、物理学や分子生物学の実験を行なう際には、事実上これが唯一の方法として採用されている。原因と結果の連鎖を解き明かすうえで、このアプローチが比類なく強力であることは間違いない。その事実に惑わされた実験科学者が、操作的実験の不可能な科学分野を見下してしまうほどだ。

しかし、ここに残酷な現実がある。科学として広く認められている多くの分野において、操作的実験は不可能なのだ。まず、過去に関わる科学においては例外なく不可能である。進化生物学、古生物学、疫学、地史学、天文学のいずれも、過去を操ることはできない(1)。つぎに、鳥の群、恐竜、天然痘、氷河、ほかの惑星などを対象とする研究で採用される方法は、今日では道徳心の欠如や違法性を非難される機会が多い。鳥を殺すのも、氷河を溶かすのも、許される行為ではない。そうなると、「科学を行う」ためには新たな方法を考案しなければならない。現実の世界を観察、描写、説明する際に、従来よりも大きな枠組みのなかで作業を進めていく必要がある。

いま紹介したような歴史関連の学問では、自然実験あるいは比較研究法と呼ばれる方法がしばしば効果を発揮している。このアプローチでは、異なったシステム同士が――できれば統計分析を交えながら量的に――比較される。この場合、システム同士は多くの点で似ているが、一部の要因に関しては違いが顕著で、その違いがおよぼす影響が研究対象となる。たとえば、ムネアカシルスイキツツキとして知られるキツツキがスグロシルスイキツツキとして知られる関連種におよぼす生態影響を研究するためには、スグロシルスイキツツキとムネアカシルスイキツツキの両方が生息している山岳地帯と、スグロシルスイキツツキのみが生息している山岳地帯を比較すればよい。あるいは疫学は事実上、人間集団を対象に自然実験を行っているようなものだ。一例を挙げるならば、天然痘への抵抗力を持つ血液型が確認されたのは、血液型の異なる人たちを操作的実験の被験者に選び、各血液型の集団の一部には天然痘ウィルスを、残りにはウィルスの含まれない対照溶液を注入して得られた観察結果のおかげではない。数十年前に天然痘がインドで最後に大流行したとき、各血液型集団の状態を観察した結果に基づいている。流行当時、僻地の村に滞在していた医師たちは、村人の血液型を確認したうえで、誰が感染して命を落としたか、誰が無事だったかを観察したのである。(2)

もちろん、自然実験には明らかな落とし穴が数多く含まれる。たとえば、「実験者」が測定対象として考えていなかった要因に、実験結果が影響されているリスクは否定できない。あるいは、真の説明要因が測定対象の要因ではなく、相関関係がある別の要因である可能性も考えられる。これらの難題は自然実験にとって現実問題だが、自然実験だけが例外というわけではない。研究室で操作的実験を行う際にも、比較を伴わないナラティブな記述を作成する際にも同様の困難はつきまとう。自然実験の落とし穴を克服する最善の方法に関して、いまでは広範囲の文献が手に入るようになった[3]。

たとえば、今日では実際的関心の高い問題について考えてみよう。喫煙はガンの原因なのだろうか。ガンで命を落とした特定の喫煙者に関して、心の機微を捉えた感動的で克明な伝記を執筆することはできるが、その物語は喫煙が一般的傾向としてガンを引き起こすのか、特定の人物だけに引き起こしたのか証明していない。すでにご存じだろうが、喫煙以外にもガンにはたくさんのリスク要因が存在している。そのため疫学者は何千人、いや何百万人もの個人のデータを定期的に集め、喫煙の有無だけでなく食事など、ほかにも様々な要因に関して遺伝情報をまとめたうえで統計分析を行う。このような研究からは、いまでは広く受け入れられている馴染み深い結論が得られた。喫煙は間違いなく一部の（すべてではない）ガンの発生に強く関わっているが、統計分析の結果、ほかにも多くの原因が確認されている。食品中の脂肪や繊維、抗酸化物質、日焼け、大気に含まれる汚染物質、食品や水に含まれる特定の化学物質、様々なホルモン、何百もの異なる遺伝子などである。これではどんな疫学者も、ひとりの患者の物語を語るだけでガンの原因をひとつだけ突き止められるとは期待しない。大勢の人たちを対象に比較と統計分析を行うことによって、はじめて多くの原因を正確に確認できる。同様の結論や落とし穴は、複数の因果関係に由来する歴史現象にも当てはまる。

よく考えてみれば、比較や計量的手法や統計は、歴史の研究でも確実に中心的な役割を果たすことができる。歴史学者は常に「これは時間の経過と共に変化した（増加／減少した）」「これはあれ以上に〜だ」「この人物はあの人物以上に〜だ（ほど〜ではない）」「二人の行動は異なる」といった形の発言を繰り返す。しかし、単にこのような発言をするだけで、根拠となる数字を提供することも関連する統計をまとめることもなければ、比較の枠組を作るだけで中身は空っぽである。すでに一九七九年、歴史学者のローレンス・ストーンは定量化の役割について論じた際にこの問題をつぎのように指摘している。「もはや歴史学者は『多い』『少ない』『成長している』『衰退している』と言うだけでは十分ではない。いずれも論理的には数値比較であることが暗示されるが、主張を裏付ける統計的根拠について明言されていない。事例だけに頼りながらそれ［定量化］に関する議論を進めるのは、むしろ恥ずべき行為だろう。今日では、裏付けとなる統計的証拠によって、事例がルールの典型であり例外ではないことを示すよう批評家から求められている」(4)。

実際、人間社会に関わる様々な社会科学は、自然実験を色々な形で利用している。考古学、文化人類学、発達心理学、経済学、経済史、政治学、社会学の分野において自然実験は広く受け入れられている。これに対し、人類史の分野では経済史を除き、自然実験の利用の仕方は不規則である。自然実験をもっと利用すべきだと呼びかける歴史学者もいれば、すでに十分利用されていると主張する歴史学者もいる。なかには実際に利用している歴史学者もいるが、無意識に利用しているときや、このアプローチに潜在的に備わっている方法論的利点を十分に生かしていないときもある(5)。結局のところ全体として見ると、自然実験をまったく使わない歴史学者は多く、彼らはこのアプローチに懐疑心や敵対心を抱く。統計分析された定量データを使った系統的な比較には特に反発が強い。

このような懐疑的な態度には様々な理由が考えられる。まず歴史という学問は人文学系と理科系に大別され、細かな学問がいずれかのグループに分類される。たとえばアメリカのある名門大学では、大学の歴史学部の学部長は人文学系だが、大学院の学部長は理科系出身者である。しかし、経済学者や政治学者ではなく、歴史学者としての訓練を受ける決心をした学生の多くは、数学や統計学の学習を明らかに避けて通りたいはずだ。一方、歴史学者はひとつの国や地域の特定の時代の研究にキャリアを捧げることが多いが、特定の地域や時代について学ぶためには特別の専門知識を身に着けなければならない。そうなると学生は、自分が習得を目指す専門知識を身に着けるために生涯を捧げていない学者に疑いの目を向け、自分の研究分野に該当する地域や時代について相手は専門的な論文を書けないのではないかと疑う。その一方で学生は、部分的な知識しか持たない自分は異なった地域や時代との比較ができないのではないかと懸念を抱くかもしれない。つぎに、教育方法の影響も無視できない。大学院で歴史を専攻して長期間におよぶ訓練を受けるあいだには、歴史に該当するものとしないもの、歴史学者にとって妥当な方法とそうではないものについて厳しく叩きこまれる。そのため、たとえば多くのアメリカ人歴史学者は、数量史の特殊な学派である計量歴史学の学者から議論を挑まれても計量分析を使って反論しようとはしない。その強い姿勢からは、この特殊なアプローチに対する批判で指摘される弱点が、すべての計量分析に当てはまると思い込んでいるような印象すら受ける。(6)あるいは歴史学者は、人間の歴史はガンやチンパンジーや氷河の歴史と根本的に異なると信じたがる。なぜなら、人間の歴史のほうがずっと複雑であり、数で測定も表現もできない個々の人間の動機が関わっているからだという。しかし実際のところ、ガンもチンパンジーも氷河も非常に複雑である。動機を文書の形で書き残さないだけで、何らかの障害は発生している。おまけに心理学者や経済学者や御用学者、あるいは伝記学者の一部など、いまでは多くの学者が、死者が残した文書のレトロスペクティブ分析や存命中の人たちへのインタビューを通じ、個々の人間の動機を測定し分析できるようになった。

本書の概要

本書は歴史で使われている比較研究法を紹介するだけでなく、明らかな落とし穴を回避するためのテクニックの一部について考察することを目標にしており、そのために七つの章と八つの研究を準備した（第4章には二つの研究が含まれる）。読者対象は、比較研究法に理解のある（あるいは、少なくとも強く反対しない）歴史学者だけではない。社会科学には比較研究法がすでに広く採用されている分野もあり、そのような分野に属する大勢の学者も対象に含まれる。さらに、名声を確立した学者と同様、大学生も読者の一部として考えている。したがって、読者が予め統計や定量分析に精通している必要はない。八つの研究（そのうちの二つは共著）は一一人の執筆者によるもので、そのなかの二人は歴史学部に所属する伝統的な歴史学者である。それ以外の執筆者は考古学、経営学、経済学、経済史、地理、政治学の分野から選んだ。これらの研究を総合すると、広い視点からの比較史へのアプローチが以下の四つの点で可能になる。

まず、本書はアプローチの範囲が広い。前半の章は歴史学者の伝統的なアプローチで、計量的な要素は含まれずナラティブに執筆されている。これに対して後半の章では、歴史以外の社会科学ではお馴染みの統計分析に基づいた定量的研究が採用されている。

第二に、比較は二者のあいだ（イスパニョーラ島を共有するハイチとドミニカ共和国）だけでなく、二つの章では三者のあいだで行われている。さらにドイツでは何十もの地域、太平洋では八一の島々、インドでは二三三の地域が比較の対象になっている。

第三に、本書では研究対象となる社会の範囲も広い。現代の社会だけでなく、記録文書が残されている過去数世紀の文字社会、考古学的発掘が唯一の情報源である文字のない社会まで網羅している。そして最後に、歴史学者が興味を抱くように世界の様々な地域が研究対象に選ばれている。ケーススタディでは、アメリカ、メキシコ、カリブ海の島、ブラジル、アルゼンチン、西ヨーロッパ、熱帯アフリカ、インド、シベリア、オーストラリア、ニュージーランド、それ以外の太平洋諸島などを取り上げている。

したがって従来の歴史学者は、本書の前半で紹介する四つの研究のアプローチに親近感を抱くだろう。ナラティブに話を進めながら証拠を見つけ出したうえで、少数の社会（順番に三つ、七つ、三つ、二つ）を比較しており、テキストの定量データを使った統計比較は行われていない。後半の四つの研究アプローチは従来の歴史学者のほとんどと異なるが、少数の歴史学者や定量分析に明るい研究者の一部は馴染み深い印象を受けるだろう。定量データの統計分析を土台にしながら、多くの社会（順番に八一、五二、二三三、二九）を比較している。

第1章の執筆者パトリック・カーチは、古代ポリネシア人という単一の祖先が入植した太平洋諸島のあいだで、大きく異なった歴史が展開したのはなぜかと問いかけている。ポリネシアの社会政治や経済がいかに複雑か説明するため、カーチはポリネシア圏内の三つの島（群島）に焦点を当てている。小さな島で小規模の首長制国家が発達したマンガイア島、中規模の土地で複数の独立した首長制国家が争ったマルキーズ諸島、ニュージーランドを除けばポリネシア群島最大のハワイ諸島の三つだ。ハワイ諸島では規模の大きな複数の政治形態が誕生して競い合い、いずれも「古代国家」としての特徴を備え、ひとつまたは複数の島を支配した。これらのポリネシア社会はいずれも文字が発達しなかったので、歴史学者が重視する記録文書に証拠として頼るわけにはいかない。そこで代わりにカーチは、言語学、考古学、民族誌の証拠に注目している。したがって、カーチは従来の歴史学者と同じような疑問を抱いているが、彼の研究を従来の定義に当てはめるならば、歴史よりはむしろ考古学に分類されるだろう。複数の社会のあいだで文化特性が似通っているのは、祖先の同じ特徴が並行して保持されるか（いわゆる相似性）、それぞれ独自に発達させたか（いわゆる類似）、借用したか、いずれかに原因があるとカーチは指摘している。このように、彼は方法論的に厳格なアプローチで比較に臨み、それを系統発生モデルと名づけた。具体的には様々な方面から証拠を集め（「トライアンギュレーション」〔複数の研究技法を組み合わせて仮説的推論の妥当性を高めていく〕アプローチ）、過去の社会や文化の様々な側面の再現に努めている。

ジェイムズ・ベリッチ（第2章）は、アメリカ西部などのフロンティア社会に関する広範な文献に目を通し、一九世紀に発達した七つのフロンティア社会を比較している。アメリカ合衆国、「ブリティッシュ・ウェスト」（カナダ、オーストラリア、ニュージーランド、南アフリカ）、アルゼンチン、シベリアの七つだ。これらの社会は多くの点で明確に異なる。母国へ戻った移民の割合、最大の成長が達成され産業革命の全盛期が実現した時期、そして何よりも移民構成の違いが際立っている。五つの社会は英語圏になり、ひとつの社会（アルゼンチン）はスペイン語圏でもスペインよりイタリアからの移民のほうが多く、もうひとつの社会（シベリア）はロシア人で構成された。このように「実験条件」は異なるが、ベリッチはつぎのような非常に興味深い結論を導き出している。これらの社会のすべてにおいて、同じ三つのステップから成るサイクルが繰り返されているのだという。まず人口が爆発的に増加すると流入してくる商品や資本の正味額が増え、つぎに深刻な「不況」で経済の成功率が一気に減少して企業が相次いで倒産する。しかし、そのあとは地域外への製品の移出が盛んになり、遠方の大都市に主要産物を大量に供給することで新たな経済が創造される。ベリッチは、七つのフロンティア社会全体でこのサイクルが二六回発生していると指摘している。そこからは、すべてのフロンティア社会は基盤となる人口や経済的活力に関する類似点を共有しており、移民の構成、成長の時期、工業化の段階、母国などの違いよりも勝っているのではないかと考えられる。そうなると比較研究する際には、結果の違いだけでなく、類似点も見落としてはいけないことがベリッチの結論からはわかる。進化生物学の専門用語で収斂進化と言われる現象に注目しなければならない。

スティーブン・ヘイバー（第3章）は、一九世紀を起源とする銀行制度に関してアメリカとメキシコとブラジルを比較している。銀行制度の違いは、これらの国のその後の近代史に重大な結果をもたらした。ヘイバーのケーススタディは、経済学者や政治学者や歴史学者がさかんに研究してきた一般的な疑問の解消に貢献している。一部の国では大きな銀行制度のもとで信用が幅広く配分されたおかげで急成長が実現したが、一部の国では銀行制度がほとんど発達しなかったおかげで成長も社会的流動性も制約されたのはなぜか、長らく疑問視されてきたのだ。国ごとの違いの一例として、二〇〇五年の民間銀行のローンに注目してみよう。イギリスではＧＤＰの一五五％、日本では九八％、メキシコでは一五％、シエラレオネでは四％の割合を占めている。銀行制度に関する国ごとの違いに民主的統治の違いが関わっているのは間違いないが、そうなると今度は、因果関係の方向が問題として浮上する。民主的な制度が大きな銀行制度の発達を促すのだろうか。それとも逆に、大きな銀行制度が民主的な制度の発達を促すのだろうか。自然実験における交絡変数〔従属変数と独立変数の両方に相関する外部変数〕の数を減らすため、ヘイバーは研究対象となる国を新世界の三つの大国に絞り込んだ。

いずれも西暦一八〇〇年前後の数十年のあいだに独立を果たし、建国当時は特許銀行が存在していなかった（植民地時代、ヨーロッパの宗主国によって禁じられていたからだ）。ヘイバーが対象を絞り込まず、一八〇〇年の時点ですでに特許銀行が存在していた（しかも各国間で銀行制度に重大な違いが見られた）ヨーロッパ諸国にまで研究対象を広げていたら、研究作業はもっと複雑になっていたはずだ。ヘイバーが選んだ新世界の三つの国はいずれも、大きな自然実験の内部で小さな自然実験が進行していると言ってもよい。それぞれ異なった政治制度が発達したが、各国の制度が、研究の対象となった時代（独立から一九一四年ごろまで）のあいだに変化を遂げている。

統計を使わないナラティブなケーススタディに該当する研究の最後に紹介するものは、四つのなかで最もスケールが小さい。ここではジャレド・ダイアモンド（第4章）が、ハイチとドミニカ共和国という二つの社会を比較している。両国はカリブ海のイスパニョーラ島を分け合っているが、政治的国境をはさんだ両国の違いは世界でも稀なほど際立っている。飛行機から眺めると、イスパニョーラ島は直線で二等分され、西側のハイチの部分はむきだしの茶色い荒地が広がっている。浸食作用が著しく進み、九九％以上の森林が伐採されている。一方、東側のドミニカ共和国は、未だに国土の三分の一ちかくが森林に覆われている。両国は、政治と経済の違いも際立っている。人口密度の高いハイチは新世界の最貧国で、力の弱い政府は基本的なサービスをほとんどの国民に提供できない。一方、ドミニカ共和国は未だに途上国だが、一人当たりの平均所得はハイチの六倍に達し、多くの輸出産業を抱え、最近では民主的に選ばれた政府の誕生が続いている。現代のハイチとドミニカ共和国の大きな違いのほんの一部は、当初の環境条件の違いに由来している。ドミニカ共和国に比べ、ハイチは山がちで乾燥が激しく、土地はやせて栄養分が少ない。しかし最も大きいのは植民地としての歴史の違いだろう。イスパニョーラ島の西側はフランス、東側はスペインの植民地だった。まず、この宗主国の違いが奴隷制プランテーション、言語、人口密度、社会の不平等、植民地の富、森林破壊などに関して大きな違いを生み出した。これらの違いは、先ず独立戦争への取り組み方の違いを、つぎに海外投資や移民への受容性の違いを、そして欧米各国による認識の違いを生み出した。さらに時代が下って現代になると、独裁者の在職期間の違いを生み出し、最終的に両国の条件は今日まったく異なってしまったのである。

第4章の後半の研究は、前半とは正反対である。ひとつの島というスケールの小さな場所を二分割してナラティブに比較したあと、今度はスケールを拡大し、まずは太平洋の六九の島々のあいだで、つぎにそのなかの一二の島の湿度の高い地域と乾燥した地域のあいだで統計的な比較を行う。この研究は、イースター島のロマンチックなミステリーから始まる。破壊された何百体もの巨大なモアイ像で有名なこの島が、太平洋で最も森林破壊が進んだ島になったのはなぜだろう。この島では固有種の木がほぼ全滅し、木に依存していた人間社会に深刻な結果をもたらした。ただし、イースター島は大きな自然実験のデータポイントのひとつにすぎない。太平洋に存在する何百もの島々のあいだで森林破壊の程度は様々で、（イースター島のように）完全に破壊された島もあれば、逆にほとんど進行していない島もある。ダイアモンドのデータベースには、第1章でカーチの研究対象になった島のうちポリネシア人が定住した島と、彼らと密接な親縁関係にある太平洋の二つの人種（メラネシア人とミクロネシア人）が定住した島が含まれる。木の成長や森林破壊は多くの要因に左右されるので、ひとつか二つの島だけを研究対象に選んでナラティブな解説をしたところで、広範囲におよぶ結果を十分に理解することはできない。しかし多くの島が分析対象になっていれば、森林破壊におよぼした深刻な影響を九つの要因から確認することができる。この九つの要因の一部は、ダイアモンドと共著者のバリー・ロレットが統計分析を行うまで、重要だとは想像すらしなかったものだ。森林破壊を定量分析しなくてもこれらの結論が引き出されたことに、歴史学者は大きな関心を示すだろう。ロレットとダイアモンドは森林破壊に関し、深刻なレベルと穏やかなレベルのあいだをおおまかに五つにランク分けして評価している。測定が難しくても、少なくともランク付け（「大きい」「中くらい」「小さい」）できる結果に関して、しばしば歴史学者は理解しようと努めるものだ。数値で示されなくてもランク付けされた結果の分析が行なわれている統計は、歴史学者にとっても十分に利用可能だ。

残りの三つの研究――ネイサン・ナン（第5章）、アビジット・V・バナジーとラクシュミ・アイヤー（第6章）、ダロン・アセモグル、ダビデ・カントーニ、サイモン・ジョンソン、ジェイムズ・ロビンソン（第7章）による研究――が紹介する自然実験ではいずれも、大きなスケールの攪乱（perturbation）（順番に、アフリカの奴隷貿易、イギリスによるインド統治、フランス革命に伴う制度上の変化）がもたらした歴史的結果について考察している。それが可能なのは、攪乱が広大な地域のなかで地理的な規則性を伴わずに展開しているからだ。攪乱が観察される地域と観察されない地域のあいだに規則性が見られない状態で両者を比較すれば、二つの異なった地域のあいだの平均的な社会的相違が、攪乱を促す要因の有無に（それ以外の違いではなく）よるものだという仮説が現実味を帯びてきて、その正しさの証明に取り組む価値も生まれる。一方、要因の存在する場所としない場所の分布が地理的に規則正しければ（すべての場所が南部や高地に集中しているといった具合に）、社会的相違を引き起こす原因は攪乱を促す要因の有無ではなく、地理的な違いだという仮説が立てられる。もちろん、三つの研究のすべては、因果関係の方向性という問題に取り組まなければならない。すなわち、観察される違いは本当に攪乱によって引き起こされたのか。それとも攪乱の扇動者（順番に、奴隷商人、イギリス人行政官、フランス人征服者）が、地理的な場所を不規則に選び、そこに最初から存在していた違いが、近代になってから表面化したのか問いかけなければならない。

三つの研究のひとつであるネイサン・ナンの研究では、奴隷貿易が現代のアフリカに残した遺産という長年の問題に取り組んでいる。具体的には、大西洋、サハラ砂漠、紅海、インド洋経由で行われた過去の奴隷貿易が現代のアフリカ諸国にもたらした経験の違いが比較されている。アフリカの一部からはたくさんの奴隷が輸出されたが、なかにはほとんど送り出されていない地域もある。今日、かつて奴隷が輸出されていた地域は、輸出されなかった地域に比べて貧しい傾向が強い。そこからナンは、奴隷貿易が経済的な違いを引き起こしたのであり、その逆ではないと論じている。同様にアビジット・バナジーとラクシュミ・アイヤーは、イギリスによるインド統治がもたらした影響という未解決の問題に取り組んでいる。二人の研究によれば、インドのなかでも過去にイギリスの植民地政府によって直接統治された地域は、間接的に統治された地域に比べて今日では学校や舗装道路が少なく、識字率や電気普及率が低い。さらにダロン・アセモグル、ダビデ・カントーニ、サイモン・ジョンソン、ジェイムズ・ロビンソンらは、フランス革命軍とナポレオンがヨーロッパ各地を征服したうえで、制度に大きな変化をもたらしたことの影響について論じている。執筆者らは、ドイツのなかで制度の大きな変化があった場所となかった場所を比較したうえで、歴史的偶然の結果、ドイツでは地理的に不規則な形で一部の地域に変化がもたらされたと述べている。これらの制度上の変化は都市化を促したが、始まるまでに数十年の遅れが生じたのは産業革命の到来が遅れたからである。制度上の変化を経験した地域は産業革命を歓迎したが、古い制度に固執している地域は産業革命に抵抗した。

結びとなるあとがきでは、本書で紹介した研究にかぎらず、人類史において比較研究法を用いて自然実験を行う際に共通する方法論的な問題について取り上げる。たとえば、異なる複数の撹乱や異なる複数の初期条件が関与している自然実験、撹乱が発生する場所の「選択」、撹乱の影響が現れるまでの時間遅延などの問題が考えられる。ほかには、統計で観察される相関関係から因果関係を推論する作業に伴う問題も無視できない。さらには、逆の因果関係は成り立つか、欠落変数バイアスは確認されるか、基本的メカニズムはどのようになっているか。単純すぎる説明や複雑すぎる説明という罠に陥らないためにはどんな方法があるか。曖昧な現象（幸せを測定して研究する方法など）をいかに「操作」すべきか、定量化と統計はどんな役割を果たすのか、範囲の狭いケーススタディと範囲の広い総合的な研究のあいだの緊張にどう対処すべきか。以上の問題も確認しておかなければならない。

最後に、本書のスタイルとフォーマットに関して触れておきたい。複数の著者から成る書物のほとんどは、章の数も執筆者の人数もページ数もあまりにも多く、ほとんど統一感がなく、ほとんど編集作業が行われないことを編者らは認識している。私たちは二人とも、本書のような形の本の編集を少なくとも二度手がけた経験があり、完成本に統一感を持たせるためには大変な努力が必要であることを苦い経験から理解している。執筆者を何とか確保して本を完成させる作業には犠牲が付き物で、平均すると一冊完成するたびに二人の友人を永遠に失い、数人とは少なくとも一〇年間は絶好状態になってしまうと言ってもよい。しかし幸い、本書の執筆者は全員がお互いの原稿を読み合ってくれた。しかも、このプロジェクトに取り組んだ二年間には何度となく修正を依頼したが、常に協力的な姿勢で臨んでくれた。そしてもうひとつ、どの章も伝統に忠実な数人の歴史学者に目を通してもらい、彼らからの提案が考慮され本書に盛り込まれていることを、この場をかりて伝えておく。(7)

第1章

ポリネシアの島々を文化実験する

パトリック・V・カーチ

パトリック・V・カーチ（Patrick V. Kirch）

1950年生まれ。カリフォルニア大学バークレー校人類学部教授。1975年にイェール大学Ph.D.取得。専門はオセアニアの先史時代ならびに民族誌。

一七七八年一月はじめ、キャプテン・ジェームズ・クックが率いるレゾリューション号とディスカバリー号は北太平洋の真っただ中の未知の海域を航海し、当時はニュー・アルビオンと呼ばれていた太平洋岸北西部を目指した。海軍本部からの命令にしたがい、過去の二度の航海ですでに馴染みのあるタヒチで補給したあと、北西に進路をとって伝説の「北西航路」を発見することが今回の目的だった。一月一八日、北東の大陸島に目を凝らしていたレゾリューション号の見張りは、ほどなく北の方角に二つめの火山を確認する。その翌日、クックと乗組員は地球上でもきわめて孤立した社会と「初めて接触」した。それはハワイ諸島のひとつカウアイ島で暮らすポリネシア人の社会である。

クックにとって、ポリネシアははじめての場所ではなかった。これよりも一〇年前にロンドン王立協会の命を受け、一七六九年六月三日に金星の太陽面通過を観測するためタヒチを訪れている。任務が終了したあとはソシエテ諸島のほかの島々を探検してから、ニュージーランド周航に世界ではじめて成功した。一七七二年、海軍本部はクックをふたたび太平洋に派遣する。仮説上の大陸テラ・アウストラリスが実在するかどうか確認することが目的だった。このときクックはこれまでの誰よりも地球を南下しただけでなく、ポリネシアの多くの地域を探検し、ツアモツ諸島、トンガ、クック諸島、イースター島、マルキーズ諸島などの地図を作成した。

クックは太平洋中部を一〇年間にわたって航海し、島々の地図作製や住民の観察を続けた結果、今日では「ポリネシア人」と一括りに称される住民について多くの知識と洞察力を手に入れた(1)。カウアイ島の住民のカヌーがレゾリューション号に横付けされたときには、彼らの言葉に真っ先に注目した。四三〇〇キロメートル以上も南のタヒチの住民が話す言語の変形であることは、疑いようがなかったのである。ニュー・アルビオンまでの航海を続けるためにカウアイ島を出発する前日、クックは航海日誌につぎのように記した。「この広大な海に散らばる国家の存在について、どのように説明すればよいのだろう(2)」。明らかに関連性のある言語を話し、それほど大昔ではない時代に共通の先祖を持っていると推定される人びとが、ニュージーランドからイースター島、さらには今回新たに発見された北太平洋の群島にまで広く分布している事実はクックを驚かせた。彼の計算によれば、この「国家」は緯度にして六〇度、すなわち南北に一二〇〇リーグ〔一リーグは三・八〜七・四キロメートルの範囲〕、経度にして八三度、すなわち東西に六六〇リーグの範囲におよんでいる。啓蒙時代の偉大な探検家のひとりであるクックは、人類史上の大きな謎に直面した。ポリネシア人が共通の先祖を持ちながら、各地に分散して独自の文化を発達させたのはなぜか。この厄介な問題は最終的に、対照比較という研究方法によって解き明かされた。

人類史の比較の方法

私は古代ポリネシアの社会や文化の研究に数十年を費やしてきたので、本章で歴史の研究に比較を活用する際には人類学者の視点に立っている。ポリネシアは非常に多くの島や群島で構成される広大な三角地帯で、周囲をニュージーランドとハワイとラパ・ヌイ（イースター島）に囲まれている。クックが発見したように、ポリネシアは共通の言語を継承している。おまけに、歴史的に一貫性のある文化圏であることが考古学によって証明されている。紀元前一〇〇〇年にまで起源を遡る多くの特徴が、様々な文化によって共有されているのだ。そのためポリネシアは一度ならず、比較分析にとって理想的な地域としてみなされてきた。実際、人類学の古典的研究の多くが、比較分析の対象としてポリネシアを取り上げている。たとえば、マーシャル・サーリンズはポリネシアの島々の環境の違いと社会構造の違いとの関連性について研究を行い、アーヴィング・ゴールドマンはポリネシアの諸文化の違いを理解する鍵となる「地位を巡る対立」について分析している。(3)同様に物質文化の領域では、ポリネシアの帆走カヌー、樹皮布の製造、石手斧の技術が比較研究の対象になっている。(4)たとえばダグラス・オリバーなどはオセアニアに関して優れた研究を行い、範囲をポリネシアに限定せず、メラネシア、ミクロネシア、オーストラリアの文化にまで範囲を広げている。(5)一方、歴史言語学者は音韻や語彙の比較といった専門的な方法を活用し、ポリネシア祖語のボキャブラリーの再現に取り組んできた。(6)

私は先史考古学の研究が主な専門分野だったこともあり、ポリネシアへの興味を募らせた（先史考古学は「人類学的考古学」と分類されることも多く、ギリシア・ローマ世界に重点的に取り組む「古典考古学」と区別される）。そしてこれまで、ヨーロッパ人の到来や歴史文書の登場以前のポリネシアの歴史の概要を知る手がかりとして、詳細な物質的証拠の発掘に多くのエネルギーを費やしてきたが、歴史を研究・理解するための大きなプロセスのなかで、フィールドワークはほんの一部にすぎないとしか思えない。それよりはむしろ、複数の先史時代を比較分析すれば、人間の文化やその長きにわたる進歩に関する理解は深まると確信している。そのため私は次第に「歴史考古学者」を自認するようになり、考古学的発見だけでなく、歴史言語学のデータ、比較民族誌学の研究、古生態・古環境に関する調査などから提供される証拠にも注目し、取り組む学問領域を広げていった。

私の認識論的土台に関しては、もうひとつの面を紹介しておかなければならない。スティーブン・ジェイ・グールドとアーネスト・マイヤーは歴史学を実験科学と対照的な学問として位置付けたが、私にとって歴史人類学は「歴史学」の範疇に属する。[7]（したがって、過去に作られた「ストーリー」はどれも無条件に妥当だと評価するポストモダン的な視点は受け入れられない）。言うなれば、人類史（あるいは「文化進化」）において考古学は、生物進化学における古生物学と似たような役割を果たしていると私は考えている。一方は文化（工芸品や人間の活動の残骸）、もう一方は生物（骨や外骨格などの化石）に注目する点は異なるが、どちらの分野も長期的な変化が存在した物理的証拠の解明に取り組む点は同じだ。ただしこのような証拠は、大きなパラダイムに組み込まれなければ意味を理解することができない。今日では、文化進化に大きなパラダイムを提供するための研究が数多く進行しているが、それについての論評は本章の範囲外である。[8]

話を比較というコンセプトに戻そう。研究に比較を取り入れる発想は歴史学にとって不可欠であり、歴史人類学も例外ではない。なぜなら文化進化に対しても、人間の文化や社会の長期的な変化に対しても、「実験」を行うことなどできないからだ。マイヤーが賢明に指摘しているように、歴史学（あるいは「観察科学」）は、実験に代わる手段として「自然実験」を発見した。自然実験のなかでも特に有名なのが、ダーウィンがガラパゴス諸島で注目したフィンチのくちばしだ。これによって彼は、進化論の裏付けとなる重要な証拠を手に入れた。マイヤーは以下のように指摘している。「観察科学が大きな進歩を遂げたのは、研究室での実験が不可能ではないとしても、きわめて非現実的な分野において、自然実験が進行している事実を発見し、正しく評価して比較を行った人たちの非凡な才能のおかげだ」[9]。意外とも思えないが、有名な自然実験の舞台には島や群島が数多く含まれている。

一〇〇〇年から三〇〇〇年におよぶ歴史的変化の土台となるプロセスを理解するための自然実験——この場合はむしろ文化実験——にとって、ポリネシアは格好の舞台だと言ってもよい。いくつかの要因が重なり、ポリネシア諸島とその社会は歴史の比較分析にとってほぼ理想的な地域になった。先ず、ポリネシア諸島そのものが実に多彩で、人間の入植者は適応するために各地で異なる難題を突き付けられた。島の規模はごく小さなもの（面積が数平方キロメートル）から大陸に匹敵する大きなもの（ニュージーランド）まで様々で、島の形態はサンゴ環礁もあれば火山島もあり、地質年代も異なる。そして、気候や海洋／地上資源にも統一感は見られない。第二に、これらの島はすべて同じ集団によって発見され定住された。紀元前九〇〇年頃にトンガ・サモア地域に到達した海洋民族の東ラピタ人が共通の先祖である。(10) したがって、後に枝分かれした複数の社会を文化の面で比較する際、イノベーションなど後発的な特徴ではなく、先祖の集団から受け継がれてきた特徴に注目することができる。そして第三に、一八世紀末にクックをはじめ啓蒙主義時代の探検家たちが目撃したポリネシア社会は、社会政治的にも経済的にも複雑さの度合いが大きく異なっていた。地位の差がほとんど存在しない単純な部族社会もあれば、何万人もの住民が統合され、高度に組織化された階層社会から成る大きな政治形態も発達していた。したがって、歴史的関連性のある民族のあいだで社会や文化がどのように変化を遂げたのか比較分析するうえで、ポリネシアは絶好の機会を提供してくれるのだ。

系統発生モデル

比較分析にとってポリネシアは理想的な地域ではあるが、比較を行うに当っては、厳密で秩序だったアプローチを考案する必要がある。先ず、文化特性は、各地で共有される相同的なもの、すなわち共通の祖先から派生・発展して（相似性を備えた）ものと、よそから取り入れた（共在的な）ものに区別されなければならない。[11] 私は同僚のロジャー・グリーンと共に歴史を比較分析するための体系的な方法を慎重に考案したうえで、人類学者イヴォン・フォークトからの当初の提案にしたがい、それを「系統発生モデル」と呼ぶことにした。系統発生モデルとその必然の結果である「トライアンギュレーションアプローチ」についての詳しい解説は別の機会にまわす。[12] ただし、本章の後半で紹介する比較分析にとって欠かせないモデルなので、このアプローチの重要な要素について以下に簡単に要約しておく。

そもそも系統発生モデルは、新世界のユト・アステカ文化に関するキム・ロムニーの認識に基づいている。それによると世界の多くの地域では、文化の関連性を持つ集団（往々にしてこのような関係は、どの集団も単一の言語族に所属している事実によってはっきり確認される）のあいだでひとつの歴史すなわち「系統発生」が共有されるという。この場合、諸文化によって共有される類似性は相同的なものである。完新世の中期から後期にかけて農業を営む集団が様々な地域で急速に「人口」を増加させた結果、言語や文化に関して歴史的な共通点を持つ複数の集団が広範囲に定着するパターンが生まれたと、最近ではピーター・ベルウッドが論じている。[13] たとえば北アフリカ西部はバンツー語圏、メソアメリカならびに北米西部はユト・アステカ語圏。そして東アジアと東南アジアでは、シナ・チベット語族、オーストロアジア語族、オーストロネシア語族がそれぞれ大きな勢力圏を維持している。広大なオーストロネシア語圏からはポリネシア語をはじめ多くの言語が派生しており、歴史の比較分析に系統発生モデルを応用するうえでどの言語も役に立ちそうな印象を受ける。ただし、ポリネシアは多くの島々が散らばっており、最初に島を訪れた人たちが定住したあとは外部との接触が次第に途絶え、比較的孤立した状態が続いた。これらの点を考慮すれば、系統発生的アプローチという方法論で文化史を解明するうえで、ポリネシアはまさに理想的な事例だと言える。

系統発生モデルにおいては、関連性のある諸文化がそれぞれ構成する集団のなかで文化がどのように進化と差別化を遂げたのか、方法論による段階的なアプローチを通じて詳しく歴史をたどっていく（ロムニーは「文化史の分割」と呼んでいる）。準備段階として、このような集団――相同的な歴史を共有すると仮定される集団――の地理的分布を確認する。そうしたらつぎに大事な第一段階として、諸文化のメンバーが話す各言語に歴史的な言語分析を行い、「系統樹」のような形で歴史的関係を系統発生的に描き出す。当初、フォークトは語彙統計学や言語年代学によるアプローチを提唱したが[14]、こうした「表形分類的な」方法では、問題になっている言語同士の真の相同的な関係を明らかにすることはできない。歴史言語学においては、伝統的な「遺伝的比較アプローチ」のほうがふさわしい。この古典的な比較研究法からは「系統樹」が生み出され、言語の差別化のモデルが明らかにされる[15]。系統発生の過程が一目瞭然の系統樹は、言語同士の歴史的関係はむろんのこと、時間と共に枝分かれや分化を繰り返し、言語や（それに関連する文化の）差別化が進むプロセスを解明するモデルとして優れている。いったん系統発生の過程が明らかにされれば、語彙や意味の面から言語を復元する研究方法を採用し、オリジナルの集団で最初に使われていた言語（祖語）や文化（ここではポリネシア祖語と古代ポリネシア文化が該当する）を再現することも可能だ。このプロトタイプを土台にして、後に様々な変化や分岐が引き起こされていったのである。

もちろん、このような歴史的言語分析から生み出される系統樹はモデル（相互に関連し合った仮定の複合体）とみなされるべきで、ひとつひとつの証拠を照合確認しなければならない。そのためには、考古学が提供するデータが役に立つ。物質的な文化に関する考古学的記録が、言語の記録によって示唆される分岐のパターンと一致しているかどうか確認するのだ。たとえば、ポリネシアの陶器や石手斧や釣り針の変遷は、ポリネシアの諸言語の系統樹に表れている文化の差別化のモデルと一致しているだろうか。ポリネシアのケースでは両者がきれいに一致しており、本章が提案する系統発生論の妥当性が裏付けられている。しかも、考古学は発掘品の年代を直接測定できる能力（放射性炭素などを使った年代測定法）を備えているので、言語モデルのどの系統、祖語のどの段階と関連しているのか具体的に特定できる。このような形で考古学を利用すれば、大きな文化集団のなかで言語モデルが文化的に差別化されていく過程を確認できるだけでなく、厳密な時系列的枠組みに言語モデルを当てはめることもできる。

過去半世紀の考古学的研究からは、ポリネシア人の故郷はトンガ・サモア地域（「西ポリネシア」として知られる）で、紀元前九〇〇年に海洋民族のラピタ人が最初に定住したことが明らかにされている[16]。トンガ・サモア群島では、少なくとも一〇〇〇年の歳月をかけてポリネシア祖語と古代ポリネシア文化が発達していった。後に紀元一〇〇〇年代の半ばから末にかけて、ポリネシア語を話す民族が故郷の西ポリネシアを離れて東へと向かい、中部のソシエテ諸島、クック諸島、マルケサス諸島、アウストラルス、ツアモツ諸島、さらにはポリネシア世界の最果ての地に当たるハワイやラパ・ヌイ島（イースター島）やアオテアロア（ニュージーランド）にまで進出すると、それが一因となって差別化が進行していった[17]。

歴史人類学への今回のようなアプローチにおいては、「トライアンギュレーション」も大事な構成要素になっている。ここでは複数の証拠に基づき、過去の社会や文化の様々な側面を復元していく[18]。

トライアンギュレーションという言葉は測量に由来したもので、情景のなかの一点が、すでに位置を確認されている最低でも三つ、できればそれ以上の点からの視線を参考にして決定される。非常にシンプルな事例をひとつ紹介しよう。語彙の復元、意味の復元、考古学的データの三つを使えば、古代ポリネシア料理に欠かせない素材のココナツ削り器の特徴を復元することができる。[19]まずは歴史言語学によって、削り器に該当する古代ポリネシア語の*トゥワイーが再現される（*が付けられているのは、これが現代語ではなく、古代語の再現であることを示すためだ）。つぎに、比較民族誌学のデータに注目すると、ココナツ削り器は木製のスツールか三脚にまたがり、そこに括り付けられた貝殻や石（現代では鉄）で実を削るやり方がポリネシア全域で普及していることがわかる。同じ形が広く普及していることからは、これが昔の姿をとどめている可能性が推測される。そして最後に、西ポリネシアの玄武岩から実際にココナツ削り器が発掘されていることからは、これがオリジナルの素材で、真珠貝で削るやり方は少し時代が下って東ポリネシアで考案されたイノベーションである可能性が推測される。このように、言語学的再構と比較民族誌学と考古学の三つの側面から集めた証拠をまとめると、古代ポリネシアのココナツ削り器がかなり正確に復元される。これは些細な事例かもしれないが、同じ方法は文字通り何千もの特性に応用可能で、全部をまとめれば、古代ポリネシアの生活の多くの領域がかなり正確に復元されるだろう。

ポリネシアの社会構造――三つの事例

ポリネシア人が紀元前九〇〇年ごろから一八世紀末にヨーロッパ人とはじめて接触するまでの時期

にかけて、ポリネシア内部の様々な文化や社会がそれぞれどんな文化進化を遂げたのか比較分析すると、人間の歴史が抱える大きな問題について何がわかるのだろう。たとえば、農業を基盤とする複雑な社会のなかで社会政治的組織が進化と変貌を遂げていくプロセスについて学ぶことができる。一八世紀末にキャプテン・ジェームズ・クックをはじめとするヨーロッパの探検家が記録を残しているポリネシア諸島は三〇以上の社会から構成されているが、そのすべてが紀元前一世紀半ばにトンガ／サモア群島で栄えた文化を共通の起源としていることには、系統発生学の面から確固とした裏付けが存在している。ところが、これらの一八世紀の社会は、社会的にも政治的にも構造が一律ではなく、驚くほど多彩だった。ポリネシアの海洋民族が太平洋東部のはるか遠くの島々まで離散していく過程であちこちの島に定着し、環境、人口、経済、社会の面で課題や制約に直面しながら、独自の構造を形成していったことは間違いない。

ポリネシアの社会政治的構造のすべてのバリエーションについて、短いエッセイで論評することはできない。そこで、バリエーションのなかから三つの事例を特に取り上げ、これらの三つの社会が共通の先祖からどのような歴史的発展を遂げたのか理解するうえで、対照比較が役に立つ方法であることを示していきたい。比較の対象として選んだのは、ニュージーランド[20]を除けばポリネシア群島では最大のハワイ諸島、ポリネシア中東部に位置する中規模のマルケサス諸島、クック諸島の最南端のマンガイア島だ。これらの社会はすべて東ポリネシアの一部であり、おそらく西暦一〇〇〇年の末期に故郷の西ポリネシアを離れたポリネシア人が移住してきたものだと考えられる。[21]マンガイア、マルケサス、ハワイにそれぞれ最初に到着した人たちはいずれも古代ポリネシア社会を起源としているので、社会的・政治的構造に関する文化的見解を共有していた。しかも、子孫の社会がほぼ同じ期間のあいだに進化を遂げた。西暦一〇〇〇年の末期に最初のポリネシア人が島を発見して定住してから、一八世紀末にヨーロッパ人と接触するまでの時期に集中している。[22] ところが、一八世紀末にキャプテン・クックが有名な航海でこれらの島を訪れたころには、大きく異なる社会が出来上がっていた。マンガイアはやや小規模の首長制社会として政治的に組織され、軍事独裁政権によって支配された。マルケサス諸島は複数の首長制社会に分割され、お互いに襲撃や小競り合いが頻繁に繰り返されたため、全域で政治的覇権が確立されることはなかった。ハワイ諸島では複数の大きな政治組織が競い合い、どの組織も最低でもひとつの島を支配しており、「古代国家」のような政治組織が誕生した。このように三つの地域は同じ社会を先祖に持ちながら、一〇〇〇年もたたないうちにまったく異なる政治社会的組織を発展させたのである。

ここでマンガイア、マルケサス、ハワイの比較を先に進める前に、紀元前五〇〇年から西暦五〇〇年にかけての古代ポリネシア社会に関し、系統発生モデルとトライアンギュレーションアプローチを使って簡単に振り返ってみたい。ポリネシア人が故郷の西ポリネシアをあとにして、東ポリネシアに進出していく以前の時代である。[23] 基本的に古代ポリネシア社会[24]（ここからはAPSとする）は、「家を土台にした」社会集団──人類学者のクロード・レヴィ＝ストロースはイエ社会と呼んだ[25]──を中心に組織されていた。（アフリカの多くの社会とは異なり）「血統」という抽象的な概念に基づかないイエ社会は、ひとつまたは複数の土地とそこに建つ家を中心に組織され、代々受け継がれていった。土地以外の財産も、有形（カヌーや樹木など）にせよ無形（名まえ、歴史、地位、特権）にせよ、家と関連して発生している。人びとは生まれや居住地によって、いずれかの「イエ」（ポリネシア祖語では*カーインガと呼ばれた）の傘下に入った。イエ制度に基づいて編成される社会では組織に所属する手段が限定されない。土地や資源を土台とする居住集団の規模が、養子縁組（オセアニアでは一般的な習慣だった）などを通じてかなり柔軟にコントロールされた。イエ集団*カーインガの長は*ファトゥと呼ばれる長老で、ほとんどは年長の男性だったと考えられる。

ほかには、それよりも大きな*カイナンガと呼ばれる社会集団があって、特定の地理的地域に属するすべての土地とイエ集団（*カーインガ）から構成された。ポリネシア社会では出生順位に基づいた組織化が徹底しており、個々の*カーインガがランク付けされた。包括的な集団*カイナンガ（一部の人類学者は「クラン」と呼んでいる）のリーダーは*カリキという称号を持ち、大体はランクの高いイエ集団のメンバーだった(26)。カリキは世俗に関しても宗教に関してもコミュニティのリーダーで、イエ集団の*ファトゥたちと共に経済的・政治的決断を下すだけでなく、ヤムの作付けや収穫、感謝祭など、年間を通じてコミュニティの様々な儀式を執り行った。

APSの儀式の舞台は歴代カリキの霊廟で、床下には先祖たちが葬られていた。この霊廟は*ファレカトゥア（「先祖の霊の家」）と呼ばれ、*カフと呼ばれる小高い場所に設けられた。霊廟の海側の部分は*マラケと呼ばれる開放的なスペースになっていて、年間を通じて重要な儀式が定期的に行われ、精神活性植物のカヴァ（Piper methysticum）がしばしば先祖の霊に捧げられた。年中行事は一三ヵ月から成る太陰暦に沿って行われ、太陰暦と太陽暦を調整するためには、プレアデス星団（*マタリキ）が夜空に昇る場所と沈む場所の定期的な変化が参考にされた。儀式のサイクルはヤムの作付けや収穫のサイクルと密接に関わっており、こうした農業のサイクルは西ポリネシアの雨季と乾季のサイクルに連動していた(27)。

ポリネシアを民族誌学と歴史言語学の観点から比較分析すると、APSにはほかにも社会的な役割や地位が存在していたことが語彙の面から確認される。特に注目されるのは、専門家を意味するポリネシア祖語だろう。熟練した職人（*トゥフンガ）、戦士（*トア）、航海士（*タウタヒ）といった単語が残されている。コミュニティのリーダーである*カリキは農業の暦に基づいて正式な儀式を執り行ったが、ほかにはスピリチュアルな能力を実践する人物が存在していた証拠も存在している。これは*ターウラと呼ばれ、シャーマンや霊媒師に匹敵する。さらに、複数の*カイナンガから成る大きな社会の最高位に当たるカリキが、サウと呼ばれる世俗的なリーダーに選ばれた証拠も存在している。(28)

　以上のような形でＡＰＳが復元されたのは、ポリネシア祖語の語彙を比較再構築した結果である。意味の再構築にはポリネシアの民族誌学的資料をソースとして用い、「歴史を意味的に推測する」作業の正確さを心がけた。さらに、およそ二五〇〇年から一八〇〇年前にかけて存在していた少なくとも三一ヵ所の定住地跡の放射性炭素からも、ＡＰＳの特徴に関する貴重な情報を得ることはできる。(29)定住地は大体において規模が小さく（わずか数百平方メートル）、海岸に隣接した平野や浜堤《ひんてい》にしばしば建設され、海洋資源にも陸の産物にも容易にアクセスできた。これらの定住地の規模からは、複数の世帯で構成される集落から小さな村程度の空間組織が存在し、住民はせいぜい一〇〇人から二〇〇人ほどだったと考えられる。巨大な公共建造物が存在していた証拠はなく、地位の分化が進んでいたことを証明する資料も大して残されていない。

　こうしたスケッチからは、トンガやサモアなどポリネシア群島の故郷とも言える島々のＡＰＳが比較的小規模の社会集団で、血統のランク付けや年功序列に基づいて編成されたものの、厳密な社会階級は存在していなかったことが明らかだ。やがて西暦一〇〇〇年代の半ばから末にかけて、東太平洋を目指すポリネシア人のディアスポラの最終局面が始まった。大勢の人びとが故郷の西太平洋の島々を離れ、ソシエテ諸島、クック諸島、オーストラル諸島、マルケサス諸島など中東部の島々へと進出した。クック諸島の南に位置するマンガイア島も、遅くても西暦九〇〇年ごろには発見・定住された島のひとつだと考えられる。一方、マルケサス諸島の遺跡で最近行なわれた放射性炭素による年代測定からは、ここでも同じころ、すなわち西暦七〇〇年から九〇〇年にかけて最初の移民が定住したと考えられる。そしてハワイ諸島は、マルケサス諸島を出発点とする航海の途中で、おそらく西暦八〇〇年から一〇〇〇年にかけて発見された。したがって、三つの事例では各島の最初の移民集団がいずれもAPSから枝分かれしており、密接に関わり合っていたことがわかる。ところが一八世紀末から一九世紀はじめにかけてのマンガイア、マルケサス、ハワイの各社会についての民族歴史学や民族誌学の記述を調べてみると（クックの航海記も含む）、分岐してからせいぜい一〇〇〇年しか経過していない三つの地域の違いが顕著であることに驚かされる。

マンガイア島

クック諸島の南に位置するマンガイア島は総面積がおよそ五二平方キロメートル。ヨーロッパ人とはじめて接触した当時の人口は五〇〇〇人ほどだったと推定される。接触した当時の社会政治的組織に関しては、宣教師による詳細な記述や二〇世紀はじめの「サルベージ」民族誌学、なかでもポリネシア人学者として著名なテ・ランギ・ヒロアの研究によって明らかにされている。[30] それによるとマンガイアの社会は首長制で、大首長（テ・マンガイア）が頂点に君臨し、それを数人の首長が支えた。

ただし、大首長は血統で受け継がれたわけではない。歴代のテ・マンガイアは武力でライバルを打ち負かして実権を掌握した。当然ながら、戦士（トア）は社会のなかで重要な地位を占めた。

後にマンガイアの社会がきわめて軍事的な性質を帯びたことには、物理的・生物的環境が密接に関わっている。マンガイアは大昔に形成された火山性の島で、内陸部は風化した溶岩に覆われ、そのまわりを幅一、二キロメートルの殺伐とした不毛の石灰岩台地（マカテア）が取り囲んでいる。マカテアと同じく、溶岩に覆われた内陸部も耕作には適していない。溶脱作用が激しく、栄養分が枯渇してしまったからだ。一方、中央の円錐丘から放射状に流れ出た土石流が堆積した斜面には、あちこちに扇状地が形成されており、島の経済生産システムの中心を担っている[31]。扇状地には階段状になった池や灌漑用水路が網の目状に張り巡らされ、主要農産物のタロ（*Colocasia esculenta*）の集約栽培を支えた。灌漑設備は島の表面のわずか二％を潤す程度だが、主食の生産への貢献度はきわめて高い。

当然ながら、これらの灌漑システム（プナの土地）は重宝され、絶え間ない論争の原因になってきた。プナの土地の領有権を巡って部族間の戦いが長く続いてきたことは、マンガイア島の伝承によって語られてきた[32]。勝者は灌漑システムを支配下に治めたが、敗者は周縁部の不毛のマカテア地帯に追いやられ、そこでの生活を余儀なくされた。こうして戦いがほとんど絶えない状態は政治制度にも反映され、大首長には例外なく、テ・マンガイアと呼ばれる最高の戦争指導者が選ばれた。プナの土地を戦争で勝ち取ったあとに新しいテ・マンガイアが就任したときには、オロンゴの神殿でロンゴ神に人身御供が差し出された。ロンゴは戦の神であり、タロの灌漑を司る神でもあり、平和なときには調理したタロが定期的に供えられた。ロンゴ、戦争、タロ、人身御供の四つはイデオロギー的に複雑に結びついている。ロンゴはタロ畑での収穫と戦争での勝利を保証してくれるが、そのためには人身御供とタロの供え物をいつまでも続けなければならない。

民族歴史学とサルベージ民族誌学によって再構築されたマンガイア社会の姿は、考古学の研究によってさらに鮮明になった。地中に埋もれたタンガタタウ洞窟を幾層にもわたって掘り進めた結果、野鳥、魚や貝など、自然界の食糧源が西暦一〇〇〇年ごろから広範囲にわたって枯渇または深刻な被害を受けてきたことが明らかになったのだ。最初に移住したポリネシア人によって持ち込まれたブタは、一五〇〇年ごろにはいなくなってしまった。畑で栽培される食糧や人工池の水などの限られた資源を確保するため、人間と直接競い合ったからではないかと考えられる。その結果、主要なタンパク源は小型のナンヨウネズミ（*Rattus exulans*）に変わった。[33] それだけではない。狭い裾礁での乱獲が環境に負荷を与えたせいで、海洋資源にも大きな打撃を与えてしまった。[34]

西暦一六〇〇年ごろになるとマンガイア島の住民は、タロの灌漑システムの周辺に連なる丘陵の東側のあちこちに、階段状に建設された小さな村で暮らすようになった。これらの居住地の中心はマラエと呼ばれる小さな寺院で、それぞれ異なった守護神が祀られていた。マラエの遺跡からは今日でも当時の姿をしのぶことができる。テラスに続く舗道には珊瑚の粒が敷き詰められ、神を象徴する直立の石柱が設置されている（マカテアの洞窟から切り出された石灰岩の鍾乳石が使われるときもあった）。戦争が頻繁に行なわれていた時期には、マカテアの鍾乳洞に集団で避難して攻撃から身を守るだけでなく、人身御供に選ばれないよう姿を隠したものだった。

ヨーロッパ人と接触する以前の社会の末期には、マンガイアで戦争や暴力行為がめずらしくなかったことが語り伝えられているが、それは考古学的な証拠によっても裏付けられている。ケイアの洞窟を発掘したところ、特殊な機能を持つ場所が確認された。釜やごみの山が掘り起こされたのだが、ごみのほとんどは人間の骨だったのである。釜のなかにたくさんの人間が放り込まれ、遺体がバラバラに切断されてから、各部位は適切な処理を施されて食されたのだった。こうしたカニバリズムの証拠は、タンガタタウ洞窟などほかにも数ヵ所で発見されている。

要するに、地質年代が古くて資源が限られたマンガイア島は環境面での潜在能力が制約され、その影響を受けた住民は独自の進化の歴史をたどったのである。マンガイアの社会の規模はAPSの先祖と大差なく、末期の社会政治的組織にはAPSの側面がいくつも確認される。たとえば、APSで「イエの」リーダーを意味する言葉の*カリキは、マンガイアの代々のリーダーを指す言葉として使われ続けた。しかし、大首長のテ・マンガイアはもはや世襲制ではなく、戦いに勝利した者が選ばれた。儀式の制度も変化した。ヤムの豊作を願うなど、農業の年中行事の枠に収まらず、タロと戦争の守り神であるロンゴ（ヤヌス神に匹敵する）の崇拝が重視された。ロンゴを祀った寺院のマラエはオロンゴの沿岸にあって、新しいテ・マンガイアが実権を握るたびに人身御供が差し出された。このようにマンガイアにはAPSのパターンが色濃く残されているが、資源の枯渇や様々なプレッシャーの連続が大きな変化を引き起こし、無情にも恐怖と軍政に基づいた社会が出来上がったのである。

マルケサス諸島

マルケサス諸島は南緯七度から一〇度にかけて分布している。（亜熱帯のマンガイア島とは対照的に）湿度の高い熱帯性気候で、熱帯の西ポリネシアから海を渡ってきた先祖が持ち込んだ根菜や塊茎や樹木作物が育つには適した場所だった。しかし、一〇の主な島々の沖を冷たいフンボルト海流が南東から北東に向かって流れているため、サンゴが十分に成長できなかった。おまけに海岸は地盤沈下が進んでいるので、それもサンゴ礁の発達を妨げてしまった。一部（ヌクヒバ島のアナホやハアトゥアトゥアア）で小さな裾礁《きょしょう》が形成されている程度だ。そのため、マルケサス諸島は起伏に富んだ地形で知られる。入り江の多くは水深が深く、頭上には絶壁や岬がそそり立つ。火山性の島々の内陸部は渓谷で分断され、渓流の水は絶えることがない。定住者がいる島のなかで最も小さいエイアオ島は表面積がおよそ五二平方キロメートル（マンガイア島と同じ）だが、最も大きいヌクヒバ島は陸地部分の面積が三三五平方キロメートル。数字のうえでは、マルケサス諸島はマンガイア島に比べ、住居や農業制度の発達に利用できる土地の面積が桁違いに大きい。しかしそれにもかかわらず、経済が順調に発達するうえで、マルケサスの環境はいくつかの課題を突き付けた。なかでも繰り返される干ばつは、深刻な影響をもたらした[35]。干ばつに見舞われた年はパンノキの収穫がふるわず、しばしば飢饉が発生したものだ。干ばつへの対抗策として、住民は特別な食糧貯蔵法を考案したものの、干ばつが一年以上続けば効果も限られてしまった。

ヨーロッパ人とはじめて接触した当時のマルケサス諸島の社会や経済や政治の仕組みについては、多くの記述が残されている（ヨーロッパ人が最初に到来した時期はポリネシアのほかの地域よりも早く、一五九五年にはスペイン人のメンダニャ・デ・ネイラが来航した）。たとえばE・S・C・ハンディをはじめとする民族誌学者、ニコラス・トーマスやグレッグ・デニングなど人類学に造詣が深い歴史家などが、広範にわたって解説している[36]。ヨーロッパ人が持ち込んだ病気が壊滅的な影響をもたらす以前の最大人口に関しては意見が分かれるが、私は少なくとも五万人で、一〇万人だった可能性もあると考えている。ただし、すべての島の住民が政治的に統合されることはなく、大きな島のなかも独立した複数の政治単位に分断され、戦いが頻繁に発生した。例外的にウアプー島だけは、ひとつの首長制のもとである程度まで統合されていたようだ。

異文化に触れる直前のマルケサス諸島の社会は、ハンディの言うところの「部族」という社会単位を中心に構成された。これは、始祖を共有する血縁集団である。[37] この社会集団は現地語でマタエイナアと呼ばれたが、これはポリネシア祖語の*カイナンガを起源としており、すでに紹介したように、カイナンガの語源はAPSにまで遡ることができる。[38] 重要な渓谷（おそらく小規模の渓谷も一緒に）を支配する単独または複数のマタエイナアによって、マルケサスの政治組織は編成された。ちなみに、ポリネシア祖語で*カアインガは地所を所有する居住集団を指したが、それを語源とするマルケサスの現地語のアイカが意味するのは、「土地」や「地所」だけで、重要な社会集団について正式に言及してはいない。このような言葉の意味の変化は、社会の大きな変容を暗示しており、同様の変化はあとから紹介するハワイでも観察される。

マタエイナアの指導者を意味する言葉のハカイキは、ポリネシア祖語の*カリキを語源としている。ハカイキに選ばれるのは親族の年長者で、彼らは聖なるもの（タプ）とみなされたが、ほかの二つの地位の人物と権力を共有しており、流動的かつ不安定な側面を持っていた。ひとつは精神的指導者（タウア）、もうひとつは戦士（トア）である。タウア（ポリネシア祖語の*タアウラを語源とする）は霊媒で、ポリネシアのどの社会にも見られる階級だが、マルケサス諸島では社会への支配力が特に強く、その権力は世襲制の指導者ハカイキに匹敵するほどで、時には上回ることさえあった。タウアが暮らすのは墓のある寺院（メアエ）で、大体は渓谷の奥まった場所にひとつだけ建てられた。藁と人骨を混ぜ合せた壁土とポールの骨組で造られた建物は、巨大な石の土台で支えられた。毎年繰り返される大事な儀式のほとんどをタウアは司り、戦争を始める時期や周囲の部族を攻撃するタイミングについて指示を与えた。さらに、人身御供を必要とする大きな祝宴の責任者も務めた。タウアの命令はトアと呼ばれる戦士によって実行された。トアはフルタイムのスペシャリストではなく、土地などの特権を所有する名門一族のリーダーで、タトゥーを全身に施すなどして地位を誇示した。マルケサス社会末期の注目すべき地位としてはもうひとつ、ツフガ（ポリネシア祖語の*ツフンガを語源とする）を忘れてはいけない。ここには漁師、石彫り工、大工、刺青師など、特殊な知識の持ち主が含まれる。

この複雑な首長制社会の経済システムは、農業による主食の生産と、それを補完する畜産（特にブタ）と海洋資源の利用によって支えられた。漁業や貝の採集は大事な要素だが、どの島でもサンゴ礁が発達しなかったため、入り江や沿岸水域で海洋資源を利用できるバイオマスは全体的に限られてしまった。生存に最も欠かせないのは二つのデンプン作物、すなわちパンノキ（アルトカルプス・アルティリス）とタロの生産だった。マルケサス諸島の気候はパンノキに特に適しており、熱帯ポリネシアのどの地域よりもパンノキへの依存度が高かった。渓谷の広い範囲をパンノキの農園が埋め尽くし、残されたわずかな部分で（マンガイア島と同じく）タロが灌漑によって栽培された。パンノキが豊作だったときには、余剰分が地下に掘った穴やサイロに保管された。そのあいだに嫌気性発酵作用がある程度進行すると、（マと呼ばれる）デンプンの塊が出来上がり、数年間は保存可能になる。マを保存する穴は各住居の敷地に掘られたが、地域で共有する大きな穴は渓谷のなかでも防御しやすい場所や、砦で囲まれた尾根の頂に作られた。干ばつが続いてパンノキの収穫が減少し、飢饉が発生しても、保存食のマに個人的にアクセスできれば食糧危機を乗りきることができた。マルケサス諸島がしばしば深刻な飢饉に見舞われたときに保存食のマが重要な役割を果たしたことについては、初期にやって来たヨーロッパ人も記述を残している。

食料が豊富な年があると思えば、不足する年があるような予測不能な環境では、どの島でも各地の渓谷を支配する首長同士がたびたび対立し合うのも意外ではない。実際、異文化に接する直前のマルケサス諸島では襲撃や武力衝突が大きな特徴で、饗宴やカニバリズムの儀式のサイクルと密接に関わっていた。ちなみに私は、べつの場所でこれを「競争的退行」と呼んでいる[39]。マタエイナアの集団同士の競争は、タウアやトアへの信望を高めるために欠かせない要素で、そのため首長の後継ぎの誕生、地位の高い人物の婚約や結婚、収穫、戦争での勝利など、様々な饗宴（コイナ）が催された。なかでも最も重要なのは精神的指導者タウアの死を悼み、故人の思い出をしのぶ儀式だった。死んだタウアのための宴はマウと呼ばれ、世襲制の指導者ハカイキのための宴よりも重視され、印象的な場面がしばしば創造された。マウで特筆すべきは、人身御供が差し出されたこと（儀式的なカニバリズム）で、犠牲者のほとんどは周辺の部族だったため、襲撃と報復のサイクルが際限なく繰り返された。

ＡＰＳを起源とするマルケサス諸島の社会は末期になると、明らかに様々な点でマンガイア島と同じ方向に進んだ。競争や戦争や人身御供が強調されるなど、具体的な共通点も多い。その一方、規模の小さなマンガイアでは島全体が政治的に統合されたが、マルケサス諸島ではいくつもの渓谷が地理的に分散して孤立している地形の影響から、政治的な分裂が進んだ。さらに、経済を支える生産システムの発達も異なった道を歩んだ。マンガイアではタロの灌漑栽培が、マルケサスではパンノキの樹木栽培（そして養豚）が中心だった。

マルケサス諸島は考古学な記録が豊富で、過去半世紀にわたって広く研究が行われてきた。そのため、マルケサスの社会がいま述べたような形態に変容していく時間的経過を理解するうえで貴重な手がかりが得られる。[40] この地をポリネシア人が発見して定住し始めた時期については未だに意見が分かれるが、放射性炭素年代の記録から判断するかぎり、西暦七〇〇年から八〇〇年よりもずっと以前だった可能性は低い。記録によれば、最初の定住者は沿岸部に小さな村を形成し、一部は洞窟に住みついた。これらの場所からの出土品のスタイルは、マンガイア島のタンガタタウや東ポリネシアから発掘された初期の人工遺物と素材がよく似ている。そこからは、ポリネシア人がマルケサス諸島に定住した直後の時期には、東ポリネシア地域から各地に散らばったパイオニアたちのあいだで交流が盛んだったことが推測される。

マルケサス諸島の文化が拡張期と呼ばれる時期に入ると大きな変化が目立ち始めた。具体的な時期に関して、サッグスは西暦一一〇〇年から一四〇〇年にかけてだったと指摘したが、最近明らかになった証拠からは、始まりはもう少し遅く、西暦一二〇〇年から一三〇〇年にかけてだったと考えられる。細かい年代はともかく、拡張期にはいくつかの傾向が顕著に見られた。まず多くの人たちが渓谷の奥地など、乾燥が激しくて住みにくい場所に移住した。つぎに、鳥や魚介など自然の食糧資源への圧力が強まり、資源不足が深刻になった。そして養豚が拡大し、農業生産が発達した証拠が残されている。

巨大建造物についての考古学的証拠は特に興味深い。民族誌学的な視点からすでに紹介した社会的地位や祝宴のパターンと、これらの建造物のあいだには密接な相関関係が見られるからだ。実際、マルケサス諸島は複数のタイプの大きな石の建造物が存在していることで知られる。（1）パエパエ：石壇。（2）メアエ：石を積み上げたプラットフォームで、有力なタウアが使用した。（3）トフア：

パエパエに囲まれた大きなテラスで、しばしばメアエも含まれ、大きな饗宴の儀式の舞台として使われた。トフアの跡地のスケールの大きさには圧倒される。時には何百平方メートルにもおよぶ敷地に、パエパエなどの付属建築物が一〇以上も設置され、建築には少なからぬ労働力が必要とされた。これまでに発掘されたトフアはわずかだが、手に入る証拠から判断するかぎり、最初にトフアが建造されたのは拡張期だったと思われる。しかし、建築活動が最もさかんだったのはサッグスが古典期と呼んだ時期だと考えて間違いない。ヨーロッパ人と接触するよりも一、二世紀以前から、接触が始まった頃までに当たる。この時期は、「競争的退行」のパターンの進行が民族誌学的に証明されている時期でもあり、襲撃が絶えず、饗宴の規模は拡大し、人身御供への注目が高まった。そのうえ、人口密度が最も高くなり、定期的に発生する干ばつや飢饉の影響がマルケサス諸島全域におよび、社会政治的制度が最も大きく変容を遂げたとも推定される。古代ポリネシアのパターンから離れ、トーマスが「流動的かつ競争的な」社会制度と呼んだ形へと変わっていったのである[41]。この段階になると従来の地位に固執する世襲制のハカイキが、不安定な環境で権力を強化する絶好の機会を手に入れたタウアやトアとのあいだで名誉や権力を巡る闘争を繰り広げるようになった。トフアのテラスをはじめとする巨石建造物の建設は、権力を誇示するための絶好の機会だった。

ハワイ諸島

三回にわたってポリネシア全域を航海してきたキャプテン・ジェームズ・クックは、一七七九年一月一七日にハワイ島のケアラケクア湾に寄港した。ここは彼が訪れたポリネシアのどの島よりも人口が多く、しかも社会は大きな変容を遂げたばかりだった。ケアラケクア湾とそれに隣接する王族の居住地ホナウナウは、ハワイ王国の中心地だった。王国は西暦一六〇〇年頃、戦上手の首長ウミ・ア・リロアによって統一された。かつては独立していた五つの首長国を征服し、支配下に治めたのである。同じ頃、近くのマウイ島では別の偉大な首長ピイラニがやはり島を統一しただけでなく、ラナイ、カホーラーウエなどの小さな島やモロカイ島の一部を征服・統合し、支配下に治めた。マウイ島とハワイ島のそれぞれの支配者は、六万から一〇万の住民を統治した。一七世紀から一八世紀にかけて島々の孤立状態は解消され、クックが劇的な形で（本人にとっては運命的な形で）到着した頃には、経済、社会、政治、宗教の面で大きな変化が引き起こされ、ポリネシア文化の樹形図のなかで最終的にハワイは、同じ幹から派生したほかの諸文化とは大きく異なる存在になっていたのである。

資源の制約されていたマンガイア島やマルケサス諸島とは異なり、ハワイ諸島は八つの主要な島と多くの小島から成り立ち、総表面積は一万六七〇〇平方キロメートルに達する。連なる島々は地質学的な「ホットスポット」（地球内部からマントル上部の高温の物質が絶えず上昇してくる地点）の上に形成され（現在はハワイ島の下がホットスポットになっている）、太平洋プレートの地殻運動が年齢進行（急成長）を促している。そのため、東部の大きな島ではいまでも地質活動が盛んだが、すでに成長のペースが鈍っている西部の島々では浸食作用が進み、水の流れが常に安定し、サンゴ礁が発達している。結果として、各島の資源基盤は様々に異なる。特に、規模の大きなハワイ島とマウイ島は地質学的に若く、（わずかな例外を除いて）定常流がほとんど存在しないため、移住してきたポリネシア人は降雨に大きく依存する農業を発達するしかなかった。乾燥した土地で主要作物のサツマイモ（イポメア・バタタス）やタロ、裏作のサトウキビなどを大々的に栽培するシステムが、これらの島では西暦一四〇〇年頃から始まった。一方、モロカイ島からカウアイ島に至るまでのほかの島々は定常流に恵まれたおかげで、（マンガイア島と同じく）谷底を利用してタロの灌漑栽培が発達した。さらに、古い島々の海岸線は裾礁が発達しているため、石で囲った養魚池でボラやサバヒーの養殖が盛んに行なわれ、サンゴ礁での魚貝の収集を補った。歴史の古い西部の島々では、大々的な灌漑システムが西暦一二〇〇年頃から発達し、養魚池のネットワークが少なくとも一四〇〇年には建設され始めていた。

したがって、ハワイ島のウミ・ア・リロアとマウイ島のピイラニがそれぞれ（西暦一六〇〇頃に）島を征服して権力を固めた頃には、生存に欠かせない食物を生産するための経済的基盤に関し、ハワイ諸島全域が二つのまったく異なるパターンに分割されていた。モロカイからカウアイにかけての古い島々では、渓谷や沖積平野の広範囲にわたって作られた段々畑でタロが灌漑栽培される一方、海岸線に沿ってところどころ、貝殻の形をした石壁に囲まれた養魚池が設けられた。しかしマウイ島とハワイ島では、灌漑による栽培は一部の地域に限られ、（マウイ島のカウポ、カヒキヌイ、クラ、ハワイ島のコハラ、コナ、カウでは）主食のデンプンの原料となる植物が高台の斜面一帯で栽培された。比較的新しく（未だに栄養分に富んだ）土壌と十分な降水量（少なくとも年間七〇〇ミリ）の二つがそろった理想的な環境では、これらの斜面で乾燥地農業がほぼ継続的に行われるようになった。ハワイ島のコハラの田園地帯を考古学的に研究した結果からは、総面積が少なくとも五〇平方キロメートルにおよんでいたことが明らかになっている。畑と畑のあいだはネットで仕切られ、小道が斜面を横に走っていた。田園地帯のなかには何百戸もの住宅や、石材を敷き詰めた舞台のような構造のヘイアウと呼ばれる聖所が点在していた。(42)

このように異なった二種類の農業生産システム――古い島々の灌漑栽培ならびに水産養殖、新しい島々の乾燥栽培――は、余剰生産や環境リスクのレベルも異なり、農業の集約化に向けて異なった道を歩んだ[43]。概して集約化は、一定の土地に対して労働や資本やスキルを経済的に最大限まで投入することによって達成されるとみなされる。灌漑システムを集約する場合には、(運河やテラスなど)恒久的施設の建設を伴い、ハロルド・ブルックフィールドはこれを「土地の資本集約化」と呼んでいる[44]。最初の建設作業にはかなりの労働力の投入が必要とされるが、いったん完成すれば、システムを維持するための労働投入量は低レベルにとどまる。さらに、労働力を支えるための必要最小限の生産を大きく上回る余剰を生み出すことも可能だ。これとは対照的に、マウイ島やハワイ島など、雨に大きく依存する乾燥栽培が行われている地域では、「収穫サイクルの集約化」という道が選択された[45]。ちょうど、エスター・ボーズラップが優れた著書のなかで解説している農業集約化とよく似ている。この場合には、収穫と収穫のあいだの休閑期を増やし、作付け面積を減らすことによって生産量の増加を達成する。草刈りやマルチングなど、畑で必要とされる作業は時間と共に増える一方で、それに伴い労働投入量も容赦なく増えていく。乾燥栽培のシステムにも余剰生産の潜在能力がないわけではないが、灌漑栽培システムほど多くは期待できない。実際、収穫の頻度が増えて土地の栄養分が枯渇すれば、生産量はいまに減少し始めてしまう[46]。おまけに、乾燥栽培システムは年間降水量の変動に弱く、特に定期的な干ばつの影響を受けやすい。ハワイの口頭伝承のなかでも、深刻な干ばつが政変の直接的な引き金になったことが語られている。

ハワイの社会も時代が進んで西暦一六〇〇年頃になると、社会政治的な大きな変化がマウイ島やハワイ島など、乾燥栽培システムに依存する地域で始まった。一四〇〇年頃から広大な土地での乾燥栽培が軌道に乗り始めると、人口が一気に増えただけでなく、産出量も増加した。そのため余剰作物が安定的に供給され、地域の首長の野望を大きく支えた。やがて二世紀が経過すると、人口は大きく膨れ上がり、土地の支配権を巡って争いが頻繁に発生するようになった。定期的に見舞われる干ばつが原因のときが多かったが、なかには土地を増やす必要性に迫られるときもあった。こうした争いのなかからピイラニやウミ・ア・リロアといった偉大な戦争指導者が登場した。二人はそれぞれ権力基盤を固め、首長国から王国へと政治システムを移行させたのである。

この短いエッセイのなかでは、この時期のハワイの政治的変容に伴う変化のすべてについて要約するだけの余裕がないので、ごく一部を紹介するだけにとどめる。[47] そのなかでも最も重要なのは、指導者の世襲という本質そのものが様変わりしたことだろう。APSの*カリキという言葉は本来、血縁集団を統率する指導者という意味で使われ、それを語源としてハワイ現地語のアリイが生まれた。しかし時代が下るとアリイは、主に同族結婚を土台として形成されたエリート階級を指す言葉へと変化した。血族結婚に関しては複雑なルールが定められ、集団の内部は厳密にランク付けされ、兄弟姉妹同士で結婚したカップルが頂点に君臨した。最もランクの高いアリイは神聖な王とみなされ、神にまで系図をたどることができる。高貴な人物が新たに最高位を獲得すると、その人物をほかから隔離して守り、贅沢な食べものを供給し、物質的なシンボルを与えるなど（黄色や赤の鳥の羽で作られたケープと外套は有名で、一七七八年から一七七九年にかけてのクックの航海で最初に持ち帰られた）、手の込んだ決まりごとの数々（カプすなわちタブー）によって地位が保証された。

平民階級にも変化はおよんだ。社会組織も、土地などの財産に伴う権利も、以前のAPSのパターンから大きく変容を遂げた。平民を指す言葉のマカイーアナナは、ポリネシア祖語で血縁集団を指す言葉*カイナンガ（マルケサス諸島の現地語のマタエイナアにも反映されている）の同根語だが、いまや血統という本来の意味を失ってしまった。ほかには、*カアインガの意味も変化した。ポリネシア祖語で社会の中核となる居住集団「イエ」とそこに付随する譲渡不能な土地を指す言葉だったことはすでに紹介したが、それを語源とするハワイ現地語のアイナは、「土地」全般を指す言葉になってしまった。この大きな意味的変化は、土地保有制度の変質と密接に結びついている。いまやアリイは、王を支持する見返りとして島の領土の一部（アフプアアと呼ばれ、本来はブタの祭壇を意味する）を保有し、平民はこれらの領土のなかの土地で作業を行った。土地や資源の手入れをする平民には、賃金を定期的に支払われる権利が与えられる一方で収穫物を献上することが義務付けられ、要求を満たせなかった場合には土地を取り上げられた。かつてのポリネシアのシステムでは、土地に対する権利が*カアインガという「イエ」集団に生まれたメンバーであることによって保証されていたのだから、ずいぶんと変化したものである。

最後に、宗教制度も大きく修正された。ハワイ諸島全域の寺院跡には大きな石の土台が残されており、これらの考古学的研究を通じて多くを確認することができる。そもそもAPSで指導者の家とそれに隣接する*マラケには、コミュニティの儀式の中心という概念が当てはめられていたが、そこからハワイ現地語のヘイアウが考案されると、特殊な機能を持つ複雑な寺院階級を指す言葉のヘイアウへと変化した。王は司祭階級（カフナと言って、語源はポリネシア祖語の*トゥフンガ）に助けられ、戦いの神を祀ったルアキニと呼ばれる寺院で盛大かつ手の込んだ儀式を執り行い、そこではしばしば人身御供が捧げられた。田園地帯のあちこちには、植物栽培の神を祀った小さな寺院（乾燥栽培の地帯ではロノ、灌漑栽培の地域ではカネ）が建立され、経済的生産システムを儀式の面から統制した。ハワイ島とマウイ島では、畑でサツマイモの生育期が終了すると、マカヒキと呼ばれる年中儀式が行われた。その始まりは一一月末頃、日没にプレアデス星団がはじめて肉眼で確認できるときに定められていた。[48] すると、ロノの司祭と戦士たちが行列を作ってアフプアアの領土を順番に訪れ、貢物を集めていった。古代のほかの多くの国家社会と同じく、租税は宗教のイデオロギーに深く組み込まれていたのである。

ポリネシアの三つの社会の歴史についてここまで簡単に振り返ってきたが、そのなかでもハワイは社会や政治経済に関して、ルーツであるＡＰＳからどこよりも大きくかけ離れた。サーリンズが指摘しているように、ハワイでは「血縁経済と公共経済のあいだに大昔から存在する矛盾が最終的に危機的状況にまで発展し、血縁社会の不整合や経済的・政治的限界が大きく露呈し《ママ》たと考えられる。[49]」幸い、歴史的視点から細かい言語学的再構築を通じて比較分析を行えば、ハワイの現地語で土地を意味する言葉のアイナは、集落を形成する血縁集団を意味するポリネシア祖語の*カアインガを語源としていることが確認できる。その結果、ハワイの古代社会末期の高度に進化した構造のルーツを、遠くＡＰＳまでたどることも可能だ。ハワイ諸島のケースでは首長制という土台から、古代国家という新しい社会政治的構造が誕生したのである。

考察

ここまでのページは、対照比較という慎重に定式化された方法を応用すれば、共通の先祖を持ち関連性の深い複数の社会が、どのように分岐して変容を遂げたのか理解するために役立つことの説明に費やしてきた。この方法においては系統発生学的モデルとトライアンギュレーションアプローチの二つが使われ、その結果として（1）複数の「娘」社会が派生したことが系統学的に証明されている大元の社会について、多くの側面が再現されるだけでなく、（2）個々の社会の側面が時間と共に変化した具体的な方法が解明される。さらに、歴史人類学にこのような形でアプローチするときには、比較歴史言語学、比較民族誌学、比較民族歴史学、考古学から集めた関連資料が十分に活用される。したがって、このアプローチは理論的に盤石で、豊かな経験に裏付けられている。

この章で考察したポリネシアの三つの社会は、本質的に同じ文化的基盤から歴史の軌跡を歩み始めたが、およそ一〇〇〇年後には大きく異なる姿になってしまった。対照比較という方法を使うと、ヨーロッパ人と接触した時代の各社会のなかで、どの側面は古くから受け継がれたパターンで、どの側面はイノベーションなのか区別することができる。すなわち、生物的ではなく文化的に相同構造と相似構造のもつれを解きほぐし、根本的な問題の解決に取り組むことができる。そしてイノベーションが存在している場所では、おそらく同じ課題や制約への対応策として、収束的類似性が見られないかどうか確認することも可能だ。たとえば、マンガイア島とマルケサス諸島では社会政治的構造が流動的で、世襲制の首長や司祭や戦士たちのあいだで権力闘争が絶えなかったが、それはどちらにおいても、資源の枯渇、高い人口密度、農業生産の集約化といった条件がそろっていたことの反映だと考えられる。条件の異なるハワイ諸島の文化はこうした進化の道をたどらず、まったく異なる結果が生み出された。世襲制の首長は自らの地位を大きく向上させ、神聖なる王という称号を発明し、祭司や戦士の階級の潜在能力を十分に抑え込んだのである。

同じ出発点から枝分かれして進化を遂げた文化のあいだの違いは、歴史言語学や比較言語学のレンズを通してはっきり確認できる。表1・1には、社会組織、社会的地位、儀式の構造に言及したポリネシア祖語のなかから重要な言葉のいくつかをリストアップしたうえで、マンガイア島、マルケサス諸島、ハワイ諸島の各地で生まれた同源語にこれらがどのように反映され、本来の意味が変化したかを表している。ルーツとなる語彙素《ごいそ》は時間が経過しても存続していることからは、文化に関する保守主義的傾向の強さがわかる。実際、語彙が様変わりしているわずかなケースは（ハワイ現地語のアフプアアやヘイアウ）、文化が大きく変容したことの強力な指標になっている。しかしもっと注目すべきは、存続してきたボキャブラリーの意味が――あるときは微妙に、あるときは顕著に――変化している点だ。これらの変化を確認すれば、ポリネシアの三つの社会が共通のパターンを出発点としながら、局所的条件や歴史的偶発性に呼応して変容していった過程を十分に理解できる。そこで本章の結びとして、三つの社会で歴史がどのように分岐していったのか、簡単にまとめて紹介したい。

APSでは、コミュニティは基本的に二種類の社会集団に分類された。居住集団の*カアインガと、それよりも大きな*カイナンガだ。*カアインガは、居住や土地保有の基本単位である。このような基本的な社会的概念が変化するためには、社会政治的構造が大きく変容しなければならない。そして本章で取り上げた三つの事例のなかでは、マンガイア島だけが言葉の本来の意味を維持していた。マルケサス諸島では権力や地位を巡る争いが続いた結果、居住集団の重要性は失われ、マタエイナアすなわち「部族」が支配的な社会集団になった。マタエイナアは、ポリネシア祖語の*カイナンガを語源として変化したものだ。しかしハワイ諸島では、小規模の首長制から古代国家へと社会が変容したため、社会政治的な進化がさらに促された。たとえば、二つのポリネシア祖語が形をとどめていることとは言語学的に確認できるが（PPNの*カアインガ→HAWのアイナ、PPNの*［マタ］カイナンガ→HAWのマカアーイナナ）、これらの言葉に付随する意味が、ハワイでは本来のものとかけ離れてしまった。アイナはごく一般的な土地を意味するようになり、特定の集団が所有する土地には言及しなくなった。これはもちろん、領土が専ら指導者階級によって支配されるようになった現実を反映している。さらに、階層化の進んだハワイの社会では、エリート階級に対する庶民階級を意味する言葉として、マカアーイナナが使われるようになった。このような違いからは、相同的な要素（特定のカテゴリーのなかで保持されてきたもの）と、社会の歴史のなかで発生したイノベーションを明確に区別することができる。

表1・1ではつぎに、社会的地位に関する言葉として四つの語彙カテゴリーを紹介している。APSではコミュニティの指導者に君臨する世俗的・宗教的指導者は*カリキ、戦士は*トア、シャーマンや祭司は*タアウラ、専門技術の持ち主は*トゥフンガと呼ばれた。この場合も、ルーツである語彙素そのものは時間が経過しても存続している（マンガイア島のみで、祭司を意味するピアアチュアという言葉が新たに作られた）が、意味は大きく変容している。異文化と接触する直前のマンガイア島とマルケサス諸島では、アリキやハカイキは血縁集団の世襲制の指導者という概念を維持したが、これらの指導者の役割はAPSから推測されるものと大きく異なってしまった。これに対してハワイでは、同語源語のアリイがエリート階級全体を指すようになった。「円錐型のクラン」の頂点に君臨するエリートは、神の子孫を名乗り、庶民階級（マカアーイナナ）との違いを強調した。実際、アリイのなかでは首長や副首長が語彙のうえで少なくとも九つの階級に分類されており、新たに誕生した古代国家で階層化が強調されていた事実が反映されている。

一方、戦士を意味するポリネシア語のトアやコアは、東ポリネシアのすべての社会で維持されており、文化的に保守主義の傾向が強いことがわかる。もちろん、すでに述べたように、戦士の具体的な役割は各社会で少しずつ変化している。しかし祭司に関しては、本来のAPSのモデルから大きくかけ離れた証拠が見られる。ポリネシア祖語の*タアウラは社会構造のなかでおそらく脇役で、マンガイア島とハワイ諸島ではそれが受け継がれている。しかしマルケサス諸島の場合には*タアウラを語源とするタウアが、マンガイア島では祭司を意味する言葉としてピアアチュアが新たに作られたが、これに対し、マンガイア島では祭司を意味する言葉として活躍した。これは末期になってロンゴという新しい信仰の対象が創造され、宗教に変化が引き起こされたからだ。ハワイではもっと顕著な変化が見られた。ポリネシア祖語の*トゥフンガは職人や専門家を意味しており、マンガイア島やマルケサス諸島では本来の意味が維持された。しかしハワイ諸島では、*トゥフンガを語源とするカフナが、正式な司祭職や実質的な司祭階級（通常はランクの低い首長すなわちアリイから選ばれた）を意味するようになった。このカフナは、信仰の対象となる神も機能も様々で、高度に専門化されていた（戦いの神クー、農耕［乾燥農業］の神ロノ、創造神で灌漑の神でもあるカーネなど）。このような専門化はアリイ階級の専門化に匹敵するもので、どちらにも後押しされる形で、新たに誕生した古代国家では行政の専門化が促された。

表1・1の最後の部分では、儀式が行われる空間に関する二つの重要な言葉を取り上げ、それが三つの社会でどのように変化したかを表している。ポリネシア祖語の*マラケは様々な儀式が行なわれる中庭や区画を意味しており、その意味はマンガイア島とマルケサス諸島では存続したが、ハワイ諸島では失われた。マンガイア島の異綴語は本来の意味と最も近く、質素な造りの中庭を指した。中庭の地面にはサンゴのレキが敷き詰められ、小高くされた一角には、様々に神格化された先祖が祀られた。一方、マルケサス諸島ではマエという言葉が、権力を拡大しつつある聖職者すなわちタウアと関

わる特殊な寺院を意味した。しかしハワイでは*マラケという言葉がすっかり消滅し、代わりにヘイアウという新しい概念が生まれた（おそらく犠牲を意味する*ハイに由来すると思われる）。大きな島全体を支配する政治組織が誕生した西暦一五〇〇年頃から、ヘイアウが建設される機会が増えていったことは、考古学的証拠からも明らかだ。ヘイアウは機能が細分化されており、最も大きな建造物のルアキニには戦いの神クーが祀られていたが、ほかの神々を祀る寺院も存在していた[50]。さらに異文化に接触する直前のハワイ諸島では、ポリネシア祖語の*カフの意味も修正された。本来は、（*マラケの片隅に）盛り土をして首長の神聖なる家が建てられた場所を意味したが、ハワイではそれを語源とするアフがブタを意味するプアアと結びつき、アフプアアという複合語が作られた。文字通りの意味は「ブタの祭壇」だが、実際には放射線状に広がった領土を意味し、神聖な王はそこを分割して治めた。アフプアアという言葉は、領土の境界部分にしつらえられた石の祭壇に貢物（特にブタ肉は最も珍重されていた）を捧げる習慣に由来していると考えられる。ロノの名において行なわれるマカヒキの儀式で、この習慣が体系化されたことについてはすでに説明した。こうして特にハワイ諸島の場合には、社会組織や社会的地位や儀式の習慣に関するＡＰＳの概念が、先史時代の末期に大きく変貌を遂げたのである。

まとめ

本章ではポリネシアの三つの社会を実験的に細かく比較しながら、系統発生学的モデルとトライアンギュレーションを応用すれば、文化が進化する過程でないまぜになった相同と相似を解きほぐせる

表1.1　ポリネシア祖語の重要な言葉の一部がマンガイア島、マルケサス諸島、ハワイ諸島で形や概念を変容させた過程

ポリネシア祖語	マンガイア島、	マルケサス諸島	ハワイ諸島
社会組織に関する言葉			
*カアインガ（イエ集団）	カインガ（住居とそれに付随する庭）	アイカ（土地や財産全般を意味する言葉）	アイナ（土地を意味する一般用語）
*［マタ］カイナンガ（コミュニティ）	該当する言葉なし	マタエイナア（有力集団）	マカアーイナナ（庶民を意味する一般用語）
社会的地位に関する言葉			
*カリキ（コミュニティの指導者）	アリキ（世襲制の肩書）	ハカイキ（世襲制の首長）	アリイ（最高位のエリート階級）
*トア（戦士）	トア（戦士）	トア（戦士）	コア（戦士）
*タアウラ（祭司、シャーマン）	ピアアチュア（祭司）	タウア（霊感を持つ祭司）	カウラ（預言者、予言者）
*トゥフンガ（専門家）	タウンガ（職人、専門家［世俗的］）	トゥフナ（職人、専門家［世俗的］）	カフナ（祭司階級を意味する言葉）
儀式用の空間に関する言葉			
*マラケ（開放的な儀式空間）	マラエ（直立した石の置かれた寺院の敷地）	メアエ（タウアが埋葬されている寺院）	ヘイアウに置き換えられる。ヘイアウとは、どれも特殊な信仰対象との結びつきを持つ寺院で、機能は様々に異なる。
*カフ（聖なる家が建てられた小高い場所）	アウ（マラエを建築または修復すること）	アフ（聖なる場所）	アフ（祭壇、ケルン。アフとプアアを組み合わせたアフプアアという複合語の文字通りの意味は「ブタの祭壇」だが、土地利用単位として使われている）

ことの証明に努めてきた。ポリネシアは民族誌学的に様々な社会から成り立ち、そこには社会組織、生産モデル、政治経済、宗教の豊かなバリエーションが含まれるが、その一方、大きな文化的パターンの一部がすべてのなかに残されていることが確認できる。実際、マーシャル・サーリンズはポリネシア社会の階層化に関する古典的作品のなかで生物進化を隠喩として用い、多様性に富むポリネシアの諸文化について「どれも文化的にひとつの属に所属するメンバーだが、局所的な生息環境に様々な形で適応している」と述べている。[51] ポリネシアの個々の社会が共通の先祖からどのように分岐して、文化進化がどのような歴史的道筋をたどったのか理解するためには、対照比較を通じて慎重に情報を構築していかなければならない。こうして比較分析の力を利用してはじめて、民族誌学の視点から語られる社会のどの部分は先祖から受け継がれた古いパターンで、どれが新しいイノベーションなのか、ある程度の確信を持って見分けることができる。相同的な特色と類似的な特色の区別は、歴史的変化のプロセスを広く理解するうえで大事な第一歩なのだ。

第2章

アメリカ西部はなぜ移民が増えたのか
——19世紀植民地の成長の三段階

ジェイムズ・ベリッチ

ジェイムズ・ベリッチ（James Belich）

1956年生まれ。オックスフォード大学歴史学部教授（刊行当時はヴィクトリア大学スタウト・リサーチ・センター）。ニュージーランドの歴史、西欧世界の拡張の起源を研究対象とする。

　本章は、アメリカ西部の目覚ましい成長の解明に新たな角度から取り組んでいる。この聖なる探求は、一九八〇年代のフレデリック・ジャクソン・ターナーや一八三〇年代のアレクシ・ド・トクヴィルなど、「フロンティア学説」を唱える歴史学者たちの素晴らしい研究成果の流れを汲んでいる。これらの学者たちは時として、フロンティアのなかにアメリカの本質――彼らにとっての聖杯――を見出す作業に熱中したが、その一方、現実のマクロ歴史学的な問題にも取り組んだ。それは爆発的な成長である。一七九〇年、アパラチア以西（トランス・アパラチア）には、一〇万九〇〇〇人の入植者が暮らしていたが、一九二〇年の人口は六二〇〇万にまで膨れ上がった[1]。しかも彼らは未開の地の貧しい住人などではなく、世界の最富裕層に属した。たとえば一八三〇年には住民が一〇〇人程度の小さな町だったシカゴは、九〇年後には人口二七〇万の巨大都市に成長していた。おそらくこれは人類史上でも類を見ないほど爆発的な成長で、アメリカ人が魅了されるのも無理はない。しかし、アメリカ西部には忘れられた双子の片割れがいる。同じ時期に同じ両親から生まれ、こちらのほうも同じような目覚ましいスピードで成長した。このイギリス版「西部」は、カナダ、オーストラリア、ニュージーランド、南アフリカで構成され、後には「白人自治領」として知られるようになった。一七九〇年、あちこちに分散しているイギリス版西部にはヨーロッパからの入植者が全部でおよそ二〇万人暮らしており、そのほとんどはフランス人だった。一九二〇年になると、大半はイギリス人とアイルランド人で構成され、人口は二四〇〇万にまで増加した。アメリカ合衆国よりも少ないが、忘れられた双子の片割れとしては悪くない数字だ[2]。そしてイギリス版西部でも、メルボルン、シドニー、トロント、ケープタウンなど入植者の都市は急成長を遂げ、アメリカと同様、白人市民は世界の最富裕層に所属した。

一八七〇年代に入ると、白人入植者の進出先は二つの西部の枠に収まらず、さらに範囲を広げて急拡大していった。たとえば満州、ウルグアイ、ブラジルの一部などもそのなかに含めてよいが、最も顕著な事例はアルゼンチンとシベリアの二つだろう。アルゼンチンは皮革や羊毛の輸出がさかんで、一八二〇年代には海外からの投資も相次いだが、統治エリートが期待するような成長のはじまりは一八七〇年代まで待たなければならなかった。一八七〇年代に入ると、中部に広がる大草原パンパスに入植者が押し寄せ始めた。一八六九年に一八〇万だったアルゼンチンの人口は、一九一四年には八〇〇万ちかくと四倍に増加して、その九〇%以上をヨーロッパ出身者が占めた。[3]最も成長が著しい地域（ブエノスアイレス自治市とサンタフェ州）では、八倍も増加している。二つの西部と同じく、ここでも経済の発展と人口の増加は同時に進行した。アルゼンチンの大都市（メトロポリス）はハイブリッド型で、イギリスがマネーと後には市場を、イタリアとスペインが移民を提供している。[4]そして、開拓地はスペイン語圏として爆発的な成長を遂げた。一九一四年、「南半球のパリ」と呼ばれたブエノスアイレスは一五〇〇万以上の人口を擁し、地下鉄網が発達していた。アルゼンチンは「今日のアメリカを自分たちの未来にする」ことを目標に掲げ、将来は希望に満ち溢れているようだった。[5]

ロシアにとって「未開の東部」であるシベリアも爆発的な成長を遂げた。一八六三年に三一〇万だった人口は一九一四年に一〇〇〇万となり、三倍以上に膨れ上がった。全人口の八〇%はロシア人で、成長は一八九〇年代から一九〇〇年代にかけて、南西部と南東部で集中的に進行した。[6]「シベリアのニューヨーク」と呼ばれたブラゴベシチェンスクの人口は六倍、「シベリアのパリ」と呼ばれたイルクーツクは三倍に増えた。イルクーツクにはオペラハウスや大聖堂や美術館、そして三四の学校が建設され、粗末な小屋にも照明が設置された。「シベリアはアメリカ並みに発展するだろう、間違いない」と、農機具の販売員をしているアメリカ人のひとりは一九〇一年に語った。「カリフォルニア」と同じゴールドラッシュに沸き、中国人の「黄禍」が表面化するようにも思われた(7)。

このような一九世紀に入ってからの開拓地の爆発的成長は、着実な歩みとはかけ離れている。ブーム、バスト、「移出救済（export rescue）」という三つの段階が周期的に訪れることによって達成されたものだ。まず、広大なフロンティア地域でブーム（にわか景気）が五年から一五年のあいだ継続し、一〇年間で人口が少なくとも倍増する。ブームに沸くフロンティアは商品と資本のどちらに関しても入ってくるほうが出て行くほうを上回り、高度に発達した商業市場は活況を呈する。ただし活動範囲は限定的で、一年前の入植者は新しくやって来た入植者に必需品を供給し、一年後にやって来る入植者のために準備を整えることで収入を確保したものだ。そのあとは深刻なバスト、すなわち「恐慌」や「パニック」が発生し、成長率が大きく落ち込み、好景気の恩恵を受けた農場や企業のおよそ半分が倒産の憂き目に遭う。やがて第三段階の「移出救済」に入ると、過去の残骸から新たな社会経済が創造される。すると今度は、小麦、綿、木材などの主要産物を遠方の大都市に大量に供給するスタイルが定着する。その結果として経済は回復するが、成長のスピードは以前よりもずっと遅い。さらに大都市との関係は、ブームの時代と比べていくつかの点でより緊密になり、依存度も強くなる。

ブームが花開くと経済の発展と人口の増加が同時進行し、急成長した都市にも辺境の開拓地にもマネーや移民が押し寄せてくるが、それはまず一八一五年頃、アメリカのオールド・ノースウェスト地域とオールド・サウスウェスト地域で始まった。おそらくアッパー・カナダも含めてよいだろう。時としてブームは、長い時間をかけてゆっくりと着実に入植が進んだあとにやって来る。たとえばオーストラリア西部は一八二〇年代、ブリティッシュコロンビアは一八四〇年代から建設が始まったが、爆発的な成長は一八八〇年代になってからだ。そこそこの規模（たとえば最低でも二万人）から人口が一〇年間で少なくとも倍増する現象をブームとして定義するなら、アメリカ西部の州の大半、イギリス人の移住植民地の大半、アルゼンチンとシベリアの一部の地域は、三段階から成るサイクルを少なくとも一度は経験している。表2・1には、二〇以上の事例が紹介されている。詳細の一部は議論の余地があるかもしれないが、全体的なパターンの正しさは確実な証拠によって裏付けられている。

ブームの発生

ヒト、マネー、モノ、情報、スキルがひとつまたは複数の大都市から関連のあるフロンティアへと大量に移動すると、それが原動力となってブームが軌道に乗る。したがってブームは、船やほろ馬車隊や鉄道などの輸送手段、銀行や新聞やチラシや郵便局、移住関連の企業や機関などの爆発的な増加を特徴としており、そのほとんどは都市をベースとする活動である。たとえばメキシコシティのように、都市に大勢の先住民が暮らしていないかぎり、開拓地が大都市に生まれ変わるまでには二世紀ほどを要するのが普通だ。それとは対照的に、爆発的な成長の場合には同じプロセスが数十年で進行する、シンシナチやウィニペグなど、早い時期に急成長した都市の多くは、後には移出で有名になったが、ブームの時期の数十年間には地域外から製品を購入し、爆発的に成長するフロンティアに供給したものだ。自分たちの製品を遠くの大都市に供給したわけではない。ただし集団のリーダー的存在のシカゴなどは、ブームに沸く地域のために外から製品を導入する一方、景気の悪い奥地をテコ入れするために製品を移出したおかげで、稀に見るほどの成長を達成した。ブームに沸くフロンティアの政治的境界の外側には、成長の受け皿となる都市が急成長した。一八四〇年代から一八五〇年代にかけてテキサスのブームの受け皿になったのは、ルイジアナ州のニューオーリンズだった。一八一五年から一八一九年にかけて活況を呈したアッパー・カナダの受け皿は、ローワー・カナダのモントリオールだった[8]。

ブームのあいだにも、移出は従来どおり継続され、新たな製品が供給される可能性もあったが、たとえ規模が大きくても重要な部門ではなかった。フロンティアでは、成長そのものが経済のゲームの主役だった。ヒト、モノ、マネーの流入が奨励・マネジメントされるばかりか常に更新され、移民にはモノや住宅やサポートが、新しい農場には家畜が提供され、町や農場や輸送関連のインフラが建設され、そのために建築資材が準備された。このように様々な活動によって進歩促進型産業が成り立ち、成長を通じてさらなる成長が生み出されるサイクルが繰り返された[9]。

輸送関連のインフラの整備は、進歩促進型産業の主な要素のひとつだ。官民を問わず、輸送関連のプロジェクトは概して大都市からの巨額のローンや社債発行によって資金を供給されるが、人員、使役動物、これらのための食糧、木材をはじめとする原材料など、それ以外の投入のほとんどは現地で調達される。そしてそれは、二重の効果をもたらす。いったんインフラが完成すると、コミュニケーションは円滑に進み、市場へのアクセスは改善される。しかし同時に、建設作業が進行しているあいだ、プロジェクトは景気の起爆剤としても貴重な存在になる。その意味では、複数の地元企業が競合した結果として採算割れした道路や運河や鉄道は、決して無駄になるわけではない。たとえば一八三〇年代にはエリー湖沿岸の三つの町がオハイオ運河委員会の説得に成功し、いずれも同じ運河の終着駅になることが決定した[10]。コストは三倍に膨れ上がり、効率は三分の一に落ちたが、その一方、従来

オーストラリア	ブーム① 1828–42	タスマニア州、ニューサウスウェールズ州	ホバート、シドニー	羊毛
	ブーム② 148–67	西オーストラリア州（?）とタスマニア州を除くすべての地域	メルボルン、シドニー、アデレイド	羊毛、金、小麦
	ブーム③ 1872–79/91	ビクトリア州内陸部、ニューサウスウェールズ州、クイーンズランド州	ブリスベン	羊毛、小麦、肉、酪農製品
	ブーム④ 1887?–1993	西オーストラリア州	パース	金、羊毛、小麦
ニュージーランド	ブーム① 1850–67	南島	ダニーデン	羊毛
	ブーム② 1870–79/86	南島、北島	オークランド、ウェリントン	肉、酪農製品
南アフリカ	ブーム① 1885–65	ケープ州	ポート・エリザベス	羊毛
	ブーム② 1870–82	ケープ州	キンバリー、イーストロンドン	ダイアモンド
	ブーム③ 1896–1913	ケープ州、ナタール州、トランスバール州	ケープタウン、ヨハネスブルグ	金
アルゼンチン	ブーム① 1865–73	ブエノスアイレス	ブエノスアイレス、ロザリオ	羊毛
	ブーム② 1878–90	ブエノスアイレス、サンタフェ州	ブエノスアイレス	穀物
	ブーム③ 1896–1913	ブエノスアイレス、サンタフェ州、ラ・パンパ州	ブエノスアイレス、コルドバ、マル・デルプラタ、トゥクマン	チルドビーフ
シベリア	ブーム① 1885–99	中部ならびに東部シベリア	ブラゴベシチェンスク	小麦
	ブーム② 1906–14	東部シベリア、ロシア極東	チア、ウラジオストック、ハルビン	バター

表2.1　入植地で発生したブーム、バスト、移出救済のサイクル

	ブーム・バストの時期	地域	具体的な都市	移出救済
アメリカ合衆国	ブーム① 1815–19	オールド・ノースウェスト、オールド・サウスウェスト	シンシナチ、ニューオーリンズ	綿、塩漬け豚肉
	ブーム② 1825–27	オールド・ノースウェスト、オールド・サウスウェスト	シンシナチ、セントルイス、ニューオーリンズ	綿、豚肉、穀物
	ブーム③ 1845–57	オールド・ノースウェスト、中西部、テキサス州、カリフォルニア州	セントルイス、シカゴ、サンフランシスコ	穀物、豚肉、金
	ブーム④ 1865–73	中西部	シカゴ	穀物、豚肉、生きた牛
	ブーム⑤ 1878–87/93	中西部、極西部、テキサス州西部	シカゴ、デンバー、ミネアポリス	穀物、チルドビーフ
	ブーム⑥ 1898–1907/13	北西部奥地、カリフォルニア州南部、オクラホマ	シアトル、ロサンジェルス	穀物、木材、果物
カナダ	ブーム① 1815–19/21?	イースタンタウンシップス?、オンタリオ州の一部	モントリオール、	木材
	ブーム② 1829–37/42	オンタリオ州、ニューブランズウィック州	トロント、セントジョン	小麦、木材
	ブーム③ 1844–48	オンタリオ州	トロント、ハミルトン	小麦、木材
	ブーム④ 1851–57	オンタリオ州	トロント、モントリオール	小麦、チーズ
	ブーム⑤ 1878–85–83/93	マニトバ州、ブリティッシュコロンビア州	ウィニペグ、バンクーバー	小麦
	ブーム⑥ 1898–1907/13	ブリティッシュコロンビア州、プレーリー州	レジャイナ、サスカトゥーン、エドモントン、カルガリ	小麦、木材

の三倍の「進歩」が実現した。農場や製造業や労働市場が、運河建設によって生み出されたのだ。ただし、失敗例もある。アルゼンチンでは一八八〇年代のブームの最盛期、「二二の民間企業と三つの公共企業が無秩序に競い合った」。そして一八九〇年には、「その大きな犠牲となって、アルゼンチンの鉄道網には統一感がなくなった。三種類のゲージ（左右のレールの間隔）が存在し、新しい線路が多すぎる地域があるかと思えば、線路がまったく敷設されない地域もあった」[11]。一部の観測筋は、このような機能不全の原因としてヒスパニック特有の過度激動（神経の感受性が増すことで、通常の人間よりも刺激を生理的に強く経験する性質）を指摘する。その真偽はともかく、同じ特徴は英語圏での鉄道ブームにも見られるもので、しかも、アルゼンチンの鉄道のほとんどはイギリス人が資金提供も計画の立案も手がけている。

ブームのあいだにどんどんインフラを創造すれば、巨大産業が生み出される。一八五〇年代にアッパー・カナダで進められた鉄道建設には、男性労働者の実に一五％が直接関わっていた[12]。シベリア横断鉄道は一八九〇年代にいきなり、「シベリアの工業生産をおよそ二〇倍も増加させた」[13]。そしてニュージーランドでは一八七一年から一九〇〇年にかけて、鉄道建設が資本構成の四〇％以上を占めた[14]。ヴィクトリア時代の経済の中心は、文字通り建設だったのである。ブームがピークに達した一八八八年には、「植民地の民間投資全体の五分の四以上」が住宅建設だった[15]。メルボルンではレンガが材料に使われたが、開拓地のほとんどの都市では木材が使われ、しかも建設は一度かぎりではなかった。「サンフランシスコでは町が燃えて再建されるプロセスが少なくとも四回は繰り返された」[16]。一説では、一八一五年から一九一五年にかけてカナダとアメリカの都市では大きな火事が二九〇件発生し、ニュージーランドとシベリアの新興都市でも火事はめずらしくなかったという[17]。火事は衝撃的な出来事だが、何回でもやり直しがきく都市を再建すれば、景気はさらに上向いた。

森林を伐採し、地元市場に建築材や梱包材や燃料を提供することも、進歩促進型産業の重要な要素のひとつだった。一九世紀には木材の消費量が多く、特にブームのあいだはほぼ一貫して開拓地の社会でその傾向が顕著だった。一八五九年、アメリカで利用されていた四〇〇〇台の機関車のなかで、石炭が燃料になっているものは全体の一〇％にすぎなかった。[18] 同じことは蒸気船にも、あるいはオーストララシア〔オーストラリア、ニュージーランドおよびその付近の南太平洋諸島の総称〕、カナダ、シベリアといった地域にも当てはまる。一〇年間で倍増した人口を支えるためには、地域のなかで住宅、町の建物、農家の建物、フェンスなどが、通常の数倍のペースで増えていかなければならない。採掘や輸送関連のプロジェクトも、木材を大量に利用した。時として道路は、厚板に「丸太を並べて」造られた。橋や電柱は木製だった。運河には木の支柱などが必要だった。さらに、木材は鉄道にも欠かせない。枕木だけでなく、動物を線路に寄せ付けないためのフェンスにも使われた。具体的には、二六四〇本の枕木が一マイル当りに必要とされ、さらにそれをおよそ六年ごとに交換しなければならなかった。そのほかに、農地を切り開くために何百万本もの樹木が伐採されて燃やされたのだから、開拓地のブームが森林を食い尽くしたのも無理はない。アメリカがブームに沸いた一八五〇年代には四〇〇〇万エーカーもの森林が消滅したが、これはイングランドの面積に匹敵する。[19] 木材の移出こそ少なかったが、ブームの時代の林業は巨大なビジネスだったのである。

ブームを支える進歩促進型産業の三つ目の重要な要素は、農業と農業環境の整備だ。ブームに沸いた一八五〇年代には、アメリカ西部の農業労働力の四分の一が実際のところ、土地の開墾や農場建設の作業に従事していた。農業そのものではなく、農業環境の整備に関わっていたのだ。[20] 一方、ほとんど資本を持たない農民は、農作業の合間に断続的にほかの仕事に携わった。ブームの時代には、仕事に事欠かなかったのである。道路や運河や鉄道の建設現場、さらには製造業の現場でも、「農民」が働く姿は目撃された。農閑期を利用するときもあれば、家族を残して出稼ぎに行くときもあり、頑健な女性が留守をあずかったものだ。あるいは、木材産業で季節労働者として働いて賃金を稼ぎ、「副業」として木材製品を販売する農民もいた。こうしてブームに後押しされ、農業以外の分野で農民の製品や労働への需要が促されたが、ブームは農業製品の需要も後押しした。

農業史においては、開拓地の農業は半自給自足の段階から遠隔地に農産物を供給する段階へと、ほぼ一直線に移行したことを前提にする傾向が強い。一時的に「貧しい開拓者市場」が存在していたことが認められるときもあるが、大して重要視されるわけではない。しかし実際のところ、ブームの局面の農業は限定された市場のなかで、取引がさかんに行われて活況を呈していた。農業は規模が大きく多様性に富み、そんな農業に支えられてブームは最大で一五年間にわたって継続したと考えられる。都市の住人や農業を始めた移民だけでなく、工事現場や森林にあちこちから流れてきた労働者も、肉、パン、アルコール飲料、皮革製品などを大量に消費したのだ。特に農民は家畜を増やすだけでなく農作物の種を大量に確保する必要があったため、巨大な「種子」市場が誕生する。さらにブームの時代の農業はもうひとつ、まったく別の次元からも支えられていた。農業製品のカテゴリーのなかで重要でありながら、なぜか顧みられなかった存在とは、使役動物とその飼料である。一八五〇年のアメリカでは、仕事に要する全エネルギーの半分以上が農場で育てられた馬によって供給されていた。ブームに沸く開拓者のフロンティアでは、馬や牛の需要が特に大きかった。ニュー・サウスウェールズでは好景気が始まる以前の一八二一年、馬と人間の比率が一対八だったが、一八五一年には一対一・五にまで縮まった[21]。同じ時期、イギリスではこの比率がおよそ一対一二だった[22]。一八六〇年、ブームと無縁のサウスカロライナ州では使役動物と人間の比率が一対四・五だったが、ブームに沸いたテキサス州ではおよそ一対一[23]。シベリアでは人間一〇〇人につき馬が八五頭で、ウラル山脈以西のヨーロッパ圏の地域よりもはるかに多かった。アルゼンチンでは人間一〇〇人につき馬が一一五頭と、馬のほうが多い[24]。一方、使役動物はしばしば十分に草を食べる余裕がなかったが、それでも餌は必要で、オート麦、干し草、トウモロコシなどが農民によって与えられた。ブームの時代、これらの穀物の作付面積はたびたび小麦を上回った。一九世紀の農民は事実上、農民だけの存在ではなかった。この時代を動かすエンジンである使役動物と、その燃料である穀物を供給していたのだ。

ほかには、マネーや移民や地域外から導入された製品の供給も進歩促進型産業を支える要素に数えられ、それぞれ大きなビジネスとして成り立っていた。捕鯨や毛皮目的の狩猟などの採取産業はブームが始まる以前から存在していたかもしれないが、ブームと共に大きく成長し、獲物が絶滅する地域もめずらしくなかった。たとえば、アメリカの四回目と五回目のブームでは、バイソンがほぼ絶滅に追いやられた。ブームが始まると、金をはじめとする有用鉱物の需要はしばしば急増したが、需要がブームを引き起こすことは滅多になかった。ニュージーランドのビクトリアは一八五一年に、南島は一八六一年に大量の金が発見される以前からブームが始まっていた。あるいは一八八〇年代から一八九〇年代にかけて、シベリアの「カリフォルニア」と呼ばれた多くの地域にもこのパターンは当てはまる。そして本家本元のカリフォルニアでは、一八四八年にジョン・サッターの粉ひき小屋で金が偶然に発見されるとゴールドラッシュが始まったのであり、わざわざ鉱山で採掘したわけではなかった。一方、先住民や以前から定住しているヨーロッパ人との戦いが、進歩促進型産業を支えるときもあった。何十もの砦が建設され、何千人もの兵士や何百ドルもがつぎ込まれ、ブームをさらに煽る結果になった。

バスト（恐慌）の局面

恐慌あるいはパニックとも呼ばれるバストは、開拓地の社会に周期的に訪れる三つの局面のなかで最もよく知られたもので、氷山の先端のように目立つ。アメリカ西部はブーム、バスト、移出救済というサイクルを少なくとも五回経験した。それぞれ一八一九年、一八三七年、一八五七年、一八七三年、一八九三年のバストを軸として展開している。ほかにも一九一三年にはブームとバストのふたつが同じ年に、そして一九〇七年にはバストが発生している。カナダは早い時期のバストを同じように経験しているが、そのあと一八六〇年代から一八九〇年代にかけて小さなブームを経験したあと、一八九七年から一九一三年にかけて、西部の大草原への積極的な進出を再開した。南アフリカは一八六五年、一八八二年、一八九九年に経済が崩壊した。オーストラリアは一八四二年、一八六六年、一八九〇年代のはじめ、アルゼンチンは一八七三年、一八九〇年、一九一三年。シベリアは少なくとも一度、一八九九年から一九〇〇年にかけて大暴落に見舞われた。バストには地域ごとにバリエーションが見られる。ニュージーランドのなかでも南島は一八七九年から一八八〇年にかけて、北島は一八八六年にバストを経験した。これらのバストの存在を否定する経済史家はほとんどいないし、さらに別のバストが追加される場合もある。しかし、バストが学術上の不況に相当するか否かを巡る議論で、バストは軽んじられる傾向が強い。本格的な不況では実質賃金も経済活動も縮小する点が注目されるからだ。[25] バストでは物価の低下が賃金の低下を補う結果、一人当り実質所得は持ちこたえ、経済全体で穏やかな成長が持続するときもめずらしくない。しかし学術的に不況に該当するか否かを問わず、バストは時代の重要な分岐点であり、成長率を大きく減らしてしまう。ミルウォーキーではブームに沸いた一八五五年から一八五七年の三年間で人口が四四・五％増加したが、バストに当たる一八五八年から一八六〇年の三年間には二・八％の増加にとどまった。[26] 農家も企業もつぎつぎと破産した。

一八一九年のバストの際には、一八一〇年代にアメリカで設立された何百もの単一銀行（一店舗のみで営業を行う銀行）の半分が消滅した。[27] 一八九一年にオーストラリアがバストに見舞われたときには、大銀行の六五店舗のうち五四店舗が閉鎖に追い込まれ、そのうちの三四店舗は二度と営業を再開しなかった。[28] 一八九三年のアメリカのバストでは銀行が五七三店舗、大企業が八一〇五社も店じまいした。[29] 南アフリカが一八六五年にバストを経験したときには、「南アフリカ全体が破産状態に放り込まれた」という声も同時代の人たちから聞かれた。[30] アルゼンチンでは、アルゼンチン企業ならびにアルゼンチンとイギリスの合弁企業およそ四〇〇社が一八七三年から一八七七年にかけて倒産し、それ以外に少なくとも三〇〇社が一八九〇年のブームのあとに消滅した。[31] シベリアでは一九〇〇年のバストによって大企業の少なくとも五五社が破産に追い込まれた。[32] 農業も例外ではない。中西部では一八三〇年から一八九〇年にかけて四回のバストを経験している。「コミュニティが誕生してからの年数にかかわらず、新しく結成された農民の集団の五〇％から八〇％が一〇年後にはなくなってしまう」有様だった。[33] カナダ沿海州の一部の地域では、一八四〇年代はじめのバストによって農家のおよそ半分が農場を手放した。[34] そして多くの町がゴーストタウンになった。「一八八四年から一八八八年にかけてロサンジェルス郡で建設された一〇〇以上の町のうち、六二の町がもはや存在しない。あとには僻地、畑、都市の郊外だけが残された」[35]。ゴーストタウンはアメリカ特有のものだと一部では思われているが、ニュージーランドには二四〇のゴーストタウンが存在していた[36]。

バストの局面は二年から一〇年のあいだ継続し、通常はそのあいだに崩壊した経済の残骸が寄せ集められ、今度は「移出救済」の局面に入り、以前より地味でも安定した新しいシステムが新たに登場する。成長そのものではなく、ひとつまたは二つの主要産物をひとつまたは二つの大都市の市場に大量に供給することが今度は経済の中心的な活動となり、この活動を通じて社会は大きく再編された。まずはバストを生き残った小規模農家が生き残りに失敗した近隣の農家の土地を買い取り、その一方、大きな土地は分割される。この二つのプロセスを通じ、以前よりも堅実な中規模農家が誕生する。生産場所は分散するが、主要産物を加工・流通する作業は肉の加工、製粉、鉄道や船による輸送などを専門とする大企業に集約され、なかにはすべてを扱う企業もあった。生産においても加工・流通においても、成功の一部はバストの時代の他人の失敗を踏み台にしており、手放された資産は二束三文で購入された。こうして開拓地はブームとバストのどちらにも支えられ、言うなれば二重の投資によって大きく成長していったのである。

移出救済の段階

移出救済は長期間におよび、時には急成長に至ることもある。製品の価格は低くても、供給量の増加がそれを補うのだ。たとえばカナダからイギリスへの木材の輸出量は、すでに一八四二年の時点で二六万五〇〇〇トンを記録していたが、その年のバストをきっかけに急増し、一八四五年には六〇万八〇〇〇トンに達した[37]。アメリカ南部の綿生産は一八一八年には六万トンに満たなかったが、一八一九年のバストのあとに急増し、一八二六年には一六万六〇〇〇トンにまで達した。新たな製品が開発されるときもあり、たとえば一八五七年以降には、アメリカ中西部から東部に大量の家畜が鉄道で運びこまれるようになった。イギリスでは一八八〇年以降、オーストララシアから大量の冷蔵肉が輸入される。こうして開拓地の経済では、主要産物の生産と加工と輸送が最も重要になった。はじまりと終わりがあるブームと異なり、移出救済の段階には終わりがなく、成果が累積されていった。たとえば中西部から北東部へは、四回にわたってタイプの異なる製品が継続的に供給された。一八一九年からは、塩漬豚肉と穀物がニューオーリンズを介して供給され、一八三七年からは運河と五大湖を利用して小麦が、一八五七年からは鉄道で家畜が、一八七三年からは屠殺した家畜が冷凍車両を使って供給された。オーストラリアは三度のブームのあいだに糸に紡いだ羊毛、小麦、肉を順番にイギリスに輸出し、アルゼンチンもほぼ同じプロセスをたどった。新しい輸出品は従来の製品と置き換わるのではなく、むしろ補う形で採用された。移出救済が行なわれているあいだの成長率はブームの時代よりもはるかに低かったが、それでもまずまずの成績を残し、バストが終わったあとの最悪期を過ぎれば、平均実収入は増加する傾向が強かった。

移出救済は簡単でもなければ、予め成功を運命づけられているわけでもなく、低い価格設定、一貫性のなさ、量の確保、腐敗対策、遠距離輸送など、多くの問題を克服する必要があった。低い価格設定には量を増やして対処した。一方、農場で作られる酪農製品や塩漬肉の供給にはどうしても一貫性が欠如する。そのため移出救済をきっかけに、食肉包装工場やバター・チーズ工場が新たに登場し、等級づけや品質管理が徹底された。そして大量の製品は様々な方法で取り扱われた。綿や羊毛を圧縮するプレスは改良され、サイロやエレベーターによって穀物の管理は改善される。肉の供給には腐敗が大きな課題として常につきまとったが、一八二〇年代に良質の塩が登場して豚肉の塩漬け方法が改善されると、問題は解決された。一八七〇年代には車両内を天然の氷で冷やし、鶏肉を冷凍して運ぶようになった。一八八〇年代には、マトンやラムを運ぶ船に冷蔵室が設けられる。一方、主要産物は市場の要求に応じて包装し、絶好のタイミングで供給する必要があった。ロンドンではニュージーランドのスプリングラムがニュージーランドの春ではなく、イギリスの春に到着することが期待された[38]。カナダではイギリス市場のために「チェダー」チーズと「ウィルトシャー」ベーコンが生産された[39]。

移出救済は、距離の克服を基本的な特徴としている。ブームの時代からは、過剰なほどの鉄道路線や船会社が後世に残された。バストに突入すると、鉄道会社や船会社は積極的なコスト削減に乗り出し、大体において運賃は半分に落ち込んだ。ミシシッピ川の蒸気船では一八三七年のバスト、アメリカ合衆国の鉄道では一八七三年と一八九三年の二回のバスト、オーストラリアの海上輸送では一八四二年と一八九三年の二回のバストの後、この傾向が見られた。ただし、その傾向に合わせるかのように技術が進歩を遂げ、たとえば船の構造やエンジンが改良されたおかげで蒸気船の大型化が促された。フロンティアと大都市の関係は橋で結ばれたかのように緊密になり、製品の移動に関して新たな秩序が確立された。ロンドンやニューヨークが一九〇〇年に世界最大の都市になったのは、大量の移民がフロンティアの事実上の奥地にまで新たに進出し、移出救済の一環として、大量の製品が供給されたからでもある。大都市の住民が西部に求めたのはぜいたく品や嗜好品や不作への備えではなく、文字通り日々のパンや肉だった。供給は完全な信頼性を備え、需要にきめ細かく対応しなければならない。このシステムの両端は、ふたつに割れたガラスの破片をきれいに繋ぎ合わせるように、ぴったりと一致しなければならなかった。建国の父たちは「利害関係の結合」がアメリカ合衆国のあいだで絆を深めるだろうと予測したが、経済の統合はほかの形での統合を促す一方、ほかの形での統合が経済の統合を促した。しかもこのような結びつきはアパラチア以西にとどまらず、大西洋や太平洋、ウラル山脈を超えた地域とのあいだにも生まれる可能性があった。たとえばイギリスは遠方の植民地から大量の主要産物を定期的に輸入する一方、印刷物や製品を輸出したおかげで、遠く離れたイギリス版西部との関係が緊密になり、一八五〇年から一九五〇年頃にかけて非公式ながら本物の「グレーターブリテン」が創造された。自治領の居住者は自分たちが単なる臣民ではなく、大英帝国の共同所有者だと確信することができた。実際、彼らの生活水準は高く、ロンドンのマネーや仕事や食品市場に容易にアクセスできたのだから、あながち的外れではなかった。

三段階はどのように捉えられてきたか

では歴史家たちは、開拓地が独特のリズムのなかで爆発的に成長した現象をどのようにとらえているのだろうか。サイモン・クズネッツをはじめとする経済史家たちはかねてより、アメリカ西部の発展の「循環的な」特徴に注目してきた。クズネッツによればこのパターンは、三、四年ごとに繰り返されることが立証されている景気循環と似ているが、もっと規模が大きく、期間も長く、一五年ないし二五年ごとに繰り返されるという。これは本章で紹介してきた開拓地社会のリズムとも一致している。需要と供給が追いかけるように継続しているが、短期間の景気循環とは異なり、消費財ではなく資本インフラ、たとえば鉄道建設などが原動力になっている。これらの高価なアイテムの供給が需要に追い付くと、ブームが発生する。そして供給が需要を上回るとバストに入るが、建設プロジェクトには五年以上の歳月がかかるのだから、そうめずらしい現象ではない。ただしクズネッツはこのような循環が一八四〇年代に始まり、場所はアメリカ合衆国に限定されると確信しており、因果関係や移出救済についてはほとんど語っていない。なかには移出について取り上げている学者もおり、「ステープル理論」を提唱したカナダ人の経済学者ハロルド・イニスは特に注目に値する。[40] この理論は、開拓者社会の経済発展は主要商品の大都市への供給が原動力だったことを大前提にしている。供給による「連関効果」は様々で、工業化や都市化など、経済全般に副産物を生み出す程度は異なるという。たとえば毛皮やタラの取引のように連関効果が乏しければ、開拓者社会の経済はほとんど発展しない。小麦や肉の取引のように連関効果が目覚ましければ、経済は大いに発展する。ただし、主要産物に注目したこのアプローチは、ブームやバストについてほとんど触れていない。結局、長い周期の景気循環に注目したアプローチも、主要産物に注目したアプローチも、開拓地を支えるリズムのひとつまたは二つの段階を理解するためには役立つかもしれないが、三つのすべて、すなわちリズムそのものについて多くを語っているわけではない。

開拓者社会を研究する社会史家は、ブームとバストについてしばしば取り上げるものの、定義に一貫性はなく、効果や全体的なリズムについての認識が不十分で、全体として経済史を顧みない傾向が強い。ただしこの数十年間は、最大の西部すなわちアメリカ西部の歴史研究に関して歓迎すべき展開が見られる。場所を強調する「地域主義者」にせよプロセスを強調する「ネオ・ターネリアン」にせよ、「フロンティア学説」を支持する歴史学者たちが、アメリカ西部に居住していたのは白人男性だけではなかった点を指摘するようになったのだ。なかにはアメリカ例外主義にこだわらず、フロンティアとほかの場所の比較に取り組む学者もいる。ウィリアム・クロノン、リチャード・ホワイト、エリオット・ウェスト、さらには著名な歴史地理学者Ｄ・Ｗ・マイニーらの研究は特に素晴らしい。専門分野にとらわれず生態学の視点を取り入れた「エコロジカル」アプローチの中身は充実しており、経済史にまで踏み込んでいる。実際、アメリカ西部の経済史は非常に重要で、経済学者だけに任せておくべきではない。(41)しかしこれらの学者でさえ、社会のリズムについての指摘はやや不十分だ。ブーム、バスト、移出救済という三つの要素が連続するときのリズムや反響に関しては、これらの名称を使っているか否かにかかわらず、相応の考慮がされていない。

経済史家以外にとっても、開拓地の景気循環のリズムは重要な問題である。なぜなら、ブーム、バスト、移出救済というリズムは、経済学だけでなく、社会、文化、民族性、ジェンダーにも大きな影響をおよぼすからだ。たとえばブームの時代には、町や農村の部門に野営地の要素が加わった。定まった住みかのない独身男性が、木材切り出し人、作業員、鉱山労働者、兵士、船頭などとして進歩を支える産業に従事したため、彼らに住居が提供されたのである。なかには無法者や喧嘩っ早い者もいたが、彼らのサブカルチャーはまったくの無秩序というわけではなく、私はこれをべつの場所で「クルーカルチャー」と呼んでいる。(42)バストに入ると、クルー（仲間）の相対的な重要性は薄れ、禁酒運動など熱烈な社会的大義によって抑圧された。バストの時代には人びとのあいだに罪悪感が広がり、それも一因となって社会的大義が掲げられるようになったのである。一方、ブームは先住民たちにも影響をおよぼした。当初は驚くほど様々な部族が、あるときはヨーロッパ人と積極的に交流し、あるときは同等の関係で抵抗しながら、ヨーロッパ人が移住してきた標準的な開拓地にうまく適応していた。ところがブームの時代になると、先住民たちの自治権は奪われてしまった。アメリカのスー族、コマンチ族、モドック族、ネズパース族、カナダのメティス族、ニュージーランドのマオリ族、タスマニアやクイーンズランドのアボリジニ、南アフリカのコーサ族、アルゼンチンの大草原のアラウカニア族。これだけの部族が被害を受けた。いずれも標準的な環境のヨーロッパ人の開拓地には対処できたが、爆発的に成長する開拓地は手に負えなかった。したがって、ツナミのように押し寄せる移民の影響を過小評価しては、先住民の抵抗運動を公平に評価することはできない。ブーム、バスト、移出救済というサイクルを無視して開拓地社会とライバルの先住民が繰り広げた歴史について語るのは、風の吹かない海での航海や季節の変化のない農業の歴史について語るようなものだ。

開拓地での景気循環のリズムを認識することが大切なのは、それによって一九世紀の開拓地の歴史を新たな文脈から解釈する機会が与えられ、大量の移民が押し寄せるようになったいきさつを理解するために役立つからだ。ここでは理由についてはわからない。長期間にわたって着実に続いてきた移民の流入が、一八一五年頃にいきなり加速したのはなぜか。ブーム、バスト、移出救済というリズムが発作的に引き起こされる形をとったのはなぜか。北米の英語圏出身者のあいだで始まり、その後も英語圏出身者に限定されたわけではないが、彼らの特徴がほかの人たちのあいだでも継続したのはなぜか。短いエッセイの半分程度のページでは、これらの質問に十分に答えることはできない。しかし、明白な三つの決定要因、すなわち制度、主要産物の移出、工業化について簡単に触れてから、それほど目立たないけれども重要な三つの要因を加えたうえで考察することは可能だ。

これから私なりの説明に入る前に、イギリス中心の世界観は危険をはらんでいるものの、爆発的な移民の流入が英語圏に有利に働いたのは厳然たる事実としか思えないことを指摘しておきたい。過去の世代の英米の著述家たちは、ほかの事柄と同じく開拓地の成功も、イギリスから大西洋をわたってきた移民の貢献によるものだと確信していた。彼らのなかにはアングロサクソンの優位を疑わない人種差別主義者も、英語圏出身者であれば無条件に賞賛するチャーチルのような人物も含まれていたが、いまやこのような主張は真剣に受け止められなくなった。ただし、猛烈な勢いでやって来る移民が英語圏出身者に限定されなかったのは間違いないが、彼らと同じ傾向が英語圏以外の場所で見られたのも事実だ。シベリアとアルゼンチンでもブームとバストは同じように発生しており、たとえばシベリアではバストに引き続き、一九一七年まで「移出救済」が行われた。アメリカ西部がニューヨークに、英連邦自治領がロンドンに食糧を供給したように、一九一四年頃には何百万トンもの小麦やバターが工業化の進むサンクトペテルブルグに供給された。ポンド圏に参加していたアルゼンチンは、まるで「自治領に迎えられた部外者のように」ロンドンに食糧を供給し続けたが、一九三三年のオタワ協定によって英連邦諸国の経済ブロックから締め出され、結局は仲間外れにされた。しかしアルゼンチンとシベリアのブームは英語圏よりも始まりが遅く、回数も少なく、「移出救済」の継続期間も短かった。一九世紀の移民の爆発的増加において英語圏が果たした目覚ましい役割については、否定も誇張も賞賛もせず、冷静に説明しなければならない。

移民はなぜ増えたのか

決定要因のなかでも特に制度について説明する際には、イギリスを中心とした世界観に偏りやすく、実際のところ、そのように評価されても仕方がない部分も見られる。しかし全体としては、特に成長を促しやすい制度がイギリスで誕生し、それが移民の建設した植民地にうまく導入された可能性について真剣に考えなければならない。たとえば植民地ではコモンローによって財産権や債権の回収の権利が保証され、最終的に特許法が導入された。代議政治のもとで男性には限定的な参政権が認められ、専制政治は衰退し、同意を必要とする場面が増え、新たに出現した集団が社会に吸収される環境が整った。反体制的なプロテスタントの集団もおそらくそのひとつで、労働倫理はともかく、貯蓄に関する倫理はユニークで、カトリックや英国国教会と比べて組織は世俗的で再現性が高かった。一方、イギリスの植民地は従来の大きな政治形態をさらに拡大するのではなく、自治権のある小さな政治形態の「クローン」を増やしていった点も、特徴のひとつに数えられるだろう。イギリスによる拡張はスペインによる拡張と比べ、変化を嫌う傾向が本質的に少なかったという主張をかならずしも受け入れる必要はないが[43]、二つの国のあいだには早い時期から構造上の違いがはっきり見られた。スペイン語圏アメリカは二つ、後には三つの副王領にまとめられたが、イギリス人の入植地は一〇以上の植民地に細かく分散された。したがって代議政治がうまく機能する一方、自由土地保有権《フリーホールド》の形態で不動産を獲得しやすかったため、土地の所有に基づいた参政権が拡大していったのである。一九世紀に入ると分散化はさらに進み、新たな自治区や州や植民地が誕生した。これらの組織は開発のための借り入れを自ら行い、独自のやり方で成長を進めた。そうなると、たしかに制度は重要な役割を果たしたのかもしれないが、問題はどの程度重要だったかという点だ。この質問にもここで答えることはできないが、細かいプロセスを省き、非英語圏の西部に注目してみよう。たとえば一九世紀末の帝政ロシアではコモンロー、代議政治、プロテスタント、地方分権がいきなり導入されたが、これらの四つの制度のすべてはむろん、ひとつでも導入されたことを非難する人はいない。この場合にイギリスの制度は、ブームや移出救済から長期的な安定と繁栄を導き出すために役立っているようだ。しかし移民の爆発的増加という現象そのものを説明することはできない。

つぎに移民の爆発的な増加について、主要産物の移出に込められた意味から説明を試みてみよう。一八一五年以降、イギリスとアメリカ北東部の工業化ならびに都市化によって、主要商品の需要は大きく膨らんだ。主要産物の需要拡大に注目した学者たちは、必要な主要産物を供給するため、英語圏西部には合理的な移住者が大挙して押し寄せ、投資家は多くの資金をつぎ込んだと論じている。主要産物の供給が、移出救済にとって重要な要素だったのは間違いない。しかし、主要産物の計画的な供給という局面がブームの火付け役だったという主張には無理がある。そもそも、移出救済は技術革新や大都市での需要の変化に依存するケースが多く、いずれも簡単に予測することはできない。一八一五年からオールド・ノースウェスト地域〔合衆国創立時の領土〕に押し寄せてきた移民が、北東部の大都市での小麦生産量の落ち込み、各地を結ぶ運河や鉄道の出現、それを支えたサイロやエレベーターの登場について予測できた可能性など、本当に信じられるだろうか。一八四六年にイギリスで穀物法〔穀物の輸出入を制限する法律〕が廃止された結果、重要な市場が追加される事態を予測していただろうか。実際のところ、ブームの局面にいる農民は、移出について真剣に考える必要はなかった。地元の市場が活況を呈していたため、余計な心配は無用だった。やがてバストの局面に入ると様々な実験やイノベーションが試みられ、最終的に移出による救済が促された。すなわちブームがバストを創造し、それが移出救済を促したのである。計画的な供給がブームを生み出す展開など滅多に見られない。例外は、オールド・サウスウェストからの綿の供給ぐらいだろう。さらに、主要産物の転出の合理性という概念にとっては、バストそのものが問題として立ちはだかる。移出が開拓地の経済全体を救済したのは事実だが、それまでにはブームの時代の農場や企業の半分がバストによって消滅していた。開拓地の経済は、言うなれば破産した人たちの屍の山の上に築かれたようなもので、彼らは合理的な行為者というよりはサンゴ虫に似ている。

一九世紀に移民が急増した理由に関しては、もっと有望な説明もある。この場合には、豊かな可能性を秘めた広大なフロンティアと産業革命が絶好のタイミングで交わった点に注目している。それが事実ならば、爆発的な増加が英語圏アメリカに集中し、後に英語圏以外で匹敵する現象が見られなかったことも十分に納得できる。ロシアやスペイン語圏アメリカには広大なフロンティアが広がっていたが、初期の産業革命とは縁がなかった。フランスとベルギーでは早い時期から産業革命が始まったが、広大なフロンティアを持っていなかった。どちらも兼ね備えているのは英語圏のアメリカだけだった。アルゼンチンでは一八七〇年代から、シベリアでは一八八〇年代から、工業技術が輸送部門の鉄道という形で導入され、大量の移民が流入する環境がようやく整ったのだという。これらの指摘には説得力があるが、歴史は単純ではない。アメリカ西部での移民の爆発的な増加は、鉄道の本格的な導入——オールド・ノースウェストでは一八五〇年代から——に確実に先行しているのだ。鉄道ではなく蒸気船に関しては、産業革命に注目した仮説も間違っていないような印象を受ける。ミシシッピ川やセントローレンス川に蒸気船がはじめて登場したのは一八一五年頃のことで、すでに移民は爆発的に増加していたのだから、少なからぬ潜在的影響力があったとも考えられる。蒸気船が登場する以前、可航河川は一方通行のハイウェイのようなもので、流れに逆らって上るのは非常に困難だった。蒸気船のおかげで川は対面通行となり、下りだけでなく上りも容易になった。そのため、それまで少なくとも大人数がアクセスできなかった航路の周辺に広大な土地が開かれ、内陸部への進出が可能になったのである。一八五〇年代から登場した鉄道は、水路への依存を取り除いたにすぎない。

しかし、タイミングはほぼ正しいが、完璧というわけではない。一八一五年の時点でニューオーリンズからは三隻の蒸気船が運行していたが、最初の蒸気船がセントルイスにやって来たのは一八一七年八月のことで、このときすでに大量の移民の流入は始まっていた[44]。「一八一七年よりも以前に船が流れをさかのぼって上流に簡単に航行できたことなど、確実に証明されてはいないのだ[45]」。初期の船はエンジンが弱く、座礁や事故もめずらしくなかった。一八二〇年代半ば、あるいはもう少し早く一八一八年には、蒸気船はミシシッピ川の輸送体系に欠かせない存在になっていたが、好景気が始まった一八一五年にはまだそのレベルに達していなかった。カナダやオーストラリアも状況は変わらない。早くも一八〇九年、セントローレンス川には蒸気船が登場していたが、数年間は目新しさばかりが注目された。一八一七年にようやくオンタリオ湖に到達したが、当時は未来の乗り物として期待される程度だった。「オンタリオ湖では一八一七年から蒸気船を見かけるようになったが、常に五、六隻が運行して頼れる輸送手段になったのは一八二〇年代半ば以降のことだった[46]」。さらにオーストラリアでも、蒸気船がはじめて登場したのは最初のブームの最中の一八三一年だった。ブームが始まった一八二八年ではなく、しかも数が少なかったので（一八三九年には六隻）、大した影響をおよぼしたわけではない[47]。蒸気船が後のブームの引き金となった要因であり、移出救済にとってある程度重要な存在だったのは間違いないが、最初に移民が大量に押し寄せた現象の理由としては説得力に欠ける。工業化は移民の急激な増加に有り余るほどのエネルギーを供給したが、新しい現象を引き起こしたわけではない。

様々な要因

では、何が移民の大量流入を引き起こしたのだろう。ここでは、短くて部分的で暫定的な回答しか準備できないが、一八一五年頃に始まった三つのシフトの相互作用が原因だったと仮定している。まず、一八一五年の平和の配当をきっかけに、地政学的に新たな局面に入った。この年にはナポレオン戦争が終結し、四〇年におよぶイギリスとアメリカの対立が幕を閉じた。二番目はモノの移動の増加で、このシフトには工業技術だけでなく非工業技術も関与している。そして三番目は入植者の地位の向上で、イギリスやアメリカで地域外への移民のイメージアップにつながった。

ヨーロッパ諸国やそこから派生した国々にとって一八一五年は、国土を戦場とする一二五年間にわたる戦争が終結した記念すべき年になった。フランス革命とそれに続くナポレオン戦争は、一八世紀の最後の四半世紀を大きく動揺させたが、その一方、英語圏の人びとには思いがけないプラス効果をもたらした。アメリカでは、戦争をきっかけに北東部のプロト工業化〔産業革命に先行する形で、農村部における手工業生産が拡大すること〕が進み、金融機関や国際貿易が発達した。イギリスはヨーロッパの工業化におけるリーダー役となり、海上の覇者としての地位を不動のものにした。さらに戦争は大陸間のモノの移動を促したが、当初それは工業化と無関係に進められた。一八〇八年にナポレオンが「大陸封鎖」を発令すると、イギリスとバルト諸国との通商は遮断され、イギリスは木材の主な輸入先を失った。そこで代わりに北米の植民地に注目したのである。一八〇五年から一八一二年にかけて、カナダのニューブランズウィック州からの木材の輸出は五〇〇〇トンから一〇万トンにまで増加した。そして一八一五年に平和が訪れたとき、新しい貿易は混乱を生き残るばかりか、利益を上げるまでになっていた。一八一九年には、イギリスに輸出される木材は二四万トンとなり[48]、わずか数十年前に北米大陸全体から輸出された商品の全体量を上回るほどになった。しかもこのとき、蒸気船は一隻も使われていない。カナダ人学者が何世代にもわたって指摘しているが、材木を運んで空っぽになった船が北米に戻るときには移民が乗船したため、移民に伴うコストや手間が大きく省かれた。

一八一五年の平和の到来そのものも、モノの移動を大きく増加させた。それよりも以前、商船は私掠船《しりゃくせん》から身を守るための重砲を装備して、多くの乗組員を抱え、高額の保険に加入しなければならなかった。しかし一八一五年を境にして、これらのコストは劇的に下がり、同時に船の建造費も低下した[49]。さらに、帆船を支えてきた昔ながらの技術も、一八一五年頃から著しく向上した。一八一八年からはニューヨークとロンドンのあいだで小包サービスが商業ベースで定期的に開始され、郵船は大型化して数も増え続けた[50]。一八四〇年代に入ると大型の高速帆船がアメリカ人によって開発され、イギリス人にも利用された。一八五二年には、一六二五トンの帆船が九六〇人の移民を乗せて、イギリスとメルボルンのあいだを六八日間かけて航海した[51]。全世界で長距離輸送される商品の総量は一七九〇年には年間一〇〇万トンだったが、一八四〇年には二〇〇〇万トンに膨れ上がった[52]。未だに帆船が主流でも新たに拡張された海上輸送路で、英語圏諸国は公平な分け前以上の結果を手に入れた。イギリスの商船隊は一九世紀に一貫して世界最大の規模を誇り、内乱が勃発するまではアメリカの商船隊が第二位の地位を占めた[53]。

輸送動脈は海洋だけでなく内陸にも広がり続け、そこでは工業技術もそれ以外の技術も大いに利用された。山道を粗末な道路に取り換えるだけでも、輸送手段を牛から馬に変更し、効率を高めることができた。粗末な道路をきれいに整備された道路に取り換えれば、馬車による移動時間は半減し、荷馬車の積載量は倍増した[54]。一九世紀はじめになるとアメリカでは「ターンパイクマニア」現象が起こり、質の高い有料道路が各地に急速に建設されていった。有料高速道路の建設には一八〇〇年から一八三〇年にかけて二四五〇万ドルの費用がかかり、過去の道路建設予算を大きく上回った[55]。同様に、ブリティッシュウェストも道路と橋の建設に巨額の予算をつぎ込み、ビクトリアだけでも一八五一年から一八六一年にかけて四八〇万ポンドが費やされた[56]。しかし大量の荷物を運ぶのに最も適しているのは相変わらず水上輸送だった。一八二五年には、ニューヨークの有名なエリー運河によって大西洋と五大湖が結ばれた。エリー運河は西部の農産物を送り出す水路として有名になったが、最初の一七年間はモノやヒトを西部に新たに送り込む手段として重要な役割を果たした[57]。カナダでも同様のサービスを様々な運河が提供する。このような展開の結果、北米大陸の東部は水上交通網によって大きくぐるりと取り囲まれた。アメリカ中西部が開拓されるうえで、古き良き時代の幌馬車が一定の役割を果たしたのは事実だが、水上交通が進歩したことの影響は大きい。島々が点在して海岸線が入り組んでいるオーストラリア南東部やニュージーランドでは、海が国内の輸送手段としても長距離を結ぶルートとしても重要な役割を果たした。ここでは海岸が幹線道路としての役割を果たした。一方、工業と無縁の技術革新の貢献はとかく忘れられるが、実際には一八一五年から一八四〇年代まで重要な役割を果たした。爆発的に成長するフロンティアでは、一二エーカー分もの木材が巨大ないかだで運ばれた。閉じ込められた水の力を利用したダムは大きな丸太で造られ、一万トンもの材木が下流に運ばれた。馬が移民の爆発的増加を大きく支えたことはすでに述べたが、機械の技術と同様、時間の経過と共に馬の頭数は増えて品質が向上した。選抜育種が功を奏し、アメリカの荷馬は一八九〇年になると、一八六〇年よりも五〇％も体が大きくなった[58]。

情報やマネーの移動も、一八一五年頃に同じように大きく増加した。銀行は大西洋の両側でもアパラチア山脈の両側でも急増し、一八二〇年代からはオーストラリアでも同じ傾向が始まった[59]。そして融資手続きには変化が訪れた。「従来の保守的な銀行は融資の提供を短期的な商業ベンチャーに限定していたが……新しい銀行は長期的な投資に短期的な融資を行なった。融資が無期限に更新されることを期待してのことだ[60]」。アメリカでは北東部の銀行による西部への投資が、イギリスでは海外への投資が爆発的に拡大した。一八一六年からは、マネーの大量の移動が始まった。この年だけでも、イギリスの海外投資の全体量は、計算によれば一五〇％も増加した[61]。一七七五年から一八一五年にかけて、アメリカ西部の開拓地はイギリスからのヒトやモノやマネーの流入によって一貫して補強されていたわけではなかったが、一八一五年を境にこの傾向は変化した。あまり注目されないが重要な変化である。一方、大西洋の両側では識字率が大きく向上し、郵便サービスが急発達した。印刷物は広く流通するとともに価格が低下したが、それは工業技術の進歩のおかげでもある[62]。アメリカでは一人当りの新聞の平均購読数が一七九〇年の一部から一八四〇年には一一部にまで増加した[64]。一八一〇年にはイギリス諸島でおよそ二一〇〇万部の個人新聞が発行され、アメリカでもほぼ同数だったが、一八二一年にはイギリスで五六〇〇万部、アメリカで八〇〇〇万部にまで膨れ上がった[65]。一八四〇年、イギリスの郵便局の件数はフランスの二・五倍、アメリカは五倍になった[66]。

ルイス・マンフォードによる技術の発展段階の区分は使い古されているが、工業技術やそれ以外の技術に生じた大きな変化を本質的に理解するためには大いに役立つ。彼は、近代技術の進歩には三つの連続した流れがあったと仮定している。すなわち、一八世紀の原技術期には水、風、樹木、使役動物が、一九世紀の旧技術期には蒸気、石炭、鉄、鉄道が、二〇世紀の新技術期には石油、鉄鋼、電気、自動車が主な動力源になったという。[67]私たちはとかく、いずれも新しい段階が直前の段階に取って代わったと考えたくなるもので、実際に二〇世紀には、新技術期が旧技術期とほとんど入れ替わっている。しかし一九世紀には、旧技術期が原技術期と入れ替わったわけではない。二つは共存しており、フロンティアでは特にその傾向が強かった。土地、木材、水、風、使役動物が豊富なフロンティアでは、非工業部門でも革命的なイノベーションが実現し、産業革命と同時に進行したのだ。原技術期と旧技術期の二種類の技術が同時に活用され、二倍の効果が発揮されたのである。

「植民」に対するイメージの変化

原技術期の動力源やイギリスの制度の影響で大量の移動が可能になると、印刷物の爆発的な普及にも後押しされ、入植に対する人びとの考え方に大きな変化が訪れた。一八〇〇年頃よりも以前には、大西洋の両側のどちらの英語圏でも、奥地への入植は絶望的な状況に陥った人たちの最後のよりどころとみなされる傾向が強かった。イギリス人がこのような態度をとっていた証拠には十分な裏付けもあるが、一八三〇年頃になると、入植地で伝導活動を行なうエドワード・ギボン・ウェイクフィールドの功績によって「植民地の見方に革命がもたらされ」、国民の態度に変化が引き起こされたと思われる。辺境の開拓者はアメリカ人の原型としての評価が定着していることを考えれば、遠い開拓地への入植に対するアメリカ人の態度が否定的だったのは意外かもしれない。一七八〇年代から一七九〇年代にかけてアメリカ政府関係者は、初期の西部入植者を「半野蛮人」、「無法者やいかさま師」といった言葉で繰り返し表現している。[68]「無法者たちは人間性を貶めるような行動を厭わず」「この大陸で誰よりも見捨てられている。底意地の悪いうそつきで、略奪行為に良心の呵責を感じない馬泥棒で、ならず者としか言えない……最も卑劣で自暴自棄に陥った犯罪者だ」と評した。[69]西部は「大西洋沿岸州のろくでなしの掃き溜め」だとも言われた。一八二〇年代になっても、「大西洋沿岸州の人びとは未開拓地の住人という言葉が呼び起こす恐怖から未だに回復していない」と指摘されている。[70]一九世紀が進んでも、「西部の入植者が野蛮な状態に逆戻りすることへの東部の人びとの不安」は収まらず、「不安が高じ、入植者を従順なキリスト教徒に手なずけるための布教活動が始まり、聖書や宗教関係のパンフレットが西部のあちこちで配布された[71]」。

入植に対する否定的なイメージが肯定的なイメージに変化したきっかけは、一八三〇年にウェイクフィールドがもたらしたものではない。一八一五年頃、大西洋の向こう側でイデオロギーに大きな変化が引き起こされたおかげだ。たとえばその一環として、「出移民（emigrant）」という言葉は、もっと好意的な言葉に置き換えられた。デイヴィッド・ハケット・フィッシャーとジェイムズ・C・ケリーによれば、「一七九〇年より以前、アメリカ人は自分たちを入移民（immigrant）ではなく、出移民だと考えていた。入移民という言葉は、おそらくこの年に発明されたアメリカ特有のもので、一八二〇年には一般に使われるようになっていた」という。一八一〇年代には関連した言葉もいくつか登場している。「一八一七年、西部を意識してパイオニアという言葉がはじめて使われた」。さらに「移住者（mover）（一八一〇年）、荷馬車（moving wagon）（一八一七年）、移住（relocate）（一八一四年）、そして移動する（move）という動詞も、人の移動を表現する言葉としてこの時期から使われ始めた」。「劇的な変化によって……入植に関する新しい言葉が創造されたのである[72]」。ただしフィッシャーとケリーは、これがアメリカに限られた現象ではなく、しかも入移民やパイオニアではなく入植者（settler）という言葉が優勢だったことまでは指摘していない。イギリスでも、少なくとも一七世紀から入植者という言葉は現代と同じ意味で使われていたが、その頻度は少なかった。一九世紀はじめになると、入植者は「出移民」よりも高い地位を意味するようになり、逗留者、奴隷、追放される犯罪者、そして当初はオーストラリアを目指した下層階級の自由移民ともはっきり区別された。オーストラリアでは、「入植者は資本家で、一八二〇年代には真の植民地開拓者と見なされ、労働階級の単なる『移民』とは区別された……結局のところ最後は、オーストラリアにやって来る移民のすべてが『入植者』という言葉で表現されるようになったのである」[73]。

「出移民」から「入植者」への移り変わりは、ロンドンのタイムズ紙など、新聞をまとめたデータベースの情報を検索することで確認できる。もちろん、タイムズ紙はエリート新聞だが、大勢の読者のあいだで普及している概念言語の利用に努め、当時の公開講演で使用されている専門用語を積極的に取り入れた。一八一〇年よりも以前、「入植者」という言葉はタイムズ紙で滅多に使われなかったが、そのあとは急激に頻度が増え、「出移民」の半分から三分の二の頻度で使われるようになり、それ以上に下がることはなかった。同じ時期に発行されたブラックウッズ・エディンバラ・マガジン誌を調べてみると、「出移民」と「入植者」という言葉はほぼ同じ回数だけ使われている（前者は一二四回、後者は一二六回）[74]。アメリカでは一八五一年まで、タイムズ紙に匹敵するほど長期間におよぶデータベースが手に入らず、時間の経過に伴う変化を追跡しづらい。ただし、アップステート・ニューヨークで発行されているプラッツバーグ・リパブリカン紙では一八一一年から一八二〇年にかけて、「入植者」が使われた回数は「出移民」の二・五倍に達した[75]。アメリカ合衆国で一九世紀に発行された九六一二冊の書籍と二四五七冊の定期刊行物をまとめたデータベースの「メイキング・オブ・アメリカ」の膨大な資料を調べてみると、「入植者」は四万回、「出移民」は一万八五〇〇回使われ、「入移民」の場合は七五〇〇回にとどまっていることがわかる。こうして「入植者という言葉は優勢になった」が、ナショナリズムの高揚とは無関係だった。イギリスからの移住を支援する関係者は、アメリカ合衆国以外の移住植民地を選ぶよう候補者たちに強く勧めたが、大した成果を上げられなかった。一九世紀の大半を通じ、アイルランド人はむろん、イギリス人にとってもアメリカは人気の高い移住先だったからである。後にアメリカ人はその埋め合わせとして、一八一〇年代と一九〇〇年代にカナダへの移民を進めた。これらの入植者のほとんどは都会に定住し、先進国社会で完全な市民権を獲得した。しかも、イギリス人とアメリカ人は言語だけでなく人種としての認識も共有しており、「移民は特に目立たず」、「ほとんど波風を立てることなく」お互いの社会に統合された。[76] ある意味、二つの英語圏社会のあいだでの入植活動は、相手の立場を補強し合うような形で進められた。

アルゼンチンとシベリアも工業以外の分野で進行した原技術期の革命の恩恵を受けたが、爆発的成長の時期が遅かったため、工業技術、具体的には蒸気船による輸送がブームの火付け役として重要な役割を果たした。ではここでも、入植者の地位は次第に高くなったのだろうか。アルゼンチンの場合は証拠を見るかぎり、どちらとも言えない。一八九〇年から一九一四年にかけて一二五万人のスペインがアルゼンチンに移住したが、そのうちの三七%は最終的に帰国している。当初、アルゼンチン国民はスペインからの移民に驚くほど敵対的だった。最初にアルゼンチンに入植したスペイン人はアンダルシア出身だったが、この時期の移民はアンダルシアではなくガリシア出身者が多かったからだ。やがて少なくとも表面的には、スペイン人を一八八〇年代の植民者の血縁として受け入れるようになり、スペインからの移民は増加した。これは入植者が定着するようになった証拠として考えてもよい。その一方、同じ時期には一五〇万人のイタリア人がやって来たが、そのうちの五五％がイタリアに帰国した。そしてスペインの移民もイタリアの移民も、アルゼンチンの市民権を取得しなかった。「一八七〇年から一九二〇年にかけてアルゼンチンに帰化した移民は、全体のわずか二％にすぎなかった」(77)。これでは、「入植者精神」ではなく「逗留者精神」が特徴だったと表現したほうがふさわしい。

シベリアでは、入植者の地位の向上に関してアルゼンチンよりも強い裏付けがある。一九世紀の大半、シベリアは「暴風雪が永遠に吹き荒れる領土……酷寒の不毛の地で、流刑者は劣悪な鉱山での労働に駆り出されている」という印象があった(78)。一八八〇年代に入ると、それまでシベリア入植に関する政策が場当たり的だった政府は方針を改め、一貫して支持するようになった。（ウラル山脈よりも西側の）ヨーロッパロシアの農民を対象に大量のチラシが配布された。当時、農民の識字率は大きく上昇していたのだ。やがて民間の貿易商人がシベリアに押し寄せ、一八九七年には八〇〇〇人にまで膨れ上がった(79)。地元農民の口承文化のなかで、シベリアは「ユートピアのような自由と豊かさに満ち溢れた場所で、農民は領主に搾取され続ける環境から解放され、本来の自分として生きることができる」と描写された。このイメージは、同じく一九世紀末に英語圏の人びとが入植地に抱いたイメージとそっくりで、豊富な天然資源について述べているところまで同じだ。シベリアは土地が肥沃で、小麦は「大人の男性の頭よりも高く成長し」、ベリーは「大量に収穫されるので……草を食む牛の首にバケツを結びつけておくと、バケツがいつのまにか満杯になっている」と言われた(80)。アメリカ西部の入植者が自分たちを「より良いアメリカ人」としてみなし、英連邦自治領の住民が自分たちを「より良いイギリス人」とみなしたように、シベリアの住民は自分たちを単なるロシア人ではなく、より良いロシア人とみなした。実際彼らは、大都会の住民よりも丈夫で健康で、自立心が強い平等主義者だと思われた。同じ褒め言葉を、どこかで聞いたことがないだろうか。

入植者の地位の向上は一九世紀に英語圏で進行した大きなイデオロギー上の変化の一部だが、それについてここでは少し触れておく。たとえば同じ時期にプロテスタントの歴史学者は、カルヴァン主義が提唱する予定説を放棄して、アルミニウス主義が提唱する個人の自己決定力を信奉するようになった。大西洋の両側ではメソジスト派が台頭し、英語圏の移民のあいだではメソジスト派の信者がしばしばリーダーとして活躍した。世俗的なイデオロギーにも変化は見られた。それまでは進歩には限界があるとみなされ、どんな偉大な帝国も台頭した後には衰退する運命にあると信じられてきたが、新たに生まれた無限の進歩という発想のもとで、凋落は決して訪れないと強調された。一方、個人にとって変化は滅多に発生しないもので、発生しても大体は好ましくないものだと思われてきたが、いまや変化はめずらしいものではなくなり、しかも良い変化が多くなった。さらにこの時代には、平等主義、社会主義、人種差別主義、そして「入植主義」までが台頭した。やがて出移民に対する悪いイメージは払拭され、彼らの生活は想像を絶するものではなくなり、一八〇八年から一八一五年にかけての地政学的環境や工業技術の進歩に大きく促される形で、移民は実用的な選択としてみなされるようになった。英語圏以外のヨーロッパの国民やアジア諸国の人びとも、一九世紀には何百万人もの規模で新天地に向かったが、英語圏の人びとよりも時期は遅く、永住する人数は少なく、しかも目的地は文化的に異質な場所がほとんどだった。西部への入植者が爆発的に増加するために英語はかならずしも必要ではないことをアルゼンチンとシベリアのケースは示しているが、特に一八七〇年代以前には、英語を話す能力は貴重な財産だったのである。

モノの移動も入植者の地位の向上も、一般的な現象であると同時に、具体的な現象の積み重ねでもあった。モノの移動は一八一五年頃から顕著になったが、それと同時に具体的な流れがいくつも発生し、ヒトや情報やマネーを特定の時期に特定の場所に運び続けた結果、ブームが生み出されたのである。たとえば一八二五年にはエリー運河が完成し、ほぼ同じ時期にタスマニアでは銀行が登場した。入植者の地位の向上も、同様であった。入植者の地位が向上すると、新天地を目指す移民のイメージ全般が向上したが、それと同時に、フロンティアへの移住や投資を検討している人たちの心に変化が訪れ、地獄のようなイメージが地上の楽園へと逆転した結果、ブームが生み出される環境が整ったのである。一般社会から隔離された過酷な環境で罪人が強制労働に従事するオーストラリアやシベリア、島々に人食い人種が暮らすニュージーランド、「大アメリカ砂漠」が広がるアメリカ西部、見渡す限り雪原のカナダ西部、インディオの槍騎兵に命を付け狙われるアルゼンチンの「荒涼とした」大草原。これらのイメージはイデオロギーの変化によってすべて消滅し、約束の地という新たなイメージが定着した。イデオロギーと技術の二つが手を携えて原動力となったおかげで、爆発的な入植は実現したのである。

第3章

銀行制度はいかにして成立したか
――アメリカ・ブラジル・メキシコからのエビデンス

スティーブン・ヘイバー

スティーブン・ヘイバー（Stephen Haber）

1957年生まれ。スタンフォード大学政治学部。フーバー研究所シニアフェロー。1985年にカリフォルニア大学でPh.D.取得。専門はラテンアメリカ史、比較政治学。

本章は、シンプルな前提に立っている。歴史学者、政治学者、科学者、経済学者のいずれも、専門分野の垣根を越えた交流には限界があると思い込んでいるのが普通だが、実は非常に多くの事柄をお互いに教え合うことができる。経済学や政治学の洞察が歴史の研究をいかに充実させ、歴史の洞察が経済学や政治学をいかに充実させるか、ここでは解説していきたい。したがって、本章は三つのすべての分野が関心を持ち、しかも現実世界の社会福祉政策を実用的に進めるうえで、確実に役立つトピックに焦点を当てていく。それは、国民の幅広い層に信用を供与する銀行制度が、社会で創造されるための条件である。

なかには大きな銀行制度のもとで国民の幅広い層に信用が供与され、それが急成長を促している国もあるが、銀行がほとんど存在せず、成長が抑制されて社会的流動性が限られている国もある。経済学者や政治家は、かねてよりその理由を理解しようと努めてきた[1]。たとえば、国ごとの大きな違いが浮き彫りにされている比較データもある。それによれば二〇〇五年、民間銀行が企業や世帯に融資を行った割合は、対GDP（国内総生産）比で日本は九八%、スペインは一三一%、イギリスは一五五%だった。ところが同じ年、民間銀行が信用供与を行なった割合は、対GDP比でシエラレオネはたったの四%、カンボジアは八%、メキシコは一五%にすぎない[2]。これだけ大きな違いが生まれた理由について、経済学者も政治学者も様々な説明を試みてきた。なかでも近年になって支持されている説においては、民主的ガバナンスの程度が国ごとに異なる点に注目している。民主的な制度が定着しているほど銀行設立免許を取得しやすく、銀行業務を制限する規則が少ないのだという[3]。ただし、こうした相関関係を支えるメカニズムについては十分に理解されていない。そもそもなぜ、民主政治と独裁政治では銀行への処遇が異なるのだろうか。

計量経済分析だけから因果推論を導き出すことに限界があるのは周知の事実で、政治制度や銀行業の研究も例外ではない。メカニズムへの理解の完成度を高めるためには、異なる政治制度のもとで銀行制度が時間の経過と共にどのように発達したのか、学者が細かく観察していかなければならない。そうなると、政治学者や経済学者が比較データを用いて解決を試みた質問には、歴史的な証拠や解説を参考にしながら答えていく必要がある。しかし、歴史的なケーススタディなら何でも無条件に注目してよいわけではない。ここでは政治制度の違いが銀行の規制政策の本質にどのような影響をおよぼし、ひいてはその政策が、銀行制度の規模や構造にどのような影響をおよぼしたのか理解したいと考えている。そうなると、政治制度が時間と共に変化している事例を特に選ぶべきであり、研究対象となる時期よりも古い時代の銀行業の発達レベルに関しては、どの事例においても考慮すべきではない。したがって本章では、新世界の三つの国、すなわちアメリカ、ブラジル、メキシコで一九世紀に銀行制度が発達していく過程で進行した自然実験について取り上げていきたい。具体的には、各国が独立を勝ち取ってから第一次世界大戦が勃発するまでの期間が対象になる。三つの国はいずれも、宗主国が銀行の設立を認めなかったため、独立国家となったとき銀行制度が存在していなかった。各国が独立した時期には数十年の違いがあるが、どの国でも新しい政府は、活動に資金を融資してくれる銀行を必要としていた。

三つの国の比較によって何を明らかにするつもりか、そして何を研究の対象外にするのか、最初に明確にしておきたい。アメリカとブラジルとメキシコが異なる側面はそれぞれの政治制度だけであることを証明するには大変な努力が必要であり、無謀だといってもよい。たとえばブラジルやメキシコと比べ、アメリカははるかに多くの富を所有しており、所得が平等に分配されていた。こうした違いは信用需要に影響をおよぼし、ひいては銀行の数と規模も左右した。ここで肝心なのは、一国のなかの異なった時期の比較だ。アメリカ合衆国は連邦共和国として建国されたが、当初は選挙権が限られていた。やがて選挙権は拡大し、それと共に共和国を構成する州の数も大きく増えた。ブラジルは立憲君主国として建国され、やがて連邦共和国へと移行したが、選挙権は厳しく制限された。当初メキシコは君主制の中央集権国家だったが、まもなく崩壊して政治的混乱が何十年も続いた。その後は独裁制が定着し、一九世紀末にようやく政治的安定を取り戻したのである。

つぎに、本章の議論は、以下のような前提に基づいて展開されることを明確にしておきたい。そもそも、信用を幅広い層に供与する銀行制度が発達したのは、公共福祉への関心の高い政治的エリートのおかげではない。研究対象となる三つのすべての事例において、政治的エリートにとっては国家財政の安定した供給源の確保が最優先事項だった。そのために、どの国の中央政府もたびたび銀行の数の抑制を試みた。あるいは、広範囲を対象とする銀行制度が発達したのは、銀行家との権力共有を政治的エリートが強制されたからでもない。銀行家と政治家が連携すれば、政府の保護を受けた市場で銀行家は利益を独占できるし、政治家は国家財政の安定した供給源を確保できるのだ。基盤の広いサービス、すなわちリスク調整後の収益率が資本コストを上回るかどうかを基準にプロジェクトへの資金提供が決定されるサービスは、複数の政治的条件がユニークな形で組み合わされたときに実現する。これらの条件には、政治制度が関わっており、それによって役人の権限と裁量に制約が課される一方、信用の利用者には投票権が与えられ、金融資産の所有者に対しては、有権者が資産の再分配を求めたときに拒否する権限が付与される。しかしこのような形で銀行家と政治家が連携しても、銀行のオーナーに不利な状況が生まれないという保証はない。言うなれば、銀行制度はか弱い植物のようなものだ。

最後に、本章での議論から導かれる結論は暫定的なものであることを明確にしておきたい。もっと完全な形で研究するためには、三つの事例ではとても不十分で、さらに多くの歴史的分析を行なわなければならない。ただし歴史は収穫逓増する学問分野ではない。つまり、歴史学者が多くの事例を研究するほど、各事例についての理解からは遠ざかってしまう。したがって本章を読む際には、これが最終的な結論だと勘違いしないでほしい。歴史学者だけでなく、歴史に関心のある経済学者や政治学者が、本章をきっかけにさらなる研究を進めてくれれば幸いだ。

アメリカの銀行制度

銀行制度の発達のために政治制度が果たした中心的な役割は、一九世紀のアメリカでどこよりも顕著に確認できる。アメリカの政治制度は、世界で類を見ない銀行制度を生み出した。アメリカの銀行制度はとにかく巨大で（実際のところ、一九世紀の金融界のリーダーとみなされていた大英帝国の制度よりもはるかに巨大だった）、支店の開設を禁じられた何万もの小さな銀行から構成されていた。一方、研究対象の時期の大半のアメリカの銀行制度は、政府の財務代理人とも言える準中央銀行に支配されていなかった点も注目に値する。実際、創設された準中央銀行の免許が取り消されたケースなど、アメリカ以外では見られない。一九世紀の大半、アメリカの銀行制度は自主的に規制が行われるか、州政府の規制を受けるか、いずれかの状態が続いた(4)。

アメリカの銀行制度のユニークな歴史にとってのけん引役は、一七八九年に制定された憲法に組み込まれた政治制度だった。二院制、大統領の間接選挙、大統領拒否権、州に大きな権限を委ねる連邦制度などによって、政府役人の権限や裁量権は制約されたのである。その一方、これらの政治制度のもとでは大統領や上院議員の間接選挙によって、一般国民の政治的権限も制約された。国民の政治への影響力は州法によっても制約され、選挙権は土地所有者に限定された。結局のところ憲法に組み込まれた政治制度には、独立後の数十年間にわたってアメリカの政治を支配し続けた利益団体の意向が反映されている。かつてのアメリカは一三の植民地から成り、それぞれが自治を行なっていた事実が、連邦主義の土台を形成していたのだ。間接選挙も土地所有者に限定された選挙権も、連邦主義を標榜する政治的エリートの不安の表れと言ってもよい。富の再配分を望む国民の声を人民主義者の政治家が利用する可能性を彼らは恐れたのである。(5)

中央政府の権限と裁量権が制約される一方、国民の参政権が制約される政治制度から生み出されたアメリカ銀行制度は当初、今日の組織とかなり異なっていた。やがて連邦政府は独立からまもない一七九一年、第一合衆国銀行（BUS）という独占的な銀行の設立を許可した。BUSは連邦主義者の裕福な資本家によって所有・運営される商業銀行で、個人や民間団体を対象にした預金受託や融資を引き受ける能力を十分に与えられていた。しかも連邦政府の財務代理人でもあった。連邦政府はBUSの資本金の二〇％を出資していたが、出資金が切り崩されることはなかった。銀行から融資を受けて返済するときには、銀行の株主として受け取る権利のある配当金で支われた。その見返りに、BUSは貴重な譲歩を数多く勝ち取った。株主に対する有限責任、連邦政府の正金〔紙幣に対する金銀銅貨〕の保有残高を決定する権利、連邦政府への銀行からの融資（連邦政府支出を賄うため銀行が発行する紙幣）に利子を請求する権利、全国に支店を開設する権利などが認められたのである。

アメリカの政治制度において、銀行の設立を認可する権利が連邦政府だけに与えられていれば、BUSは独占状態を長らく維持したかもしれない。たとえばイングランド銀行はイギリスで一六九四年から一八二五年まで、株主の有限責任が認められるジョイントストックカンパニーの形態をとり続けた唯一の銀行だった。アメリカの政治制度のもとでは、そのような銀行の設立が妨げられた。憲法で連邦政府に明白な形で委ねられていない権限は、すべて州政府によって行使されるものと解釈されたのだ。憲法のもとで州政府は、連合規約〔一七八一年に北部一三州が第二回大陸会議で制定したアメリカ最初の憲法〕によって膨らんだ多額の債務の返済を連邦政府に肩代わりしてもらうことになったが、その見返りとして、輸出入に課税する権利や紙幣を発行する権利を連邦政府に譲る羽目になった。従来の財源を奪われた各州は、代わりの収入源を探し求めた。その結果、発券銀行の設立を州が認可する権利について、憲法には何も記されていない事実に注目した。この銀行券ならば貨幣として流通する。つまり、銀行の設立免許を有料で発行すれば州政府は財源を確保できるし、銀行の株式を保有できるのだから、これは大きな魅力だった。実際、一九世紀はじめには、ほとんどの州政府が銀行の大株主だった。一八一〇年から一八三〇年にかけての時期には、銀行からの配当金と税金は州の全収入の三分の一に達することもめずらしくなかった(6)。

連邦政府にはBUSを設立して銀行制度の独占する誘因が働いたように、州政府にも、州のなかの銀行制度の成長を制約する誘因が働いた。すでに存在している銀行の独占レントがよそから新たに参入してきた銀行との競争で失われれば、州政府に支払われる配当金は減少してしまうのだ。実際、すでに存在している銀行は州立法府にしばしば「ボーナス」を提供し、潜在的な競争相手が営業許可を受ける事態を食い止めようとした(7)。このように、建国まもないアメリカ連邦共和国は、分割型独占の特徴が目立った。一八〇〇年、アメリカの四大都市――ボストン、フィラデルフィア、ニューヨーク、ボルティモア――には、それぞれ二つの銀行しかなかった。小さな市場の場合には、かりに銀行が存在するとしても、大体はひとつだった。一八〇〇年には、全国に存在する銀行の数は二八件にとどまった（資本金をすべて合計してもわずか一七四〇万ドル）。しかもこれらの銀行は、すべての来店者に融資したわけではない。職業、社会的地位、所属する政党によって差別された[8]。

全国にひとつの中央銀行が存在し、それとはべつに各州が排他的な銀行業務を続ける状況が許されるようなシステムは、アメリカの政治制度の安定にはつながらない。連邦政府と州政府の動機の違いは、深刻な摩擦の原因のひとつになった。州から設立許可を受け、州立法府とつながりのある銀行家は、BUSが一七九一年に設立された当初から反対を隠さなかった。反対の理由はわかりやすい。BUSの支店が設立されれば、州立銀行による業務独占は損なわれるからだ。やがて連邦党が衰退すると、州立銀行の銀行家はジェファーソン主義者たちと政治連合を結成した。彼らは勅許会社や「貴族のように傲慢な」銀行家にイデオロギー的に反対していたからだ。なかには、BUSと州立銀行が競い合う展開を防ぐため、BUSが発行する銀行券に課税を試みる州もあった（結局は失敗する）。BUSの公認期間が一八一一年に失効したとき、州の利益の代表者である議員たちが更新に反対したのは意外ではない[9]。しかし一八一二年の戦争〔米英戦争〕は、連邦政府の財務代理人として機能する銀行の重要性を浮き彫りにした。そこで一八一六年、新たに（第二合衆国銀行を）設立することが許可された。第二合衆国銀行は第一合衆国銀行と同じ原則に基づいて設立され、結局は同じ運命をたどった。アンドリュー・ジャクソンが一八三六年に公認期間延長の否決に成功すると、閉鎖に追い込まれたのだ。実際、第二合衆国銀行の閉鎖は非常に奇妙な政治連合の産物だった。このとき州政府から公認を受けている銀行家は、いかなる種類の銀行にも反対するポピュリストと手を組んだのである[10]。

アメリカの政治制度の変化、特に西漸運動の結果として州の数が増加して、選挙権に対する制約が緩和されると、二つめの摩擦の原因が生まれた。フロンティアが拡大すると、事業や人口の確保を巡って各州が競い合うようになったのだ。州立法府は、州全域で商業を活性化させるために運河の建設を目指すが、大体は乏しい税収から公共事業の財源を捻出することができなかった。そこで対応策として、債券を発行する州もあったが（結果として州債務の不履行を引き起こした）、もうひとつの対応策として、新たな銀行設立を許可する代わりに「ボーナス」を請求しようとする動きも出てきた。州立法府がこれを実現させるためには、既存の銀行との独占的な契約を破棄せざるを得ない[11]。

一方、資本や労働力を巡る競争が激しくなると、各州は競って選挙権の拡大に乗り出し、銀行設立許可の制限を目的に連携したグループの影響力は弱体化していった。同じ頃、新しく誕生した州は人口の確保に積極的で、投票権に関する制約を緩和または廃止した。その結果、建国時から存在してきた一三州も、投票権に関する制約を緩めざるを得なくなった。一八二〇年代半ばには、一三州のほぼすべてで選挙のための財産資格が撤廃または大きく緩和された[12]。そして選挙権が拡大されると、市民は議会への圧力を強め、銀行設立許可の制約撤廃に積極的な議員に一票を投じた。

州の内部や州同士での政治的競争が激しくなると、州議会は銀行設立許可の件数の制限を継続することが難しくなった。マサチューセッツ州は早くも一八一二年、許可件数の増加に方針を転換し、州の財源として銀行株式を保有する戦略を放棄したうえで、銀行の自己資本に課税するようになった。州ペンシルバニア州もマサチューセッツ州に倣い、一八一四年に包括的な銀行法を成立させた。法案が州知事の反対を押し切って議会を通過すると、それまでフィラデルフィアを中心に州の銀行業界を支配してきた快適な寡占状態に終止符が打たれた。マサチューセッツ州のあとにはロードアイランド州が続いた。一八二六年、ロードアイランド州は銀行の株式を売却し、銀行設立許可の件数を増やし、それまでのように配当金から収入を得る代わりに、銀行の自己資本への課税を始めた。まもなくロードアイランド州は、一人当りの銀行の件数が全米で最も多い州になった。

各州の改革の程度は様々で、たとえば南部の州は北東部の州に大きく後れをとったが、全体としてアメリカの銀行制度は急成長していった。一八二〇年には全米で三二七行の銀行が営業し、資本金の総額は三億八〇〇〇万ドルに達した。僅か一五年前の二倍ちかくにまで増加している。この時点では、大都市には一〇以上の銀行が開設され、小さな町にも、二、三行は存在していた。[13] 一八二五年、アメリカの銀行の資本総額はイギリスのほぼ二・四倍に規模に達した。イギリスは一九世紀、世界の金融のリーダーとみなされ、アメリカの人口はイギリスよりも少なかったが、これだけの成果が達成された。[14] 銀行が密集すると、銀行間の競争が激しくなり、融資の対象となる階級はどんどん拡大された。その結果、中部大西洋沿岸地域の州を中心に各地の銀行は、商人や職人や農民など、様々な身分の人たちに資金を貸し出すようになったのである。[15]

一八三〇年代になると、北東部では銀行開設の要望のほとんどすべてが受け入れられ、この事実上の政策は一連の自由銀行法によって制度化された。自由銀行制のもとでは、銀行の開設はもはや州議会の承認を受ける必要がない。州監察長官に登記簿を提出したうえで、銀行券発行を保証される見返りに州債または連邦債を州監察長官に預け入れるだけで手続きは終了した。このような自由参入の制度が、州政府の財政上のニーズにどのように対応できるのかと、不思議に思われる読者もいるだろう。答えはちゃんと存在している。自由銀行制のもとでは、州監察長官に預け入れたハイグレード債券で一〇〇%裏付けられることが、すべての銀行券の発行で義務付けられたのだ。自由銀行制においては事実上、営業許可の見返りに州政府への融資が強制されたのである。

先鞭をつけたのはニューヨーク州で、一八三八年に正当な自由銀行制へと移行した。この転換は間違いなく、同州の政治制度の変化がもたらした結果だ。一八一〇年代から一八三〇年代まで、ニューヨーク州における銀行開設許可業務は、オールバニ・リージェンシーといって、マーティン・ヴァン・ビューレンが運営する政治機関の管轄下にあった。銀行開設許可はリージェンシー関連の友人のみに認められ、その見返りとして、議員たちは様々な形で賄賂を提供された。たとえば銀行株式がかなりの割増価格で取引されていても、株式公開時の価格での購入を保証されることもそのひとつだった[16]。しかし州議会が一八二六年に投票権法の改正を受け入れ、男性の普通選挙権がようやく認められると、銀行開設に対するリージェンシーの支配力には終止符が打たれた。一〇年も経たないうちにリージェンシーは州議会での影響力を失い、一八三七年になると、いまや第一党となったホイッグ党がアメリカ初の自由銀行法を成立させた。一八四一年までにニューヨーカーは四三行の自由銀行を設立し、資本総額は一〇七〇万ドルに達した。一八四九年には、自由銀行は一一一行に膨れ上がった(払い込み資本金は一六八〇万ドル)。一八五九年には自由銀行の数は二七四行で、払い込み資本金は一億六〇万ドル[17]。まもなくほかの州もニューヨーク州の後に続いた。一八六〇年代はじめには二一州がニューヨークの自由銀行法の何らかのバリエーションを採用し、その結果、銀行の参入が促されて競争が激化したのである[18]。

しかし自由銀行法によって、銀行の数に関する供給上の制約がすべて取り除かれたわけではない。ほとんどの州の自由銀行法は銀行の支店の開設許可を対象外にしていた。そのため一九世紀のアメリカでは南部の一部の州を除き、ほぼすべての銀行が単一銀行（一店舗から成る銀行）になってしまった。銀行制度がこのように尋常ならざる形になったのは、普通ではあり得ない政治連合が結成された結果だ。州レベルでの銀行の独占状態を憂慮するポピュリストが、独占状態を目論む銀行家と結託したのだ。

連邦政府の視点からすれば、銀行開設業務を州に認めることには大きな欠点があった。連邦政府に資金源が提供されるわけではないのだ。南北戦争のあいだに連邦政府の金融ニーズが跳ね上がると、この問題は表面化した。そのため連邦政府は州の開設許可を得た銀行を排除して、その代わりに国法銀行制度を通じた戦争の財源確保をめざし、一八六三年、一八六四年、一八六五年の三度にわたって法律を成立させた。これにより、連邦政府の許可を得た銀行は資本の三分の一を連邦債に投資することを義務付けられ、この連邦債は連邦政府の監察長官のもとで銀行券発行の準備金として保管された。つまり銀行は銀行券発行の権利の見返りとして、連邦政府への貸し付けを義務付けられたのだ。連邦政府への融資の最大化という目標との一貫性を持たせるため、銀行開設許可業務は国法銀行法のなかで行政上の手続きとして規定され、最小限の資本金と預金準備率に関する条件が満たされているかぎり、開設許可が与えられた。これによって、自由銀行制度を全国規模で導入する環境が整った。

それでも州政府が銀行開設許可を与える権利を廃止したり、州政府から開設許可を得た銀行が銀行券を発行する権利を妨害したりすることは、連邦政府にも不可能だった。しかし、銀行券に一〇％の税金を課したうえで、連邦政府の開設許可を受けた銀行を例外とすれば、連邦政府から開設許可を得ようとする誘因が強く働く。短期的には、民間銀行の反応は連邦政府の予想どおりで、州政府の開設許可を受けた銀行は一八六〇年の時点で一五七九行から一八六五年には三四九行にまで減少した。一方、連邦銀行は劇的に増加し、一八六〇年にはゼロだったものが一八六五年には一二九四行にまで膨れ上がった。増加傾向は続き、一九一四年になると連邦銀行の数は七五一八行にまで達し、一一五億ドルの資産を管理するまでになっていた。[19]

しかし長期的には、連邦銀行が支配する銀行制度という連邦政府の目標は、アメリカ合衆国の政治制度によって行く手を阻まれ、中央銀行制度が築いた銀行業務参入への障壁も効力を失った。すでに指摘したように連邦政府は一八六五年、州立銀行が発行する銀行券に一〇%の税金を課すことによって、銀行券発行の権利を実質的に国有化した。しかしこの年の法律では、州立銀行が預金口座を利用して小切手を振り出す業務については何の言及もなかった。そのため州立銀行は預金銀行としての活動を積極的に展開し、小切手の振り出しは商取引の一般的な手段として定着していった。[20] その結果、一八六五年から一九一四年にかけて、州立銀行は連邦銀行の成長を実質的に上回った。一八六五年、州立銀行はアメリカの全銀行の僅か二%で、総資産は一三%にとどまっていた。しかし一八九〇年には、州立銀行の数は連邦銀行を上回り、資産の半分以上を管理した。そして一九一四年頃には、全銀行の七三%が州立銀行となり、資産の五八%を管理するまでになったのである。

各州のあいだでも、州と政府のあいだでも、魅力的な規制環境を創造するための競争が展開された結果、アメリカでは他に類を見ない銀行制度が誕生した。そもそも一九一四年の時点ではアメリカに二万七三四九行の銀行が存在していたが、支店を持つ銀行はほとんどなかった。ほとんどの州では支店を持つことが禁じられ、それは連邦銀行も例外ではなかった。支店を明確な形で禁じていない州でも、支店の開設許可が法律に明記されているところはない。そのため全銀行の九五%が単一銀行で、支店を持つ銀行はわずかにとどまり、支店の平均数は五店舗未満にとどまった。[21] このような法律の成立を促したアメリカの政策について、本章の読者はすでにおわかりだろう。地域での独占を目指す銀行家が、大銀行に象徴される経済力の集権化に反対する人民党の政治家と結託したのである。こうした銀行の仕組みに不都合がないわけではない。小さな単一銀行の乱立は金融危機を悪化させた。銀行にとって規模の経済は働かず、銀行家は地域的独占からレントを確保した。[22] しかし単一銀行が市場への自由な参入を許された結果、アメリカのすべての市場が競争の場になった。独占者にレントをもたらす可能性のあるどの市場にも、レントを企む関係者が競って参入するようになったのである。

ブラジルの銀行制度

ではつぎに、アメリカでの政治制度と銀行制度の進化が、ブラジルといかに異なるか考えてみよう。実際のところブラジルは、大農園主、商人、資本家といった最強の利益団体が制度を構築し、大衆の政治へのアクセスを制限した事例として際立っている。これらの利益団体はブラジルの政治的エリートと結託しており、当時のブラジルはポルトガル王の称号を持つ国王によって支配される君主国だったため、王族との関係が密接で、利益団体と政治的レントが利益を分け合う形で金融制度は成り立っていた。この制度の存続は一度だけ危ぶまれた。一八八九年に君主制が打倒されて新たに誕生した政府は、銀行設立の許可をほぼ無制限に提供したのだ。しかし共和国の誕生から数年もすると、かつての制度が復活し、ブラジルは元の姿に逆戻りした。ふたたび政府は銀行の数を制限し、その見返りに銀行は政府に信用を供与した。その結果としてブラジルで最終的に創造された銀行制度は、複数の州にまたがって支店を創設する権利を有する規模の大きな単独銀行によって独占され、しかもこの銀行は中央政府の銀行としての役割を果たした。実際、政府は銀行の大株主だった。

ナポレオンがポルトガルに侵攻し、ジョアン六世が英国海軍の手でブラジルに脱出した一八〇八年、ブラジルで最初の銀行となるブラジル銀行が設立された。ジョアン六世の視点からは、ブラジル銀行の目的は明白で、政府への資金融資以外には考えられなかった。ブラジルの商人や地主のあいだで銀行株の購入を促すため、国王は有利な特権の数々を銀行に与えた。その結果として銀行は紙幣の発行、ぜいたく品の輸出、政府の金融業務の管理などの権利を独占しただけでなく、銀行への負債は国庫への負債と法的に同列にみなされた。さらに国王のもとで新たに課せられる税金を回収し、集めた税金を一〇年間にわたって無利息で保管する権利まで与えられた[23]。

しかし、事態は国王の思惑通りに進まず、銀行は形骸化した。銀行株の購入を政府が当てにしていた商人も地主も慎重な態度を崩さなかったため、ブラジル銀行は設立から一一年後の一八一七年になっても当初の目標を達成することができなかったのである。慎重な態度も無理はなかった。銀行業務といっても、ほとんどは銀行券の印刷で、その銀行券は王国の政府が発行する債券の購入に使われたのだ。銀行券が増えるにしたがい、インフレは加速していった。実際のところ銀行は、政府に代わってインフレ税を創造しているようなもので、インフレ税はあらゆる国民に打撃を与えた。銀行の株主も例外ではなく、インフレ調整後の実質ベースの利息では、資本の機会費用を補てんすることもできなかった。一八一〇年から一八二〇年にかけてブラジル銀行の株主が受け取る実質ベースの利息は年平均一〇%で、おそらくインフレ率よりもはるかに小さい数字だった[24]。おまけに一八二〇年にジョアン六世は、自ら考案した新しい税金を銀行が回収・保管する制度を廃止した。そして翌年、ポルトガルに帰国するときには、国王本人や廷臣たちが銀行に預けていたすべての金属を持ち出し、手持ちの銀行券のすべてと交換した。それから一八二〇年代の終わりまで、ブラジル銀行は機能し続けたものの、ジョアン六世の息子のペドロ一世によって以前と同じように利用された。すなわち、銀行券の発行によって政府予算の赤字を埋め合わせたのである[25]。

一八二二年、ペドロ一世は地元エリートからの強い勧めを受け、父親の同意も得たうえで、ブラジルの独立を宣言した。ところがこの独立は、ブラジルの政治制度に大きな変化を引き起こした。一八二四年に公布された憲法を起草した商人や地主は、税金や支出や借り入れの最終的責任を国王ではなく、議会に委ねたのである。さらに選挙で選ばれる議会下院の創設が憲法に明記されたうえで、下院が国民の利益の代表として機能するように、資産の規模に基づいた票の配分は制約された。サマーヒルが指摘するように、こうした変化はふたつの結果を招いた。国王にとって、地主や商人に貸し出した債務の不履行は不可能になったことがひとつ。そしてもうひとつ、地主や商人などエリート集団のメンバーは議会に対する影響力を利用して、競合する集団が銀行設立許可を受けられないような状況を創造した。実際のところ、ブラジル銀行が一八二九年に議会によって閉鎖されてから一八五〇年代半ばにかけて、議会が設立を許可した銀行はわずかに七行。しかもそのすべてが地方銀行としての業務を独占しており、新規参入の機会を妨げてしまった[26]。

このような新しい仕組みは当時の銀行家にとって有利に働いたが、国王には代償を伴った。一八二九年以降の国王政府には、予算の赤字を補てんする手段として利用できる銀行がなくなってしまった。しかも、政府に資金を融資できるだけの規模を持つ国立銀行を創設するためには、現役の銀行家全員の思惑を調整する必要があり、解決策はそう簡単には見つからない。一部の銀行家が議会での影響力を利用して、国王が成立させた協定をことごとく無効にする可能性は十分に考えられた。したがって、議会は一八五三年に第二ブラジル銀行の設立許可を与えたが、それからわずか四年後、銀行券を発行する権利は取り除かれてしまった(27)。

一八六〇年代に入ってようやく妥協が成立し、銀行家と国王政府は連立に関する合意に達した。一八六〇年に制定された法律には銀行を含めた企業の設立許可についての記述があり、許可には議会と国王直属の内閣の承認だけでなく、国王直属の国策会議の承認も必要であることが明記されたが、この会議のメンバーは終身任期を保証されていた。一八六三年、第二ブラジル銀行はリオデジャネイロのふたつの銀行――アグリコラ商業銀行ならびに抵当地方銀行――と合併し、両行が銀行券発行の権利をブラジル銀行に移行した結果、国王の一〇年来の希望が実現した。銀行券を発行し、政府の財務代理人として行動する銀行である(28)。こうして政府も経済エリートも望みどおりの銀行を手に入れたが、それ以外は誰も銀行の設立許可を得ることができなかった。そして銀行の役員会に所属する少人数の「バロン」だけが、融資を受ける資格を認められた(29)。

ブラジルの銀行業界がいかに閉鎖的だったかは、以下のデータからもある程度理解できる。一八八八年の時点でも、ブラジルに存在する銀行はわずか二六行で、全部の資本金を合計しても四八〇〇万米ドルにすぎなかった。そのうちの一五行は所在地がリオデジャネイロで、なかでも最大のブラジル銀行がすべての銀行の資産の四〇％以上を保有していた。残りの一〇行の所在地はサンパウロ州で、しかもその半分がリオデジャネイロの銀行の支店だった。そしてブラジルのほかの一八の州には、銀行が合わせて六行しか存在しなかった(30)。これをほかの国と比較してみるとよい。一八八八年、ブラジルの銀行の一行当たりの資産は平均で二・四〇米ドル、一八九七年のメキシコはこのほぼ三倍の六・七四ドル、そして一八九〇年のアメリカは八五ドルだった。

政府を運営する政治エリートが、閉鎖的な銀行制度を創造した少人数の商業資本家と結託して生まれた仕組みが存続の危機に瀕したのは一度だけ、すなわち君主国が打倒されて連邦共和国が創造されたときだけである。帝国を支えてきた連立関係がなぜどのようにして分解したのか、ここで詳しく探求するのは紙面の都合上不可能だが、一連のストーリーを構成する重要なピースのひとつは、奴隷制の廃止だったことを指摘しておきたい。奴隷制が廃止された結果、ブラジルの大農場主階級と国王政府のあいだの良好だった関係にひびが入った。大農場主の不満を和らげるためには信用供与の条件を緩和することが必要だと判断した国王政府は、一二の銀行に銀行券発行を、一七の銀行に無利息の融資提供を認めて譲歩の姿勢を示した。しかし一八八八年の一連の金融緩和策は、ブラジルで盛り上がった共和国運動の潮流を食い止めるには十分ではなかった。一八八九年一一月、ペドロ二世は軍事クーデターで失脚し、連邦共和国が誕生したのである。

連邦共和国が誕生した当初、閉鎖的な銀行業界を支えてきた仕組みは弱体化した。一八九一年に発令されたブラジル憲法では二〇の州に広範囲の主権が与えられ、その結果、中央政府は銀行設立許可の権限に対する独占を失った。そのため連邦共和国の初代財務大臣のルイ・バルボサは大きな圧力にさらされた。ブラジル各地で成長著しい経済エリート——特に大農園主や製造業者——からの求めに応じ、信用供与を提供するための新しい銀行の設立許可を与えざるを得なかった。さもないと、エリートたちは地元の州政府にそれを期待する可能性があった。そのためルイ・バルボサは速やかに金融改革を推し進め、その一環として連邦政府は一般的な設立準拠法を通じ、ほぼすべての希望者に銀行設立の許可を与えた。おまけに銀行は、希望すればいかなる金融取引も実行できるようになった。一連の改革は劇的な結果を生み出した。一八八八年には全国に二六の銀行しか存在していなかったことを覚えているだろうか。一八九一年にはそれが六八行にまで増加していた[31]。

ただし、ブラジルの政治制度には厄介な問題があった。農民や職人や小規模製造業者が官僚に圧力をかけて、競争力のある金融市場を誕生させるようなメカニズムが機能しなかったのだ。そもそも、投票権を持つ国民は全体の五％にも満たなかった。つぎに、権力は強力な大統領に集中しており、議会は立法府というより、諮問会議のような存在だった[32]。第三に、大統領は議会によって選ばれたが、実際には国内最大のミナスジェライス州とサンパウロ州出身のエリート議員が結託し、二つの州が順番に大統領を送り出していた。

ブラジルの中央政府はほどなく厄介な立場に追い込まれた。一八九一年の憲法によって中央政府は、大事な税収源へのアクセスを断ち切られたのだ。それは輸出税からの収入で、今後は州が直接税金を集めることになった。そこで政府は金の裏付けを持つ外国債券の取り扱いを始め、予算不足の解消に努めた。さらに銀行券発行の権利を多くの銀行に認めた結果、どの銀行も銀行券を積極的に印刷しては貨幣として貸し出した。これらの動きは株式市場に投機ブームをもたらしただけでなく、インフレを加速させ、その結果として貨幣のミスマッチが引き起こされた。借り入れはハードカレンシー（国際決済通貨）建て、収入源は現地通貨建て（輸入税がブラジルのミルレイスで支払われる）となり、現地通貨の国際価値はインフレによって落ち込んでしまった。中央政府の選択肢は三つ。支出を減らすか、増税に頼るか、貨幣供給量の増加を抑えるかのいずれかで、最終的には二番目と三番目の選択肢がとられた。一八九六年になると政府は、貨幣発行の権利をふたたびひとつの銀行に制限する決断を下した。共和国銀行という民間銀行に、国庫財務の管理人としての特権が与えられたのである。二年後に政府は増税を行い、対外債務の再編に乗り出した。多くの銀行の財政状況がひっ迫しているところに一連の動きが追い打ちをかけ、銀行部門は一気に縮小したが、特に共和国銀行は深刻な影響を受けた。一八九一年、ブラジルでは六八の銀行が営業していたが[33]、一八九九年には五四行となり、さらに減少傾向は続いた。一九〇六年にはたった一九行となり、全部の資本金を合計しても、その金額は実質で一八九九年の半分にも満たなかった[34]。

銀行部門の縮小をきっかけにふたたび改革が行なわれ、一九〇六年には四度目となるブラジル銀行が誕生した。過去三回と同様、今度のブラジル銀行も民間銀行だったが、共通点はそこまで。今回は中央政府が大株主で、株式全体のほぼ三分の一を所有していた。しかも銀行の総裁ならびに四名の理事のうち一名は、共和国大統領が任命権を持っていた[35]。以後六〇年間の大半、ブラジルの銀行制度は第四ブラジル銀行によって支配され、同行は民間銀行でありながら財務省の財務代理人として機能した。すでに設立時から数多くの特権を享受していたが、なかでも特筆すべきは、複数の州にまたがって支店の開設を許された唯一の銀行だったことだろう[36]。ブラジル銀行にここまでの権利が認められれば、その影響は計り知れない。ほどなく同行は、銀行預金全体の四分の一を支配下に治め、これらの預金は中央の財務省が発行する債券の購入に充てられた[37]。州政府から設立許可を受けた民間銀行も存在していたが、その数は少なく、大体は巨大なコングロマリットの財務部門も同然だった。銀行のオーナーの系列企業のために資本を準備することが主な業務で、一般向けの信用供与は行わなかった。第一共和国がクーデターで打倒された一九三〇年の時点でも、ブラジルの銀行の数は一八九九年よりも少なかった[38]。

要するに、ブラジルの銀行業界は政治経済的にはそれほど複雑ではない。どんな政治エリートが権力を握ろうとも、エリートたちはその時代の資本家すなわち金融業者と連携を組んだ。このような仕組みのなかで、銀行には寡占（少数独占）による利益がもたらされ、中央政府は予算の赤字を補てんしてくれる資金源となる銀行を手に入れたのである。第一次世界大戦が終わると、州政府はブラジル銀行のモデルをコピーするようになり、予算の赤字補てんを目的とする州立銀行を設立した。すなわち銀行は私人から預金を集め、それを州政府が発行する債券に投資したのだ。ただしこの制度には、信用割り当ての対象がごく限られるという難点があった。州政府、連邦政府、そしてオーナーと銀行との結びつきの深い大企業に限定されてしまった[39]。

メキシコの銀行制度

政治の世界で競争原理がうまく働かないと、銀行業界の競争が制約される事例として、メキシコはさらに際立っている。メキシコでは政府に課される制度上の制約がきわめて弱く、州政府や連邦政府を動かす政治エリートと連携しないかぎり、銀行が設立許可を受けて資本を投じることはできなかった。ただし一九世紀の大半、メキシコの政情はきわめて不安定だったため、そのような連携を組むことさえ不可能で、政府の公認を受けた銀行はひとつも存在しなかった。信用供与の仲裁機関として民間の金融機関が活動していたものの、設立の特許状を与えられても特権には恵まれなかった。株主有限責任、借り手が倒産した際の債権者優先の原則、法廷貨幣の地位を持つ銀行券を発行する権利などは認められなかった。当然ながら民間銀行の規模は限られた。そして一九世紀最後の一〇年間にはポルフィリオ・ディアスという軍人出身の政治指導者が独裁体制を確立した結果、安定性はあっても競争原理が働かない銀行制度が出来上がった。信用の供与先は政府と、銀行家が所有する企業に限られたのである。

メキシコは一八二一年にスペインから独立したが、独立後に登場したエリートたちは、新しい国を治める枠組みとなるべき制度に関して意見がまとまらなかった。なかには立憲君主制を採用して君主に一定の権利を与えるが、それ以外は植民地時代の政治・経済制度は現状維持されるべきだという声もあった。継続の対象には政治力の中央集権化や、民事法廷での軍関係者や聖職者の裁判権免除が含まれた。その一方、連邦共和国を望む声もあったが、この場合に参政権は識字能力に基づいて与えられることが条件で、これでは国民のほとんどが対象外だった。

これらの二つの集団、すなわち保守的な中央集権主義者とリベラルな連邦主義者のあいだでは、独立から一八七〇年代にかけてクーデターや反クーデターや内戦が繰り返された。一連の対立でどちらに味方するにしても、その狙いは相手陣営の財産権だった。しかし実権を握った政府は例外なく空っぽの国庫を引き継ぎ、収入源はまったく準備されていなかった。大量の資金を注入する必要に迫られた一九世紀のメキシコ政府は、富裕層の商業資本家からの借り入れに頼った。そして政府が入れ替わったり、深刻な危機に直面したりすると、彼らからの借金を踏み倒した。[40]

このような環境を考えれば、商業資本家が銀行設立許可の取得に積極的になれなかったのも無理はない。この問題の深刻さは、メキシコ政府の自暴自棄の行動によって浮き彫りにされた。こうして銀行からの借り入れがほとんど不可能な状況に業を煮やした製造業者たちは一八三〇年代、政府所有の産業開発銀行（アヴィオ銀行）の設立を迫った。ところが一八四二年、現金不足が深刻になった政府は自ら所有する銀行の金庫の中身に手を付けてしまった。[41]これでは、設立許可を受けた民間銀行が一八六三年までメキシコに存在しなかったのも当然だろう。しかもその許可状は、列強の傀儡政府（フランスの息のかかった皇帝マクシミリアン）によって外国の銀行（イギリス系のロンドン・メキシコ・南アメリカ銀行）に発行された。

やがてポルフィリオ・ディアスが三五年間にわたって独裁者として君臨した時代に（一八七六年から一九一一年）、不安定なメキシコの政治も未発達な銀行制度も劇的な変化を遂げた。ディアスもまた、歴代政府が例外なく経験した問題に直面した。国内を統一して内戦に終止符を打つためには資金が欠かせないが、財源となる税収を十分に確保できなかった。借り入れによって状況を打開するのは難しい。これまでメキシコはさんざん、国内外の債権者への借金を踏み倒してきたのだ。実際、ディアスも例外ではない。実権を握ってほどなく、メキシコシティに設立された複数の銀行の一部から借金をしたまま返済していなかった(42)。

しかしディアスは、メキシコの歴代大統領にはなかった利点に恵まれていた。成長著しいアメリカ経済のおかげで、鉱物資源や石油に対する海外からの直接投資が盛んになり、農産物の輸出が増加して、課税ベースが創造されたのだ。海外からの直接投資によって国家の能力が向上し、経済発展が促され、政治が安定する好循環をいかにスタートさせるかが、ディアスにとっては問題だった。

このプロセスをスタートさせるためにディアスが思いついた解決策は、政府が資金の融資を受けられるような銀行制度の創造だった。そのためメキシコシティで第一位と二位の銀行を合併させ、メキシコ国立銀行（バナメックス）という独占的な発券銀行を誕生させた。仕組みは単純で、バナメックスは政府から設立許可を受け、それに伴いきわめて有利な特権の数々を与えられる。そしてその見返りとして、政府への融資の返済期間を延長するのだ。具体的には、最大で準備金の三倍の銀行券を発行する権利、財務省の財務代理人として行動する権利、税関で受け取る農産物に課税する権利、造幣局を運営する権利などがバナメックスに与えられた。さらに政府はすべての銀行券に五％の税金を課したうえで、バナメックスの銀行券だけは課税対象から外した。それと同時にディアスは商法を議会で通過させ、そのなかで銀行設立許可書を発行する権利を州政府から奪い取った。バナメックスと競合したい銀行はディアスの政府の財務長官から設立許可を受けなければならなかったが、長官は許可を出さなくてもいっさい咎められなかった(43)。

すでにメキシコに存在している銀行の一部は地方の有力政治家が所有していたが、新たな商法が成立しただけでなくバナメックスに特権が与えられれば、自分たちがきわめて不利な立場に追いやられることを認識した。そこで、一八五七年に発令された憲法の独占禁止条項を根拠に、一八八四年の商法の差し止め命令を求めた。その後、法廷と政治の場での戦いは一三年間におよび、ようやく一八九七年、財務長官のホセ・イブ・リマントールが打開案を打ち出した。この合意のもとで、バナメックスはロンドレス・イ・メキシコ銀行と特権の多くを（すべてではない）共有し、州知事は連邦政府から設立許可書を発行される企業グループを選ぶ権利を与えられ、州立銀行は実質的に地域の業務の独占を許された。こうした形で合意が得られたのは、銀行設立許可書の発行を連邦政府が引き続き独占したからだ。州同士で、あるいは州と連邦政府のあいだで競争を続けても、銀行業務参入への法的障壁が取り払われる心配はない。なぜなら州には銀行設立許可書を発行する権利がなかったのだ。

メキシコで一八九七年に成立した銀行法は、あらゆる市場において銀行の競合数が制限されるよう巧妙に作り上げられた。まず銀行設立許可（ならびに追加資本）は、財務長官ならびに連邦議会の承認が必要だと明記されたが、すでに当時、議会は独裁者のイエスマンに成り下がっていた(44)。つぎに、最低資本要件は高く設定され、アメリカの国立銀行の二倍以上にも達した(45)。第三に、払い込み資本金に対して毎年二％課税されることが法律によって定められ、各州で最初に許可書を発行された銀行のみが課税対象外とされた。第四に、限定された土地で設立許可を受けた銀行は、それ以外の場所で支店を持つことを許されなかったため、ある州で許可書を発行された銀行が隣接する州で業務を独占する銀行に挑戦することは不可能だった。こうなると、州立銀行の独占状態にとっての脅威は、バナメックスやロンドレス・イ・メキシコ銀行の支店ぐらいしかなかった。(46)

このように分割された形の独占状態は、メキシコの政治エリートに利益を誘導することができた。政治エリートは大手銀行の理事会に在籍し、(理事としての報酬と株の配当を受け取る資格を与えられた)。たとえば、バナメックスの理事会にはディアスの取り巻きが名を連ねている。議会の議長、財務次官、連邦区選出の上院議員、大統領首席補佐官、財務長官の兄弟などだ。活動領域が限られている銀行の理事会にも有力政治家は参加しており、閣僚ではなく州知事が関わっている点だけが異なっていた。(47)

結果として出来上がった銀行制度には、非常に有利な点と非常に不利な点がひとつずつあった。先ず、バナメックスが設立されたおかげで、メキシコ史上はじめて安定した銀行制度が出来上がった。今日の途上国の基準から見れば、メキシコの銀行制度はかなり規模が大きかった。一九一〇年に銀行資産はＧＤＰの三二％を占めたが、これは今日のメキシコでの比率とほぼ同じだ。(48) さらにこの銀行制度によって、公共財政の安定した供給源を政府は確保したので、ディアスには一息つく時間が生まれた。当時は税法を徐々に書き直して連邦税からの収入を増やし、予算を均衡させる必要があったのだ。そしてもうひとつ、メキシコは対外債務不履行の状態が数十年間も続いていたが、ディアスはバナメックスの理事たちの力を借りて再交渉に臨んだ。州知事にも同様の恩恵はもたらされた。州の境界内の銀行は、州政府への融資の安定した供給源になったのである。(49)

一方、メキシコの銀行制度が集約された点は不利益ももたらした。一九一一年には、全国にわずか三四の法人銀行が存在するだけで、全資産の半分をバナメックスとロンドレス・イ・メキシコ銀行（BLM）の二行が保有していた[50]。圧倒的多数の市場において、利用可能な銀行は三つに限定された。バナメックスの支店、BLMの支店、州政府から営業許可を受けた銀行の支店の三つである。銀行制度がここまで集約化されてしまうと、経済の様々な部分に悪影響がおよんだ。バナメックスもBLMも、流動資産を過剰なまで手元に残して収益率を釣り上げるなど、効率の悪い独占主義者のようにふるまったのだ[51]。さらに銀行制度が集約化されると、経済のほかの部分まで集約化された。メキシコの銀行は、理事会のメンバーが所有する企業だけに信用を供与する傾向を強めてしまった。少数の銀行へのインサイダーレンディングの影響で、財政依存度の高い川下産業では企業の数が減少したのも無理はない[52]。

ディアスの独裁制を支えてきた連立関係は三〇年後に分解した。銀行業界の成長を支えてきた制度――経済エリートと政治家が結託して利益を誘導して分け合う制度――は経済のほかの部門にも定着していた。実際、巨大企業の経営者が製造部門での競争を抑制するために展開する戦術において、銀行設立許可を限定する制度は強力な武器となっていた[53]。銀行業のケースと同じく、その結果としてこれらの部門での成長は不平等の拡大を招いたが、やがて独裁政権に対する組織的抵抗が生まれた。抵抗組織は一九一〇年に軍隊を掌握し、一九一一年にはディアスを権力の座から引きずりおろし、以後一〇年間、メキシコではクーデターと反乱と内戦が繰り返された。

メキシコ革命ではあらゆる陣営が銀行制度を食いものにした。政治が不安定な状態では、銀行家が政治エリートと恒久的な連携を組むことなど不可能だった。一九一六年には、金融制度は抜け殻のようになった。流動資産を奪われ、瀕死の状態に陥ってしまった[54]。

革命後の政治制度が、メキシコの銀行部門発達の条件をいかにして整備したのか、ここでは紙面の都合上、詳しく解説する余裕がない。しかし、革命後に党を支持基盤として誕生してメキシコを支配した独裁政権が、国内の資本家と新たな形で連携を組んだことだけは指摘しておきたい。この連携を支える基本的な要素のひとつとして作られた銀行制度は、かつてディアスの時代に存在していたものと驚くほど似通っている。銀行の数は限られ、銀行の融資先は自らの支配下にある企業に限定され、それ以外は誰もが信用供与を拒まれた。メキシコの銀行制度のこれらの特徴は、近年に同国が民主制に移行してようやく緩和された。

考察

これらの三つの事例から、何か一般的な教訓を引き出せるだろうか。民主的な政治制度と幅広い層を対象とする銀行制度が共存する理由を説明するために役立つだろうか。三つの事例の歴史からはいくつかの主題が浮かび上がってくるが、そのひとつをここで紹介しておきたい。銀行家と官僚は連携関係を結び、規制の多い構造の銀行制度を作り上げるが、官僚には政府の財源確保、銀行家には利益確保という動機が強く働いている。ただし、この仕組みのもとでは銀行間の競争が制限され、関係者以外の全員にとって信用コストが上昇してしまう。しかし銀行家は自分の利益しか考えず、銀行業務の遂行に必要な特権を何とか政府から引き出そうとする。有限責任、銀行券を発行する権利、借り手が破産宣告した際の債権者の優先権などの特権である。銀行家の視点では、政府が譲歩する相手は少ないほど都合がよかった。設立許可を受ける銀行の数が限られれば、自分たちの資本利益率が上昇するからだ。そして政府の視点では、銀行家からの要求に同意しない理由など考えられなかった。銀行設立の許可数を制限すれば、その見返りとして、銀行から有利な条件で融資を受けられるのだ。実際、メキシコの事例が示すように、政府が銀行間の競争を制約してくれなければ、銀行家はそれを理由に信用供与を拒む可能性がある。自らの資本利益率は何としても上昇させたいからだ。一方、銀行業務を制限する権限を政府が持っていれば、銀行の財産を没収することもできる。政府がそこまで踏み込まないという保証はない。そのリスクを回避するためには、銀行間の競争が発生しないレベルまで、政府に規制を強化してもらうしかないのだ。

国民から選出された議員から成る議会を創造するだけでは、政治家と銀行家の連携によって生み出された問題の解決に十分ではない。それはブラジルの歴史からもわかる。ブラジルの議会には銀行家をはじめとする政府債券の保有者が代表として送り込まれ、政府が銀行の資産を没収する能力が制約された。ところが、議員となった銀行家は、新しい銀行の設立許可を妨害した。しかも当時、農民や職人や小規模製造業者など、信用供与を利用する民間人には選挙権が与えられなかった。彼らの視点ではこのような状況は、ディアス独裁政権下のメキシコと変わらない。信用供与は大きく制限された。立憲君主制から連邦共和制に移行しても参政権が大きく制約されているかぎり、大した効果は得られないことがブラジルの事例からはわかる。連邦制のもとで銀行制度の開放が約束されたものの、数年もすると中央政府は、新しい銀行設立の許可に君主制の時代と同じ制約を巧妙に復活させたのである。

ではアメリカの歴史はどうか。連邦制が定着し、その構造を反映した中央政府でチェックアンドバランスがうまく機能している状況で、参政権が幅広い層に与えられた結果、銀行制度の仕組みも信用供与も長期的には両国と大きく異なった形に成長した。違いを生み出したのは、農民や職人や製造業者が投票によって意思表示できるようになったことだけが理由ではない。州レベルでも全国レベルのどちらでも、それが可能になったからだ。しかも州議会は、労働や資本を呼び込むために魅力的な規制環境を創造する必要があった。これらの新しい政治制度が結びついたおかげで、アメリカでは従来の銀行制度を衰退させる機運が立法府のあいだで盛り上がり、世界に類を見ない競争の激しい制度が出来上がったのである。

ここに込められている意味は疑いようがない。大きな構造のなかで競争がうまく機能する銀行制度が誕生するためには、官僚の権限と決定権が制度によって限定されることが条件であり、そこには効果的な参政権の導入が関わっている。この結論は、経済学者や政治学者の横断的な回帰分析の結果とも矛盾しない。さらに、ここで分析した三つの事例の歴史とも一致している。問題なのは、本章の研究対象以外の事例の歴史にも、この結論が当てはまるかどうかだ。パターンが当てはまるかどうか評価する作業は歴史学者が得意とするところだが、歴史学者は自らの研究分野以外での疑問にも積極的に取り組まなければならない。ほかの分野の言語やテクニックを学び、比較研究の枠組みで考えることが肝心だ。

第4章

ひとつの島はなぜ豊かな国と貧しい国にわかれたか
——島の中と島と島の間の比較

ジャレド・ダイアモンド

ジャレド・ダイアモンド（Jared Diamond）

1937年生まれ。カリフォルニア大学ロサンゼルス校。専門は進化生物学、生理学、生物地理学。1961年にケンブリッジ大学でPh.D.取得。著書に『銃・病原菌・鉄：一万三〇〇〇年にわたる人類史の謎』でピュリッツァー賞。『文明崩壊：滅亡と存続の命運を分けるもの』（以上、草思社）など著書多数。

本章では二つの比較研究を紹介する。どちらも島を対象にしているが、比較する社会の数や定量化や統計の利用法に関して、きわめて対照的である。最初の研究はナラティブな展開で、定量化や統計に頼らず、カリブ海に浮かぶ小さな島のイスパニョーラ島を分断して存在する二つの国家の比較を行い、重要な問題の解明に取り組んでいく。この島の西側（現在のハイチ）が東側（現在のドミニカ共和国）と比べ、生活環境が徐々に悪化して絶望的な状況に陥ったのはなぜだろう。かつては西側のほうが、はるかに豊かで強大だったのだ。そしてもうひとつは、統計を使いながら、太平洋の島々の八一の社会を定量的に比較して、巨大な石像で有名なイースター島でポリネシア人による森林破壊が引き起こされ、部族間抗争が頻発するようになった理由の解明に努める。

ハイチとドミニカ——島のなかの比較

本章で紹介するハイチとドミニカ共和国の比較は、境界に関する自然実験という学問分野に該当する。ひとつの景観のなかに境界が任意に引かれたり取り除かれたりすると（すなわち自然環境とは無関係に境界が設定されると）、どんな結果がもたらされるのかを研究したうえで、人間によって作られた制度が歴史にどんな影響をおよぼすのか確認していく。この「実験」ではまず、何もなかったところに境界が引かれたことによる影響について調査する。かつては似通っていた二つの社会が次第に分岐していくプロセスが対象で、たとえば一九四五年には東ドイツと西ドイツが、同じく一九四五年には北朝鮮と韓国が、一九九一年にはバルト三国とロシアが国境線によって分断された。一方、これとは正反対のアプローチもあり、その場合には境界が取り除かれた影響を調査する。一九八九年の東西ドイツの再統合[1]、近年ではスロベニアの欧州連合参加がこれに該当する。このような比較を行えば、制度や歴史の違いがもたらす影響が浮き彫りにされる。地理的に同じ場所で境界が創造または取り除かれた前後の時期を比較すれば、あるいは境界を接する似通った二つの地域の歩みを同時に比較すれば、制度や歴史以外の変数の影響を排除することも可能だ。

ハイチはアメリカ全域で最も貧しく、世界の極貧国のひとつに数えられる[2]。森林の九九％が切り払われ、土壌侵食が深刻化している。水、電気、下水処理、教育など最も基本的なサービスさえ、政府はほとんどの国民に提供することができない。これとは対照的に、ドミニカ共和国は未だに途上国だが、一人当りの平均収入はハイチの六倍に達し、森林の二八％が保存され、自然保護に関する包括的なシステムが新世界のなかで最も充実している。アボカドの輸出量は世界第三位で、ペドロ・マルティネスやサミー・ソーサなど、野球の名選手を輩出している。そして民主主義が機能しており、最近の選挙では現職大統領が破れ、平和裏に引退している。これに対しハイチは、人口はドミニカ共和国とほぼ等しいが、雇用労働者の人数は五分の一、車やトラックの保有台数は五分の一、舗装道路の距離数は六分の一、高等教育を受けた国民の人数は七分の一、医者の人数は八分の一、石油の年間輸入・消費量は一一分の一、一人当り医療費は一七分の一、発電量は二四分の一、年間輸出量は二七分の一、テレビの保有台数は三三分の一にすぎない。さらに、ハイチの人口密度はドミニカ共和国より七二％高く、乳児死亡率は二・五倍、五歳未満の栄養失調の子どもの人数は五倍、マラリアの症例は七倍、エイズの症例は一一倍にもおよぶ。

しかし、二つの国は同じ島を共有している。植民地時代には、サンドミニクというフランス語名で知られていたイスパニョーラ島の西側は、アメリカ全域、いや世界のなかでも群を抜いて豊かな場所で、フランスの海外投資の三分の二がつぎ込まれた。その事実を考えると、現代のハイチの悲惨な状況にはなおさら驚かされる。[3] イスパニョーラ島の西側では、長年にわたる独立戦争の影響で経済や社会が疲弊して、人口が減少したものの、かつてはドミニカ共和国よりもはるかに豊かで強力だった。一八二二年から一八四四年にかけて、ハイチはドミニカ共和国を征服・併合している。ところが二〇世紀の最初の数十年間で、ドミニカの経済はハイチを追い抜いた。[4] 突然発生した富の逆転現象をどのように説明すればよいのか。

　マイアミからドミニカ共和国の首都サントドミンゴに向かう飛行機に乗って、およそ九〇〇〇メートル上空から島全体を眺めると、まるで鋭いナイフで切り裂かれたかのように、境界をはっきり確認することができる。切り裂かれた島の西側は、樹木のない茶色の地面が広がっているが、東側は緑の森に覆われている。実際、境界に降り立ってみると違いはさらに際立つ。北向きに立って左側に目を向けると、ハイチのぬかるんだ原野には草も木も生えていないが、右側に目を転じると、十数メートル離れたドミニカ共和国には松林が茂っている。この光景を目の当りにすれば、ドミニカ共和国を理解せずにハイチを理解できないことがよくわかる。

　これから二つの国の歴史の軌跡についてナラティブに比較していくが、その内容は簡潔で、非常に単純化されている。私の記述よりも実際のストーリーは複雑だという指摘があると思うが、たしかにその通り。現実ははるかに複雑である。幸い、本章に割り当てられたページ数が限られているので、イスパニョーラに関する記述は数ページにとどめ、三つの重要な要因について解説する余裕しかない。したがって読者は、それ以外の七三の要因に関する七九三ページにおよぶ記述を読む手間が省ける。私はハイチとドミニカ共和国の社会の違いを解釈するうえで、まずは人間の影響力のおよばない気候や環境の違いに注目する。つぎに、人間の歴史が進行するうちに発生し、植民地から解放されて独立した時点を境に変化を遂げた文化（言語を含む）、経済、政治的な違いに焦点を当てる。そして三番目に、それぞれの国に長らく君臨した独裁者の個人的な違いについて取り上げる。ただし、両国の独裁者は第一印象ほどには違いを引き起こす要因ではなかったかもしれない。

まず、イスパニョーラ島の西側と東側では環境が異なる。雨雲は主に東風に運ばれてくるので、東から西へ行くほど降水量は少なく、島の西側（ハイチ）は乾燥している。おまけにハイチは山がちで、土壌は地味が薄くやせている。ドミニカ共和国の中心部を占めるシバオ・バレーは肥沃で農業生産に最適な条件が整っているが、それに匹敵する場所はない。このような環境の違いが原因となり、ハイチの側は森林破壊（降水量が少ないので樹木の再成長が遅い）も土壌の浸食（急斜面では表土が薄い）も進行が速くなってしまった。

世界のほかの場所と同じくハイチでも、森林破壊がもたらした結果は土壌の浸食だけではない。土壌の肥沃度が減少し、木材すなわち森から確保する建築材が失われ、川の堆積負荷が増加して、川の流域を保護してくれるものがなくなり、水力発電の潜在能力が衰えた。さらに、樹木が少なくなると石炭の材料を確保しにくくなったが、ハイチでは調理用の燃料を石炭に頼っていた。森では樹木の水分が蒸発して上空で雨雲が形成されるので、木を伐採して降水量が減少すれば、森林破壊による悪循環が繰り返される。雨が降らなければ森林破壊が進み、それがさらなる降水量の現象を招く。要するに、ハイチとドミニカ共和国の人間社会が文化や経済や政治の面で同じだったとしても（実際には同じではなかった）、イスパニョーラ島ではハイチのほうが深刻な環境問題に直面していただろう。

ハイチとドミニカ共和国の二番目の違いには、植民地としての歴史の違いが関わっている。ヨーロッパのなかで最初にイスパニョーラ島に植民地を建設したスペインは、島の東側にあたるオザマ川の河口近くのサント・ドミンゴに首都を構えた。クリストファー・コロンブスの弟のバルトロネオは一四九六年、スペインが新世界で所有する植民地全体の首都にサント・ドミンゴを指定した。この状態は数十年続くが、スペインがメキシコやペルーを征服すると、首都としての重要性は薄れた。やがてフランスやイギリスやオランダの海賊は、サント・ドミンゴから祖国に向かうスペインのガレオン船の略奪を目論み、イスパニョーラ島の西側に拠点を置いた。スペインの植民地と同じ島ではあっても、政府の中心からかなり離れた場所だ。一六〇〇年代に入ると、フランスはイスパニョーラ島の西側を掌握し、一六九七年のユトレヒト条約で所有権を認められ、一七七七年にはアランフエス条約によって国境線が確定した。

その頃にはフランスはスペインよりも豊かな国になり、大勢の奴隷を買い取って輸入する余裕が生まれた。しかも、新世界のほかの場所に投資や注目に値する植民地がほとんどなかった。そのため後にハイチとなるイスパニョーラ島の西部では、人口の八五％を奴隷が占めるまでになった。一方、スペインは一六〇〇年代になると、新世界のほかの場所に大きな利益を生み出す植民地（特にメキシコとペルー）を確保したため、大勢の奴隷を買い取って島の東側に連れてくる必要がなくなった（実際に買い取ることはなかった）。そのため、後にドミニカ共和国となる東部では、奴隷の割合が全人口の一〇ないし一五％にとどまった。一七八五年の時点では、イスパニョーラ島のフランス領では奴隷の人口がおよそ五〇万人だったのに対し、スペイン領では一万五〇〇〇人から三万人程度しかなかった[5]。

植民地の時代にイスパニョーラ島では、東部（後のドミニカ共和国）よりも西部（後のハイチ）のほうがはるかに豊かで（総生産の面でも勝っていたが）、それは自然環境の違いではなく、人間の歴史にまつわる事実や出来事がもたらした結果だった。植民地時代のハイチが豊かだったのは、環境の面で有利だったからではない。降水量は少なく、山がちで、表土が薄く土壌はやせ、中心部に広い渓谷が広がるわけでなく、環境面ではいたって不利だったが、それにもかかわらず豊かになったのだ。要するに、歴史的な事実や出来事がいくつか重なったおかげで、ハイチは豊かな場所になったのであり、たとえばスペインが寄港地として便利なサント・ドミンゴを東側の首都に定めたのもそのひとつだ。イスパニョーラ島の東部が農業に有利な環境だったこととは無関係である（コロンブスの時代のスペイン人は、プランテーションの建設より、インディオから金の略奪のほうに熱心だった）。そのため、フランスの海賊は島の西側を拠点とした。フランスがスペインよりも豊かになり（奴隷をたくさん確保できるようになったのは）、イスパニョーラ島の環境とは関係ない。スペインは新世界のなかで、イスパニョーラ島よりも魅力的な投資機会を提供してくれる場所を見つけたのだ。

こうして歴史が動き、島の東側ではスペイン、西側ではフランスの支配が確立されると、ハイチとドミニカ共和国のあいだには三つの大きな違いがもたらされ、それは今日なお観察することができる。先ず、ハイチは農業に不利な場所でありながら、人口密度がかなり高くなった。第二に、アフリカからハイチに奴隷を運んできたフランス船は、空っぽで祖国に戻らなかった。ハイチの森の木を伐採し、木材を持ち帰ったのである。ハイチは人口密度が高くて気候が乾燥しているところに、伐採が始まったのだ。そして第三に、アフリカから連れてこられた奴隷たちの母国語は様々だったが、彼らはコミュニケーション手段として独自のクレオール言語を発達させた。これは多くの奴隷社会で見られる現象だ(6)。今日、ハイチの全人口のおよそ九〇%がハイチクレオール語のみを話し（ハイチ出身の移民以外には、世界のほかの場所では誰も話さない言語だ）、わずか一〇%程度がフランス語を話す。つまりハイチは言語的に世界のほかの場所から孤立している。[7] 一方、ドミニカ共和国では圧倒的多数の国民がスペイン語を話す。奴隷の人口が急増しなかったため、ハイチクレオール語のように、地域がきわめて限定される言語は発達しなかった。スペイン語以外に少数の国民が話すのは、出稼ぎ先の国で覚えた世界の主要言語である[8]（英語、中国語、アラビア語、カタロニア語、日本語）。

このように、人口密度が高く、国民の多くがクレオール語を話し、奴隷の多い社会が発達した西部と、人口密度が低く、国民のほとんどがスペイン語を話し、奴隷の少ない社会が発達した東部のあいだの文化的違いは、ハイチとドミニカ共和国が独立を勝ち取る以前の一七〇〇年代末から、すでに顕著だった。そしてこれらの違いは、独立が達成されるまでのスピードや、暴力的な要素の関わりだけでなく、独立後の展開によっても大きく広がっていった。ハイチでは奴隷とフランス軍とのあいだで一七九一年から残忍な戦いが繰り広げられた。一八〇一年には、フランスによる支配を回復するためにナポレオンの命を受けた軍隊が島に戻り、フランスは交渉の場で奴隷側の指導者トゥーサン・ルーヴェルチュールを裏切って逮捕したが、一八〇三年からフランス系住民はハイチを脱出し始めた。これだけの出来事が重なれば、ハイチ国民がヨーロッパ人を信用しなくても無理はない。ヨーロッパ人が戻ってくれれば、その目的は奴隷制の再開に他ならないと不安を募らせた。そのため独立後のハイチでは、島に残っていた白人が殺害され、プランテーションは分断され破壊された。このような状況で、ハイチ国民はヨーロッパからの移民や投資を何よりも敬遠し、その一方でヨーロッパやアメリカの国々は、奴隷の反乱が成功する事態を何よりも敬遠した。そのため、ハイチに投資して独立後の社会を助けるつもりなどなく、それが大きな要因となってハイチでは貧困が進んだ。[9] そしてハイチと欧米の関係にはさらなる障害があった。それは言語の障害で、ヨーロッパ人やアメリカ人はハイチクレオール語を理解できず、フランス語を話すハイチ国民はほとんどいなかった。この言語障壁はハイチが独立した時点ですでに存在していたが、独立後の時期に欧米諸国がハイチに関わろうとしなかったため、なお一層堅固なものとなり、ハイチクレオール語をヨーロッパの言語に全面的に置き換える可能性はまず考えられなくなった。

イスパニョーラ島のドミニカ共和国の部分では、独立のための「戦い」はかなり異なった形で展開された。島の東部に移住したスペイン人は独立にほとんど関心がなかった。そのため、一八〇九年にフランス軍が撤退し、ナポレオン戦争のあいだスペイン領を支配していたイギリス海軍がいなくなったあとも、入植者たちは植民地としての地位を維持できれば十分だとスペイン本国に伝えていた。[10] 一八二一年になって入植者が独立を宣言すると、力でも数でも大きく勝るハイチにたちまち征服・併合され、一八四四年にようやく追い払うことができた。一八六一年にはドミニカの指導者の要請を受け、スペインは再びドミニカを併合するが、一八六五年(一八六三年からドミニカでは激しい暴動が頻発していた)にスペイン女王はようやく、「スペインが特に望むわけでもない領土」の併合を無効にした。[11] 一九世紀のあいだは、入植者がヨーロッパの言語(スペイン語)を話し、ハイチのような奴隷の反乱に見舞われなかったおかげで、ドミニカ共和国の輸出は好調で、ヨーロッパからの投資も増え、ヨーロッパの様々な国から移民の集団がやって来た。スペイン人に比べれば、ドイツ人、イタリア人、レバノン人、オーストリア人の数は多くなかったが、経済への貢献度は計り知れない。[12]

一九三〇年には、ハイチとドミニカ共和国のあいだには環境の違いのため(当初は環境の違いにもかかわらず)わずかな違いが生じ、文化、経済、政治の違いゆえに似ても似つかない姿になった。一七九一年から一八二一年にかけての独立運動のあいだにもすでに違いは存在していたが、独立後はそれがさらに顕著になった。ハイチとドミニカ共和国の乖離を促した最後の要因は、二人の独裁者の違いだ。どちらも長いあいだ権力を握り（特にラファエル・トルヒーヨは三一年間も権力の座に居座った）、どちらも同じように邪悪だったが、外交政策と経済政策は大きく異なっていた。一九三〇年から一九六一年までドミニカ共和国に独裁者として君臨したトルヒーヨは、私腹を肥やすことに熱心だった。そのため、ドミニカという国家を個人商店も同然に作り変えてしまった。自らのために多くの輸出産業を育て、いずれも自分で所有するか支配下に置いた。たとえば牛肉、セメント、チョコレート、葉巻、コーヒー、コメ、塩、砂糖、タバコ、木材などの製品が輸出された。さらに航空会社、銀行、カジノ、ホテル、保険会社、土地、海運会社、織物工場を立ち上げ、自らの所有・支配下に置いた。ほかには、プエルトリコの科学者やスウェーデンの森林監察官を招いてドミニカ共和国の森林の調査に当たらせたうえで、森林がむやみに伐採されないように厳密に保護した。ただしその目的は、伐採作業をうまく管理して自分の利益を膨らませることだった。まだある。ドミニカの国家公務員の給与の一〇％を着服し、売春婦の収入の上前まではねた。こうしてドミニカ経済と輸出産業は悪辣なトルヒーヨのもとで成長を遂げたが、この方針は代々受け継がれた。トルヒーヨに長年仕えてから後継者になったホアキン・バラゲールも、そのあとに続いた歴代大統領も同じ路線を歩んだのである。これに対し、ハイチの独裁者「パパ・ドク」デュヴァリエ（一九五七年から一九七一年）は、経済の開発、輸出産業や伐採事業の育成など私腹を肥やす手段にほとんど興味がなく、海外からコンサルタントを招くわけでもなく、森林破壊を野放し状態にした。

ハイチとドミニカ共和国の独裁者の経済政策の違いは、たまたま個人的資質の違いによって生じたものだと考えたくなるかもしれない。違いを促したほかの要因としては、隣国とのあいだの緊張状態

（トルヒーヨの命令で一万五〇〇〇人のハイチ国民が殺害され、これに対してデュヴァリエは、国外追放された反トルヒーヨ派のドミニカ国民を支持した）、二人の独裁者のあいだで時折見られた協力関係（ドミニカの砂糖精製工場で茎を切り取る作業に従事するハイチ労働者を派遣したデュヴァリエに対し、トルヒーヨは現金で謝礼を支払った）、両国へのアメリカの軍事介入などが考えられる。二人の独裁者はどちらも強烈な個性の持ち主で、トルヒーヨを典型的なドミニカ国民、デュヴァリエを典型的なハイチ国民と呼ぶのはためらわれる。

しかし、トルヒーヨとデュヴァリエの経済政策の違いは、たまたま個人的資質が異なっていたというだけでは片づけられない。特に経済政策に関して、トルヒーヨは（自分のためとはいえ）ドミニカ共和国の輸出や対外貿易に長期的な利益がもたらされることを目標に掲げ、（自発的にせよ強制的にせよ）何千人ものドミニカ国民の動員に成功した。一方デュヴァリエは、輸出や対外貿易への無関心や敵対心を改めず、独立後のハイチでその姿勢を一貫して崩さなかった[13]。

ハイチとドミニカ共和国のあいだでこのように定性的比較を行ってみると、ハイチがあれほど貧しくなった理由が浮かび上がってくる。もちろん、奴隷人口の多い植民地としてハイチがどのような役割を果たしたのか、歴史家は十分に理解している[14]。しかしもっと詳しく範囲を広げて比較を行えば、一つの島を共有する隣国同士の違いについての理解は最終的にもっと深まるだろう。ハイチとドミニカ共和国の二つだけでも自然実験は成立するが、五ヵ国の間での自然実験ならばさらに多くを学べるはずだ。たとえば、近くの大アンティル諸島に含まれる三つの国家（キューバ、ジャマイカ、プエルトリコ）に関する研究を含めてもよい。ほかには、ハイチとドミニカ共和国の異なった時代の歴史について定量的比較を行い、富、森林被覆度、人口、輸出産業の育成に関する措置が時間の経過と共にどのように変化しているのか突き止めてみるのもよいだろう。一七〇〇年代のハイチは、今日のドミニカ共和国よりもはるかに豊かだったが、いまやはるかに貧しい。ドミニカ共和国はいつハイチに追い付き、追い越したのだろう。そしてトルヒーヨが登場する以前、ドミニカ共和国が（ハイチをすでにリードしていたとすれば）、それはどの程度のリードだったのか。

イースター島はなぜ破壊されたのか――島々の比較

もうひとつのケーススタディでは、イースター島で進行した森林破壊がポリネシア社会を崩壊させた経緯の理解に取り組む。これはポリネシア史のなかで最も有名であり、最も議論されている問題のひとつだ[15]。大体において、この問題は歴史学者を名乗る人たちよりも、考古学者を名乗る人たちによって研究される。崩壊に見舞われたのは文字を持たない社会で、歴史学者の研究に欠かせない古文書を証拠として利用できないからだ。それでも、イースター島でのポリネシア社会崩壊は人類史の問題である。そこでこれから紹介するイースター島の研究では、複数の決定要因や原因が絡む現象を引き起こした最大の理由を確認する際に歴史学者があちこちでどんな課題に直面するか明らかにするだけでなく、このような問題の解明には、多くのケーススタディを定量的に統計比較するアプローチが可能であることを証明していきたい。

この問題の根底には、イースター島のポリネシア人が木を伐採したり燃やしたりした結果、島の何十もの樹木種がほぼ根絶やしにされたという事実が存在している。調理の燃料、暖房用燃料、カヌー、建築材料、ロープ、肥料、彫像を運んで設置するためのそりやレバーは、いずれも木や木材から作られる。それなのにこのような行動をとるとは、住民は実に近視眼的な印象を受ける。大々的な森林破壊の結果、イースター島では内乱が発生し、住民は飢えに苦しみ、人口が激減して政治組織は分解したが、そんな結末も特に意外ではない[16]。

しかし、ポリネシア人とルーツを共有する二つの集団、すなわちメラネシア人とミクロネシア人は、太平洋のほかの何百もの島々に入植しても、このような悲惨な結果を招かなかったのだから、やはりイースター島の結末には驚かされる[17]。イースター島の住民はとりわけ先見の明がなくて、巨大な石像を製作して並べるような無駄な行動が常習化したのだろうか。しかし、ほかの島のポリネシア人も無駄な習慣を独自に発達させている。大きな木のカヌーを何千も製作し、大きな石の寺院をたくさん建立しているが、社会が崩壊したわけではない。

七年前、私はハワイ大学の考古学者バリー・ロレットと会う機会があった。やはりポリネシアの一部であるマルケサス諸島の発掘や研究に取り組んでいる人物だが、ここではヨーロッパ人がやって来る以前に深刻な森林破壊も社会の崩壊も起きていない。マルケサス諸島とイースター島に異なった結果がもたらされた原因は、環境の違いではないかと私たち二人は考えた。たとえば、マルケサス諸島はイースター島よりも雨が多くて高温なので、木を切り倒しても代わりに植えた木が速く成長していく。しかしマルケサス諸島とイースター島のあいだには、ほかにもたくさんの違いが存在するのだから、二つの島を比較するだけで、降水量と気温の違いが結果の違いにつながったという仮説を正当化することはできない。

そこで、バリーは二年をかけて太平洋の六九の島々のデータベースを集め、ヨーロッパ人がはじめて島を訪れた時点での、ポリネシア人入植者による森林破壊の進行度合いをコード化した。森林破壊の程度を数字で表すことはできなかったが、五段階に大まかに分類する方法をバリーは考案した。最高段階のイースター島では森林が完全に破壊されたが、段階が下がるほど深刻度は少なく、最低段階の島では森林破壊がわずかにとどまっている。つぎにバリーと私は、それぞれの島を対象に九つの環境変数と四つの農業変数をコード化し、結果を数字で表すか、二、三、四段階のいずれかで大まかに評価した。たとえば、それぞれの島が誕生してから何年が経過しているか具体的にはわからないので、「青年期」「中年期」「老年期」の三つに分類した。このようにして、これらの変数と森林破壊の進行度の相関関係について、四種類の統計分析を行う準備を整えた。二変量相関、多変数回帰、多変数ツリーモデル、残差分析の四つだ[18]。さらに、全部で六九あるなかの一二の島では、島のなかで自然実験を行うこともできた。同じ島のなかでも場所が変わると環境が異なり、森林破壊の進行度合いが異なったケースだ。バリーも私も統計に精通していないので、プロの統計学者の協力を仰ぎ、実際の分析作業を引き受けてもらった。

まず私たちは、文化の違いが果たした役割に注目した。ポリネシア社会のなかで農業の習慣に違いが存在することはよく知られている。では、農業のやり方が島ごとに異なるため、森林破壊が進行した島と、それほど進行しなかった島に分かれたのだろうか。私たちは八一の島と地域を対象に、ポリネシアの農業の習慣を主に四つのタイプにコード化したうえで分析に取り組んだ。タロイモの水田耕作、ヤムイモ、タロイモなどの作物の畑作、パンノキの樹木栽培、タヒチアン・チェスナッツやカンラン科のナッツの樹木栽培の四つである。どの島に関しても、これらのタイプが存在しない、存在しても僅か、重要、有力の四つのいずれに該当するか確認した。しかし、四つの農業の習慣のいずれも、森林破壊の進行度が島ごとに異なった理由を統計的に説明するには、説得力が欠けていた。

対照的に、森林破壊に関する九つの環境変数についてはいずれも、データセットが統計的に大きな効果を発揮した[19]。最初の二つの変数（降水量と気温）に関しては、バリーも私も研究の当初から何らかの影響を疑っていたが、実際のところ、降水量が多くて気温の高い島では変数の値が低かった。この結果は理解しやすい。降水量と気温の二つは、植物の成長率を左右する重要な決定要因なのだ。十分に成長した木が伐採されたあとに新しい木が速く成長するほど、定常状態では島の森林破壊の進行が遅くなる。

つぎに、島が誕生してからの年数、風で運ばれた灰、風で運ばれた塵の三つに注目した。まず古い火山島よりも新しい火山島のほうが、森林破壊の進行は遅い。あるいは、溶岩を噴出する火山がある島よりも、近くの火山から灰が風で運ばれてくる島のほうが、森林破壊は進まない。そして、遠い場所から大量の塵が風で運ばれてこない島よりも、何千キロメートルも離れた中央アジアのステップから大量の塵が東風に乗って運ばれてくる島のほうが、森林破壊の進行は遅いことがわかった。同僚の気候学者や生態学者からこれらの変数を試してみるよう勧められた結果、非常に驚くべき結果を手に入れたのである。火山灰やアジア内陸部の砂塵が、ポリネシアの島の森林破壊に関わっているとは夢にも思わなかった。しかし同僚からはかねてから関連性を指摘されており、あとから考えれば納得できる結果だ。園芸家なら誰でも知っていることだが、土壌の養分が高ければ植物の成長率は高くなる。さらに、追加された栄養分は時間の経過と共に浸出することも園芸家のあいだでは常識になっている。古い火山のほうが土壌から浸出する栄養分の量が多く、定常状態では新しい火山よりも樹木の成長が遅く、森林破壊が広がっていくのだ。ただし、栄養分が浸出しても、風で運ばれてくる灰や塵によって栄養分は補充される。したがって、大量の灰や塵が風で運ばれてくる島では木が再生するスピードが速く、森林破壊が深刻化しない[20]。

六番目の変数のマカテアとは、化石化したサンゴから構成される地形のことで、大量のガラスの破片を不規則に積み上げたような場所で、あちこちに深い穴が開いており、その上を歩くのは危険で恐ろしい。当然ながら、古代ポリネシア人もマカテアの上を歩きたがらなかった。したがって、マカテアのある島はない島に比べ、森林破壊が進行しなかった。

最後に七番目の変数は島の面積、八番目の変数は島の海抜、九番目の変数は孤立状態である。面積が大きく海抜が高い島ほど森林破壊は少なく、よそから孤立しているほど深刻化するが、そこには複数の理由が関わっている。たとえば、海抜の高い島にある山の周辺には雲が形成されて雨が降るし、大きな島では島の面積に対する外周距離の比率が低い。

これらの変数をまとめてみると、太平洋の島々で森林破壊の度合いが異なる理由のほとんどを説明できる。特に最後の重回帰分析の方程式からは、イースター島で森林破壊が特に深刻化することを予測できる。九つの環境変数のいずれも、島の住民にとって都合が悪かったからだ。イースター島は、風によって運ばれてくる灰や塵が太平洋のどの島よりも少なかった。ポリネシアのなかでは最も気温が低く、最も孤立していた。マカテアは存在せず、海抜が低く、面積は小さく、誕生してからの年数が長く、そして乾燥していた。

イースター島で森林破壊が進んだのは、住民が特に近視眼的で、風変わりな行動をとったからではない。不運にも、太平洋で最も壊れやすい環境の島に住みついたからだ。厳しい環境のなかで、木の再生率はどこよりも低いレベルにとどまった。大規模なデータベースを統計的に定量分析しなければ、このように複数の原因が関わる複雑な問題の解明は不可能だろう。たとえば、ひとつの島だけを研究対象にしても、あるいは雨の多いひとつの島を乾燥したひとつの島と比べても、降水量の影響が確認されるかもしれないが、ほかの八つの変数の影響を考慮しないかぎり、事実を正確に反映している結論とは言えない。伝染病学者がガンの多くの危険因子、あるいはたったひとつの危険因子を確認するために、ひとりの喫煙者のひとつの事例だけを研究・発表しても意味がないのと同じだ。イースター島は、太平洋の島々を対象にした大がかりな自然実験のひとつのピースにすぎない。多くの島々を比較すれば、多くの結果を確実に得られる。ひとつの島を研究するだけでは、ひとつの結論を導くことさえ難しい。

さらに研究を続ければ、イースター島での森林破壊を引き起こしたほかの要因も確認できるかもしれない。実際、まだコード化も分析にも手がけていないが、重要だと思われる環境変数が一つある。降水量の月ごとまたは年ごとの変動と、海鳥のグアノ（糞の堆積物）から補給される栄養分の変動である。さらに、農業の習慣以外に素因となり得る文化的変数としては、島ごとの政治制度の違いがもたらす影響が考えられる。たとえば、首長の権力が強い島のほうが、弱い島よりも最終的に森林破壊が進んでいないだろうか。イースター島は政治制度に関して中間にランクされる。権力の弱い首長も強力な王もいない代わりに、いわゆる大首長が存在し、複数の首長から権力を奪うことなく、島の経済や文化をある程度まで統合した。太平洋の島々の政治制度を比較したカーチの研究（第1章）によれば、大きくて生産性の高い島ほど多くの住民を養うことができるので、最終的に首長の権力が強くなるという[21]。そうなると、バリー・ロレットと私は島の面積が森林破壊におよぼす影響について指摘したが、そこには政治制度の変動が介在している可能性も考えられる。あるいは、政治制度が森林破壊を食い止めるような内容だったとしても、事態が深刻化した可能性もあるだろう。ここで紹介したのはイースター島の歴史にまつわる多くの疑問のほんの一部で、さらなる研究が待ち望まれる。

第5章

奴隷貿易はアフリカにどのような影響を与えたか

ネイサン・ナン

ネイサン・ナン（Nathan Nunn）

1974年生まれ。ハーバード大学経済学部。2005年トロント大学でPh.D.取得。専門は経済史、開発経済学、政治経済学など。

アフリカの歴史は奴隷制度と密接に結びついている。アフリカ大陸は四つの大がかりな奴隷貿易を経験しているが、そのすべてが少なくとも一五世紀半ばまで起源を遡ることができる。最も古いのはサハラ砂漠縦断ルート、紅海ルート、インド洋ルートで、その起源は少なくとも西暦八〇〇年だと言われる。奴隷はサハラ砂漠の南部、紅海の内陸部、東アフリカ沿岸の内陸部から連れ去られ、北アフリカや中東に送り出された。最も大がかりで研究対象になる機会が多いのは大西洋経由の奴隷貿易で、一五世紀に始まり、アフリカ西部、中西部、東部から連れ去られた奴隷が新世界のヨーロッパ植民地に送り出された。大西洋経由の奴隷貿易は期間が最も短かったが、四つのなかで最も規模が大きく、最も社会に影響をおよぼした。一五世紀から一八世紀のあいだに、実に一二〇〇万人以上の奴隷がアフリカ大陸から連れ去られた。ほかの三つのルートの奴隷貿易では、同じ期間に全部でおよそ六〇〇万人の奴隷が送り出された。四つのルートの合計の人数は、四〇〇〇年間で一八〇〇万人ということになる[1]。

これだけの規模なら、奴隷貿易がアフリカ社会にどんな影響をおよぼしたのか問いかけてみたくなるのも当然だろう。アフリカ史に関する文献では、これは古くから指摘されてきた疑問で、たびたび議論の対象にもなってきた。古くはバジル・デイヴィッドソンやウォルター・ロドニーをはじめ多くの著述家が、奴隷貿易はアフリカの政治や社会や経済の発達に深刻な悪影響を与えたと論じている[2]。たとえば、パトリック・マニングは著書『奴隷制度とアフリカ人の生活』のなかで、つぎのように指摘している。「奴隷制度は堕落そのもので、窃盗、賄賂、暴力の行使、策略といった要素が備わっている。したがって、今日蔓延する腐敗の起源は植民地時代以前にあって、奴隷制度は原因のひとつだと考えてもよいだろう[3]」。同様にジョセフ・イニコリは、アフリカの奴隷貿易がもたらした長期的な結果として、「アフリカでは経済の進行プロセスが開発から遠ざかり、未開発と他者への依存に向かってしまった」と論じている。[4]

最近の研究では、奴隷貿易が特定の民族集団におよぼした影響に焦点を当てている。これらの研究の結果、アフリカ社会の制度や社会構造に奴隷貿易がもたらした悪影響が明らかにされ立証されるようになった。海外の奴隷需要が政治を不安定にさせ、国家を弱体化させ、政治や社会の分裂を招き、最後は国内の法制度の悪化につながった経緯が解説されている。[5]

一方、ジョン・フェージやデイヴィッド・ノースラップらの見解では、奴隷貿易はその後のアフリカの社会経済的発展にほとんど影響をおよぼさなかったという。[6] デイヴィッド・ノースラップはナイジェリア南東部の奴隷貿易を研究したうえで、つぎのような結論を下した。「奴隷貿易が残酷で、不安や疑念の風潮を生み出したのは間違いないが、数値で表される経済的影響は驚くほど小さい」。[7] このような意見の違いは意外ではない。奴隷貿易を直接観察する機会のあった人たちのあいだでも、当時のアフリカ社会におよぼした影響についての意見は分かれているのだ。たとえば、イギリスの奴隷商人のアーチボルド・ダルゼルは、アフリカ社会が奴隷貿易の影響を受けていないような印象を持ったが、探検家で宣教師のデイヴィッド・リビングストンは、奴隷貿易がアフリカ社会に壊滅的な影響を与えたと論じている。[8]

本章では、過酷な奴隷貿易とアフリカ各地域の経済動向との関係を統計分析によって明らかにしながら、この問題の解明に努めていく。この分析ではまず、一四〇〇年から一九〇〇年のあいだにアフリカ各地から連れ去られた奴隷の人数の推定値を計算する。具体的には、アフリカ各地の港や沿岸地域から送り出された奴隷の人数に関するデータと、彼らが所属する民族集団について記述された史料からのデータを組み合わせたうえで算出した。奴隷貿易の推定値は、過去四〇年間にわたってアフリカの歴史学者が残してきた膨大な経験的文献を参考にしている。一人当り国内総生産（GDP）など、現在の景気動向に関するデータは国レベルでのみ入手可能なので、本章で行われている統計的検定では、今日存在している国を観察単位として利用している。つまり、アフリカの様々な地域から連れ去られた奴隷の人数について推定する際、「地域」は今日の国〔の位置〕に等しい。今日の政治的国境はまったく任意に引かれたもので、歴史的視点からは特にその印象が強いが、現代の経済データでは入手可能な内容が限られるので、今日の国民国家を分析単位として利用せざるを得ない。

現代の国を分析単位として利用する際には、国土の違いが問題として浮上する。したがって、各国から連れ去られた奴隷の人数の変動には、面積の違いをある程度まで反映した。奴隷貿易に関する各国ごとの数字は、国の規模を考慮して「正規化」されている。

本章の統計的検定では、以下のような論法を用いている。現在のアフリカが発展から取り残された一因が奴隷貿易だとすれば、過去に最も多くの奴隷が連れ去られた地域が、現在アフリカ大陸で最も貧しい地域に該当するはずだ。本章の検定ではそこからさらに踏み込み、このパターンがデータのなかでも観察されるかどうかを点検する。そうすれば、奴隷の最大の出身地が、今日アフリカで最も貧しい地域であることが確認される。これから解説していくが、この関係はかなり強力だ。気候、地理、天然資源の有無、過去の植民地体験など、経済発展を決定づける奴隷貿易以外の重要な要因を考慮しても、関係の強さは変わらない。これらの統計的な相関関係からは、奴隷貿易がアフリカの経済発展に悪影響をおよぼした証拠が得られるが、この段階の証拠はまだ決定的とは言えない。最も多くの奴隷が連れ去られた地域は、最初から最も未開の地だった可能性があるのだ。それが事実なら、これらの特徴が今日まで受け継がれているため、発展から大きく取り残されたことになる。つまり、過去に多くの奴隷が連れ去られた地域は、たとえ奴隷貿易が地域の発展を遅らせる原因ではなかったとしても、未だに貧困から抜け出せない可能性が考えられる。この代替案の正しさを評価するために集めたデータでは、奴隷貿易が最も盛んだった地域が最初から最も貧しい地域だったかどうかを確認した。その結果は歴史的証拠と一致していた。最も多くの奴隷を供給したのは最も開発が遅れた地域ではなく、最も開発が進んでいた地域だったのである。

　このような議論の進め方は、アフリカの奴隷貿易の影響に関する過去の歴史研究とは異なるが、そこから得られる結果は従来の研究が明らかにした証拠を補完することができる。たとえば、本章の研究が採用するマクロ統計的な視点は、ミクロレベルのケーススタディ――奴隷貿易がバランタ族におよぼした影響についてのホーソーンの分析や、ソウロウドウゴウ地域での奴隷貿易の影響についてのアンドルー・ハッベルの研究――を補完している[9]。もしも奴隷貿易がその後の社会や経済の発展に有害だったとすれば、ミクロのレベル、すなわち特定の時期の特定の集団を注目しても、マクロのレベル、すなわち長期間にわたってアフリカ大陸全域で見られる広いパターンに注目しても、いずれの場合にも影響が観察されるはずだ。奴隷貿易が特定の時代に一部の場所で特別の影響を発揮していても、アフリカのすべての社会を対象とした広範囲の影響は確認されないかもしれない。しかし本章のような広いマクロ的視点の証拠からは、具体的な事例の一般化可能性を解明することができる。一方、マクロデータを用いた統計分析を用いると、アフリカにおける奴隷貿易の影響にマクロの視点から取り組んでいる歴史研究を補完することもできる。たとえば、ポール・ラブジョイの『奴隷制度の変遷』や、パトリック・マニングの『奴隷制度と西洋人の生活』などがこれに該当する[10]。本章はこうした研究の延長線上にあって、形式的な統計的手法のみを用いながら、アフリカの奴隷貿易がおよぼした経済的影響を考察していく。

アフリカ諸国出身の奴隷の人数の推定

データ構築の手順

本章の分析は、アフリカ史に関する文献で長らく受け継がれてきた経験主義の伝統を踏襲している。なかでも独創性に富んだ研究がフィリップ・カーティンの『大西洋経由の奴隷貿易：個体数調査』（一九六九年）で、入手可能なデータを駆使しながら、大西洋ルートの奴隷貿易で送り出された奴隷たちの出身地と目的地について詳しく記述したうえで、総合的な分析が行われている。(11) カーティンの著書が一九六九年に出版されて以来、アフリカ史研究者によって膨大な量の補足情報が集められ、分析が進められてきた。広範囲を取り上げた最新の研究として注目されるのが、『大西洋経由の奴隷貿易に関するデータベース』だ。これはデイヴィッド・エルティス、スティーブン・ベーレント、デイヴィッド・リチャードソン、ハーバート・クラインによって一九九九年に考案された。ほかには、グウェンドリン・ミドロ・ホールが二〇〇五年に構築した『ルイジアナ奴隷データベース』と『ルイジアナ・フリーデータベース』も注目に値する。(12) さらにパトリック・マニングはコンピュータモデルを採用し、アフリカの奴隷貿易が人口動態におよぼした影響についてシミュレーションを使いながら推測している。その結果は複数の学術論文のなかで紹介され、一九九〇年には『奴隷制度とアフリカ人の生活』という本にまとめられて出版された。(13)

本章の分析作業はこうした研究方針の延長線上にあり、入手可能な豊富なデータを駆使しながら、アフリカの様々な地域から連れ去られた奴隷の人数を推測する。そのうえで、過去に連れ去られた奴隷の人数と今日の経済動向のあいだにどのような関係が成り立つのか、統計的に考察していく。

奴隷貿易の規模を推定するために利用するデータは、二つのカテゴリーに分類される。最初のカテゴリーには、アフリカの各地域や港から送り出された奴隷の総人数を記したデータが含まれる。大西洋経由の奴隷貿易に関するデータには、『大西洋経由の奴隷貿易のデータベース』の更新版からのデータが使われており、そこには一五一四年から一八六六年にかけての三万四五八四回の航海の記録が収められている。これらのデータは、世界各地の文書や記録から集められたものだ。ヨーロッパのほとんどの港では、商人は船の登録を行い、運ばれる商品の量や価値を申告し、関税を支払い、港を出るために正式の許可を得ることが義務付けられていた。したがって、通常はどの船も航海のたびに登記を行うので、たくさんの資料が残されるのだ。このデータベースでは、一七〇〇年以降に行なわれた大西洋経由の航海の七七％に関して、複数のソースから情報を集めている。なかには一六ものソースに記録が残されている航海もあるが、一回の航海について、平均すると六つのソースが取り上げている。データベースの作成者らによれば、過去の大西洋経由の奴隷貿易全体の八二％が、ここには含まれているという[14]。ただし、『大西洋経由の奴隷貿易のデータベース』のなかで最も古い奴隷売買の記録は一五二六年のもので、大西洋経由の奴隷貿易が始まってから数十年が経過している。そのため、大西洋経由の奴隷貿易の初期に連れ去られた奴隷の人数と出身地に関するイワナ・エルブルの推定値も利用することにした。一四五〇年から一五二一年にかけての時期を取り上げたエルブルの研究は、当時の観測筋によって記録された多くの推定値と、今日まで残された記録から直接採用した数値データを主な情報源としている。[15]インド洋、紅海、サハラ縦断の三つのルートの奴隷貿易に関しては、ラルフ・オーステンが公表した推定値が使われている。この推定値は、奴隷貿易が行われた場所や規模に関する入手可能なすべての文書や記録、観測者や政府関係者の証言に基づいて算出された。[16]

こうしたデータだけでも、沿岸諸国の港から送り出された奴隷の人数を推測することは可能だ。しかしこのデータからは、そもそも奴隷がどこで捕獲されたかについての情報が提供されない。沿岸国の港から送り出された奴隷の出身地は、遠く離れた内陸の国だったかもしれない。そこで、送り出された奴隷たちのなかで内陸国の出身者の割合を推定するために、二つめのデータソースを採用した。こちらには、アフリカから連れ去られた奴隷がどの民族集団に帰属するかが記されている。情報は幅広いソースから集めたもので、奴隷売買の記録、プランテーションの目録、奴隷の登録簿、逃亡奴隷に関する通知、裁判歴、投獄歴、婚姻届、死亡証明書、洗礼の記録、教区の記録、公証人が作成した記録、奴隷とのインタビューなどが含まれる。

大西洋経由で連れ去られた奴隷の出身民族に関するデータは五四のサンプルから集められたもので、いずれも二次資料である。そこからは、全部で八万六五六人の奴隷の出身民族と、全部で二二九の民族集団の呼称を確認することができる。二〇〇以上の民族呼称のなかでも、コンゴ、フォン、ヨルバ、マリンケ、ウォロフ、バンバラ、ハウサの七つは最も頻繁に登場する。表5・1には、大西洋経由の奴隷貿易に関する民族集団のサンプルについての情報がまとめられている。登場する頻度の多いサンプルの一部は、一九世紀はじめにイギリス支配下のカリブ海諸国で行われた奴隷の人口調査に記されていたものだ。これらのデータはバリー・ヒグマンによって収集され、『一八〇七年から一八三四年にかけての英領カリブ海諸国の奴隷の人口』という本にまとめられて出版された。データのなかにはアンギラ、バービス、トリニダード、セントルシア、セントキッツからのサンプルが含まれ、いずれも表5・1に掲載されている。[17] 頻度の多いサンプルのもうひとつのソースはメアリー・カラシュの著書『リオデジャネイロの奴隷の生活』で、リオデジャネイロの奴隷について多くのサンプルが情報として提供されている。これらのサンプルは投獄歴、死亡証明書、フリー・アフリカン・ソサエティの記録から集められた。[18] ほかには、頻度の多いサンプルの一部はグウェンドリン・ミドロ・ホールの『ルイジアナの奴隷のデータベース』と『ルイジアナ・フリーデータベース』からも引用されている。そして、大西洋経由の奴隷貿易の初期についてはペルーのサンプルが最も多く、フレデリック・バウサーの『植民地ペルーのアフリカ奴隷』をソースとしている。[19]

表5・1で紹介されているサンプルからは、ひとつ重要な問題が浮上する。サンプルは、大西洋経由の奴隷貿易で連れ去られたすべての奴隷を対象にしているかどうかという問題だ。一瞥するかぎり、答えは確実にノーだ。たとえば、サンプル（そして奴隷）の数は一八世紀よりも一九世紀のほうがずっと多いが、奴隷貿易のピークは一八世紀である。サンプルがすべての範囲を網羅していないことに懸念はあるが、これから紹介するように、奴隷の民族的帰属に関するデータは測定誤差が最小限に抑えられるように構築されている。サンプルがすべての奴隷を対象にしていなくても、大きな誤差は発生しない。

インド洋やサハラ砂漠や紅海ルートの奴隷貿易に関しては、奴隷の民族的出身についてのデータがずっと少ない。インド洋ルートの場合には、送り出された奴隷のサンプルの出身に関して情報が得られる資料が、一九八八年にアブダル・シェリフが発表した「奴隷制度とその廃止」のひとつしかない。[20] シェリフはこの論文のなかで、一八六〇年と一八六一年にザンジバルで解放された一六二〇人の奴隷の民族的出身に触れている。しかし、そこで取り上げているのは六つの大きな民族集団――ヤオ、ニアサ、ヌギンド、サガラ、ムリマ、ニャムウェジ――だけで、それ以外は「その他」の項目にまとめられている。この欠点を考慮して、ザンジバル国立公文書館に保管されている一次資料を調べることにした。そして公文書館からは、奴隷に関するリストが新たに二つ発見された。一八八四年から一八八五年にかけてと、一八七四年から一九〇八年にかけての二つの時期に開放された奴隷のリストである。そこには奴隷の名前、年齢、出身民族、解放された日、元の所有者の名前が記されている。[21]合わせて三つのサンプルには、八〇の異なった出身民族の九七七四人の奴隷についての情報が含まれている。ほかには、一九世紀にモーリシャスに送り出された奴隷についてのサンプルもあるが、マダガスカル島出身の奴隷とアフリカ本土出身の奴隷という区別しかされていない。[22]したがってモーリシャスのサンプルから得られるデータは、アフリカ本土出身者とマダガスカル島出身者の二つに奴隷を大別するために利用された。そのうえで、ザンジバル国立公文書館の資料から得られた奴隷に関するサンプルと、ハリスの『アジアでのアフリカ人の存在』に登場する九人の奴隷に関する少数のサンプルを利用して、本土出身の奴隷を複数の構成要素に分解した。その結果、インド洋ルートの奴隷に関しては、全部で二万一〇四八人の奴隷の八〇の出身民族を明らかにすることができた。

紅海とサハラ砂漠のルートの奴隷貿易に関しては、出身民族に関するデータがさらに少ない。紅海のほうのデータは、インドのボンベイの五人の奴隷と、サウジアラビアのジェッダの六二人の奴隷の、二つのサンプルから集められた。インドのサンプルはハリスの『アジアでのアフリカ人の存在』からの引用、サウジアラビアのサンプルはイギリスが国際連盟に提出して一九三六年の一九三七年の二度にわたって公表された「理事会文書」からの引用である。[23]これらのサンプルからは全部で七六人の奴

グアドループ	1788	8	45	新聞記事
サンドミニク	1788-1790	21	1,297	逃亡奴隷のリスト
キューバ	1791-1840	59	3,093	奴隷の登録簿
サンドミニク	1796-1797	56	5,632	プランテーションの目録
アメリカ領ルイジアナ	1804-1820	62	223	公証人の記録
サルバドール、ブラジル	1808-1842	6	456	解放奴隷の記録
トリニダード	1813	100	12,460	奴隷の登録簿
セントルシア	1815	62	2.333	奴隷の登録簿
バヒア、ブラジル	1816-1850	27	2,666	奴隷のリスト
セイントキッツ	1817	48	2,887	奴隷の登録簿
セネガル	1818	17	80	捕獲された奴隷船
ベルビセ	1819	66	1,127	奴隷の登録簿
サルバドール、ブラジル	1819-1836	12	871	奴隷の解放証明書
サルバドール、ブラジル	1820-1835	11	1,106	遺言検認証書
シエラレオネ	1821-1824	68	605	児童の名簿
リオデジャネイロ、ブラジル	1826-1837	31	772	刑務所の記録
アンギラ	1827	7	51	奴隷の登録簿
リオデジャネイロ、ブラジル	1830-1852	190	2,921	フリーアメリカン・ソサエティの記録
リオデジャネイロ、ブラジル	1833-1849	35	476	死亡証明書
サルバドール、ブラジル	1835	13	275	裁判歴
サルバドール、ブラジル	1838-1848	7	202	奴隷の登録簿
セントルイス／ゴレ、セネガル	1843-1848	21	189	解放奴隷
バケル、セネガル	1846	16	73	売上記録
ダゴウエ、ベニン	1846-1885	11	70	教会の記録
シエラレオネ	1848	132	12,425	言語学ならびにイギリスの国勢調査
サルバドール、ブラジル	1851-1884	8	363	解放奴隷の記録
サルバドール、ブラジル	1852-1888	7	269	奴隷の登録簿
カーボベルデ	1856	32	314	奴隷の人口調査
キコネ島、シエラレオネ	1896-1897	11	185	逃亡奴隷の記録

表5.1　大西洋経由の奴隷貿易を対象にした奴隷の民族的帰属に関するデータ

目的地	期間	民族集団の数	奴隷の人数	文書のタイプ
バレンシア、スペイン	1482-1516	77	2,657	王室の記録
プエブラ、メキシコ	1540-1556	14	115	公証人の記録
ドミニカ共和国	1547-1591	26	22	売上の記録
ペルー	1548-1560	16	202	売上の記録
メキシコ	1549	12	80	プランテーションの報告書
ペルー	1560-1650	30	6,754	公証人の記録
リマ、ペルー	1583-1589	15	288	洗礼の記録
コロンビア	1589-1607	9	19	様々な記録
メキシコ	1600-1699	28	102	売上の記録
ドミニカ共和国	1610-1696	33	55	政府の記録
チリ	1615	6	141	売上の記録
リマ、ペルー	1630-1702	33	409	教区の記録
ペルーの田園地帯	1623	25	307	教区の記録
リマ、ペルー	1640-1680	33	936	結婚の記録
コロンビア	1635-1695	6	17	奴隷の目録
ガイアナ	1690	12	69	プランテーションの記録
コロンビア	1716-1725	33	59	政府の記録
フランス領ルイジアナ	1717-1769	23	223	公証人の記録
ドミニカ共和国	1717-1827	11	15	政府の記録
サウスカロライナ	1732-1775	35	681	逃亡奴隷の告知
コロンビア	1738-1778	11	100	様々な記録
スペイン領ルイジアナ	1770-1803	79	6,615	公証人の記録
サンドミニク	1771-1791	25	5,413	砂糖プランテーション
バイーア、ブラジル	1775-1815	14	581	奴隷のリスト
サンドミニク	1778-1791	36	1,280	コーヒープランテーション

隷の情報が提供され、三二種類の出身民族についての記録が残されている。一方、サハラ経由の奴隷貿易に関しては、スーダン中部とスーダン西部の二ヵ所からのサンプルが手に入った。これらのサンプルからは五三八五人の奴隷の情報が提供され、二三種類の出身民族についての記録が残されている。[24]ただし、この出身民族についてのデータにはひとつ大きな欠点がある。サハラ経由で連れ去られた奴隷のすべての出身地がサンプルから手に入るわけではないのだ。しかし、ラルフ・オースティンが奴隷の輸送に関して残したデータからは、奴隷貿易の量だけでなく、奴隷がどのキャラバンで運ばれ、そのキャラバンはどの町や都市を出発点としてどこを目的地としたかについての情報が提供されており、場合によっては奴隷の出身民族についても記されている。砂漠を縦断する主な貿易ルートは六つしかなかったので、奴隷の出身地については大雑把な推測しかできない。実際、サハラ経由の奴隷貿易に関する最終的な評価は信頼性が低い。そしてこれは、紅海経由の奴隷貿易にも当てはまる。しかし、この二つのルートで連れ去られた奴隷の人数を推定できるか否かにかかわらず、この先を読めば、統計分析からは非常に信頼感のある結果だけが導き出されることがわかるだろう。データの質がおそまつな紅海やサハラ経由の奴隷貿易をまったく無視しても、統計分析からは確かな情報が得られる。

奴隷の出身民族に関するデータと輸送に関するデータを組み合わせたうえで、アフリカ各国から連れ去られたと推定される奴隷の人数は算出された。[25]その作業は以下のような論法にしたがって進められた。先ず、輸送に関するデータを利用して、アフリカの沿岸諸国から連れ去られた奴隷の人数が算出される。すでに述べたが、この数字にはひとつ問題がある。沿岸国の港から送り出された奴隷の出身地がその国ではなく、内陸部の国である可能性だ。そこで、内陸国で捕獲されて沿岸国から送り出された奴隷の人数を推定するため、出身民族に関するデータからのサンプルが使われた。どの場合も、最初は現代の国境線に合わせて民族が分類されたが、この作業ではアフリカ史研究者の過去の研究が大いに役立った。データを引用した二次資料の作成者は概して、歴史の記録に残されている出身民族の意味や所在地について細かな分析を行っている。文書に記録されている民族集団の所在地が、地図で具体的に示されている刊行物も多い。たとえば、英領カリブ海諸国を取り上げたハイマンのサンプル、シエラレオネの解放奴隷の言語に関してコエルが作成した目録、リオデジャネイロを取り上げたメアリー・カラシュのサンプル、メキシコのプランテーションや売上記録に注目したアギーレ・ベルトランのサンプル、シエラレオネの解放奴隷の子どもに関するアダム・ジョーンのサンプル、コロンビアの奴隷に関するデイヴィッド・パヴィのサンプルには、いずれも詳細な地図が掲載されている。[26] あるいは一部のソースには、奴隷貿易で頻繁に使われた民族集団の呼称が簡潔にまとめて紹介されている。たとえばフィリップ・カーティンの「大西洋経由の奴隷貿易：個体数調査」、グウェンドリン・ミドロ・ホールの「アメリカ大陸の奴隷制度とアフリカ人の民族的帰結：リンクを回復する」などだ。[27]

出身民族に関するサンプルに登場する民族集団の多くは、ひとつの国におさまりきれない。そんな民族集団のなかでも規模が大きくて重要な存在が、アナ、エウェ、フォン、カブレ、ポポの各民族集団で、活動拠点は現代のベニンとトーゴにまたがっている。あるいはコンゴ族は、現代のコンゴ民主共和国とアンゴラに居住している。マコンデ族は、モザンビークとタンザニアの両国の一部の地域に集中している。マリンケ族はセネガル、ガンビア、マリ、ギニア、象牙海岸、ギニアビサウ、ナル族はギニアビサウとギニア、テケ族はガボン、コンゴ、コンゴ民主共和国、ヤオ族はマラウィ、モザンビーク、タンザニアにそれぞれ居住地域がある。このようなケースでは、ジョージ・ピーター・マードックの『アフリカ：民族とその文化史』からの情報を使い、各民族集団を居住する国によって分割した。すなわち民族集団はまず、マードックが分類した八〇〇以上の民族集団のいずれかに当てはめられた。つぎに、彼の著書で提供された地図をデジタル化したうえでＧＩＳ（地理情報システム）のソフトウェアと組み合わせ、各国のなかで各民族集団が居住する土地の面積の割合が計算された。そしてこの比率を秤量値として、特定の民族集団に所属する奴隷を国別に分類したのである。

出身民族に関するデータを使えば、沿岸国から送り出された奴隷のなかで内陸国出身者が占める人数の推定値を計算することができる。この数字に基づいて、沿岸部も内陸部も含めたアフリカのすべての国を対象に、何人の奴隷が連れ去られたのかコンピュータで計算していく。奴隷の出身国は時間の経過と共に内陸部が増えていくので、数値を算出する作業は四つの時期、すなわち一四〇〇年から一五九九年、一六〇〇年から一六九九年、一七〇〇年から一七九九年、一八〇〇年から一九〇〇年に分けて行われた。輸送に関するデータや民族的帰属に関するデータはどの時期に関しても、その時代のものだけが使われている。こうして最終的に、四つの時期に四種類の奴隷貿易のなかで、各国から連れ去られた奴隷の人数の推定値が割り出されたのである。

潜在的な問題と懸念

出身民族に関するデータと同時に、輸送に関するデータも利用して推測すれば、測定誤差を最小限に食い止めることができる。出身民族についてのサンプルは、連れ去られた奴隷の全員を対象にしているとは限らないからだ。出身民族に関するデータは、奴隷を沿岸部出身者と内陸部出身者に分類するためだけに使われている。したがって、内陸部か沿岸部のどちらかの民族集団のサンプルが多すぎたり少なすぎたりしないかぎり、データが限られていても推定値が偏る心配はない（サンプルが一方に偏りすぎる可能性に関しては、このあとで具体的に検討する）。

推定誤差の潜在源の多くは、国外に連れ出される奴隷の人数を推定する際に発生する可能性がある。たとえば奴隷の出身民族を記録した歴史文書の内容が不正確ならば、誤差は生じるだろう。しかし、奴隷の出身民族を記録する際には、細心の注意が払われている。奴隷は法的に財産として定義されるので、奴隷売買の関係者のあいだでは、奴隷の生まれた場所や「国」を正確に確認しようとするインセンティブが強く働いたはずだ[28]。そして奴隷の出身民族は、所有者にとっても重要だった。奴隷のスキルは民族ごとに異なり、それは体力や自殺率や反乱の頻度に具体的に反映されたからだ[29]。マヌエル・モレノ・フラギナルスは、奴隷の出身民族が所有者にとっていかに重要で、それを正確に確認して記録するためにいかに細心の注意が払われたか、以下のように記している。「奴隷貿易は、一八世紀から一九世紀にかけて世界で最大の資本が投資されたビジネスだった。売買される商品をきわめて正確に確認しなければ（要するに現状を正確に伝えなければ）、これだけ規模の大きなビジネスを体系的に分類することは不可能だったはずだ[30]」。奴隷の出身民族や「出身国」を確認する方法は様々だった。名前は最も簡単な見分け方としてしばしば役に立った。奴隷は出身民族を確認できるようなファーストネームや名字を与えられたのだ[31]。あるいは、皮膚に残された切り傷、歯の詰め物やヘアスタイルなどの身体的特徴が手がかりになるときも多かった[32]。

そうなると、アフリカ人奴隷の出身民族を正確に理解するだけの知識と能力をヨーロッパ人が持ち合せていたかという点が、重要な問題として浮上する。奴隷貿易のあいだにヨーロッパ人が民族の呼称を人為的に創造した可能性に関しては議論が展開されてきたが、その根底にあるのがこの問題である。たとえば、ビアフラの内陸部出身者は「イグボ」と呼ばれたが、それは現地で使われていた呼称ではなく、ヨーロッパ人が創造したものだったと、多くの研究で論じられている。[33] これに対し、「イグボ」は現地語で、真の集合的アイデンティティを反映しているという反論もある。[34] この問題は非常に重要だが、民族の呼称が人為的か否かは、ここでデータを構築する作業にとっての懸案ではない。

記録に残されている出身民族は奴隷を地理的な場所と結びつけるためだけに使われるので、言葉の起源は重要ではないのだ。イグボという呼称がヨーロッパ人によって人為的に創造されたものか、もともとアフリカ人が使っていた言葉だったのかによって、国外に連れ出された奴隷の人数の推定値が変化するわけではない。重要なのは、イグボという言葉が、今日のナイジェリアの一部の地域出身の奴隷を表現するために使われていることだけである。

測定誤差が生じる最大の原因は、アフリカからの航海を生き残った奴隷だけが記録に残されていることだろう。おかげでサンプルの内容は偏り、内陸部出身の奴隷の数が実際よりも少なくなってしまう。内陸部出身者ほど旅程が長く、途中で絶命する可能性が高くなるからだ。奴隷貿易の死亡率は高いので、このような形の推定誤差はあなどれない。具体的な時期や航海の長さに左右されるが、大西洋経由の場合の死亡率は、七%から二〇%だったと推定される。[35] 沿岸までの陸路のあいだの死亡率についてては確かな記録が残されていないが、一〇%から五〇%だったと推定される。[36] 一方、内陸部出身の奴隷に関しては、沿岸部で捕獲され遠くに送り出されるよりも国内で奴隷になる可能性が高ければ、やはり人数が過小評価されてしまう。さらに、奴隷の出身民族が誤って分類される傾向は、内陸部出身者ほど強くなる。たとえばスペイン人の奴隷所有者は、奴隷を出身民族ではなくブローカーの報告にしたがって分類するときもあれば、出身民族の代わりに出港地に基づいて分類するときもあった証拠が、ラッセル・ローゼによって発見されている。[37] では、奴隷売買と経済発展のあいだの関係を統計的に調べる際には、このような形で生じた測定誤差の影響をどれだけ受けるものだろうか。実際のところ、必要な統計計算を行ってみると、奴隷売買と現在の収入の関係の推定値はゼロに偏ることがわかる。[38]すなわち測定誤差の影響が大きいときには、データに何らかの関係が込められている可能性があっても隠されてしまう可能性があるが、本当は存在しないはずの強い関係が観察されることはない。つまり、データのなかに何らかの関係が認められるとすれば、それは測定誤差のためではなく、測定誤差にもかかわらず認められたと考えて間違いない。実際には測定誤差の影響で、奴隷貿易と今日の経済開発の真の関係は過小評価されている可能性が考えられる。

測定誤差を引き起こしかねない最後の原因は、送り出される奴隷がその沿岸国の出身か、場合によっては境界線を接する内陸部の国から連れてこられたという仮定だろう。実際には隣の沿岸国など、それ以外の隣接国出身の可能性もあり得る。ここでは奴隷に関する二つのサンプルを用いて、この仮定の妥当性について調べてみたい。どちらのサンプルでも、奴隷の出身民族と出港地が確認されている。ひとつはカメルーンの入り江から送り出された八八六人の奴隷のサンプルで、デイヴィッド・エルティスとG・ウゴ・ヌウォケジの二人が詳細に調べた。もうひとつはナイジェリアの沿岸から送り出された五四人の奴隷のサンプルで、こちらのほうはポール・ラブジョイが調べた。[39]いずれのサンプルでも奴隷の出身地と出港地がわかっているので、それを頼りにして、評価手順の正確さや精度を確認することができる。その結果、エルティスとヌウォケジが調べた八八六人の奴隷のサンプルでは九八％、ラブジョイが調べた五四人の奴隷のサンプルでは八三％が身元を正しく確認されていた。二つのサンプル全体では、奴隷全体の九七％が身元を正しく確認されていた。

奴隷売買の推定値に関しては表5・2に記されている。一四〇〇年から一九〇〇年にかけてアフリカから連れ出された奴隷の人数が、現在の国民国家ごとに分類されている。各ルートで送られた奴隷の総数と、全部のルートをまとめた人数が紹介されている。これらの推定値は、奴隷貿易の中心地に関する一般的な証拠とも矛盾がない。大西洋経由の奴隷貿易の時代、奴隷が最も多く送り出されたのは奴隷海岸（トーゴ、ベニン、ナイジェリア）、アフリカ中西部（コンゴ民主共和国、アンゴラ）、黄金海岸（ガーナ）だったが、今日アフリカのこれらの地域に立地する国のすべてが、リストのトップに登場している。紅海ならびにサハラ経由の奴隷貿易の中心地だったエチオピアとスーダンも、上位に名を連ねている。南アフリカやナミビアから送り出された奴隷の人数が少ない結果は、これらの地域からは「奴隷がほとんど送り出されなかった」とする一般的見解と一致している。地理的に近い国同士の微妙な違いも、アフリカ史の文献から得られる定性的証拠とつじつまが合っている。「隣接する地域同士でもかなりの違いが見られる。トーゴからは奴隷がほとんど送り出されていないが、黄金海岸からは大量に送り出されている。同様にガボンは少なく、コンゴは多かった」とパトリック・マニングは記している。そして推定値は、マニングの観察結果と一致している。表を見ても、トーゴから送り出された奴隷はガーナよりもはるかに少なく、ガボンから送り出された奴隷はコンゴよりもはるかに少ない(40)。

全体として、アフリカから送り出された奴隷の推定値は、各地から連れ去られた奴隷の実際の人数を測る真のバロメーターになっているようだ。データに測定誤差があるとすれば、奴隷売買と現在の経済のあいだの関係が統計で過小評価される形で表れることはすでに説明した。したがって、関係が見出されるとすれば測定誤差があるからではない。測定誤差があるにもかかわらず、関係が見出されると考えてよいだろう。

過去の奴隷貿易と今日の所得のあいだの関係はあるのか

今日アフリカが世界のほかの地域よりもかなり貧しい理由を説明する要素のひとつが奴隷貿易だとすれば、アフリカ内部で観察される発展のパターンのなかには、過去の奴隷貿易の影響が反映されているはずだ。最貧国からは、奴隷貿易で最も大勢の奴隷が連れ去られたことになる。このような関係が存在するかどうか確認するためには、各国の現在の一人当りの所得水準と過去の奴隷売買の関係が示されているグラフを確認するのがひとつの方法だ。その際には先ず、国の規模の違いを考慮しなければならない。国土が広いから、連れ去られた奴隷の人数が多かった可能性は十分に考えられる。そこで比較可能にするため、すなわち正規化するため、連れ去られた奴隷の人数は、土地面積で測定される国土の大きさによって割ることにした。ほかにも、国の規模を測定するために利用できる方法は考えられる。現在の人口、一四〇〇年から一九〇〇年にかけての人口、あるいは現在の耕作地のいずれを利用しても、基本的には同じように以下の結果が得られる。それでも土地面積を採用したのは、より正確な測定が可能であり、現在の人口のように奴隷貿易の影響が内在していないからだ。

図5・1には、土地面積を基準に正規化された奴隷の人数と現在の所得の関係が示されている。グラフの横軸は各国から連れ出された奴隷の正規化された人数、縦軸は二〇〇〇年の平均所得を表している。[41]どの国もグラフ上の点で示され、どの点にも国の名前が記されている。このグラフからは興味深いパターンが浮かび上がってくる。売買された奴隷の人数が多ければ（すなわちグラフの右側にあれば）、所得が低い傾向が強くなる（グラフの下に位置する）のだ。過去に連れ去られた奴隷の人数が多い国ほど、二〇〇〇年の所得は低い。逆に、過去に連れ去られた奴隷の人数が少ないほど、今日の所得は高くなる。二つの変数の関係を別の方法で表現するなら、奴隷売買と所得のあいだには逆相関が

ガボン	27,393	0	0	0	27,393
ニジェール	150	0	0	19,779	19,929
ガンビア	12,783	0	5,693	0	18,476
リビア	0	0	8,848	0	8,848
リベリア	6,794	0	0	0	6,794
ウガンダ	900	3,654	0		4,554
南アフリカ	1,944	87	0	0	2,031
中央アフリカ共和国	2,010	0	0	0	2,010
エジプト	0	0	1,492	0	1,492
ジンバブエ	554	536	0	0	1,090
ナミビア	194	0	0	0	194
ブルンジ	0	87	0	0	87
赤道ギニア	11	0	0	0	11
ジブチ	0	5	0	0	5
ボツワナ	0	0	0	0	0
セーシェル	0	0	0	0	0
コモロ	0	0	0	0	0
スワジランド	0	0	0	0	0
ルワンダ	0	0	0	0	0
サントメプリンシペ	0	0	0	0	0
カポベルデ	0	0	0	0	0
レソト	0	0	0	0	0
モロッコ	0	0	0	0	0
モーリシャス	0	0	0	0	0
チュニジア	0	0	0	0	0

表5.2　1400年から1900年にかけて連れ去られた奴隷の国別の推計数

国	大西洋経由	インド洋経由	サハラ経由	紅海経由	奴隷の総数
アンゴラ	3,607,402	0	0	0	3,607,402
ナイジェリア	1,410,970	0	555,796	59,337	2,026,303
ガーナ	1,603,392	0	0	0	1,603,392
エチオピア	0	200	813,899	633,357	1,447,456
マリ	524,031	0	509,950	0	1,033,981
スーダン	615	174	408,261	454,913	863,963
コンゴ民主共和国	759,270	7,047	0	0	766,317
モザンビーク	382,378	243,484	0	0	625,862
タンザニア	10,814	523,992	0	0	534,826
チャド	823	0	409,368	118,673	528,864
ベニン	454,099	0	0	0	454,099
セネガル	221,723	0	98,731	0	320,454
トーゴ	287,675	0	0	0	287,675
ギニア	242,529	0	0	0	242,529
ブルキナファソ	183,101	0	0	0	183,101
モーリタニア	419	0	164,017	0	164,436
ギニアビサウ	156,084	0	0	0	156,084
マラウィ	88,061	37,370	0	0	125,431
マダガスカル	36,349	88,027	0	0	125,276
コンゴ共和国	94,486	0	0	0	94,486
ケニア	303	12,306	60,351	13,490	86,450
シエラレオネ	69,377	0	0	0	69,377
カメルーン	62,405	0	0	0	62,405
アルジェリア	0	0	61,835	0	61,835
象牙海岸	32,602	0	0	0	52,602
ソマリア	0	229	26,194	5,855	32,278
ザンビア	6,552	21,406	0	0	27,958

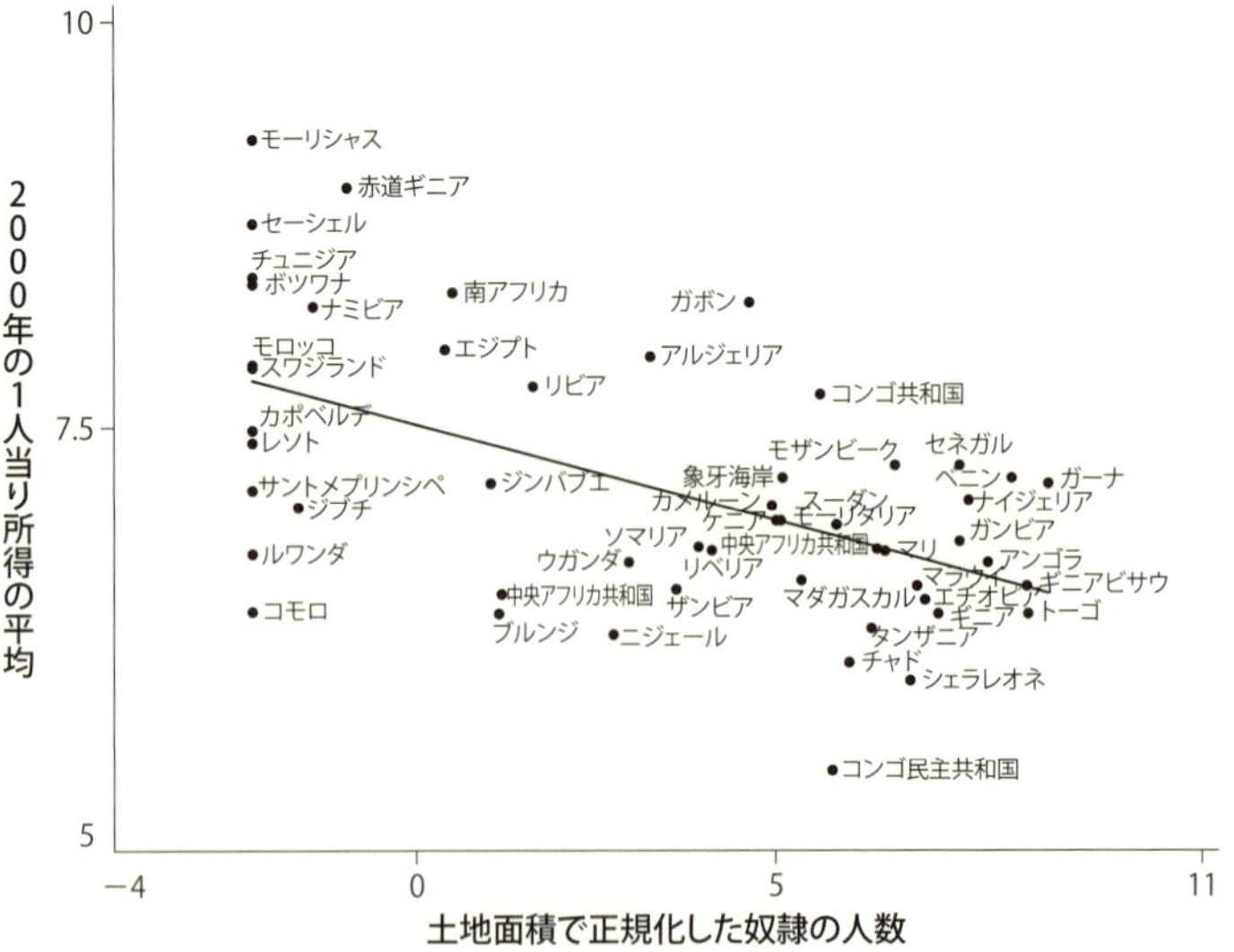

図5.1　連れ去られた奴隷の人数（土地面積で正規化）と2000年の1人当り所得との関係

成り立つと言ってもよい。そして図のなかで横に引かれている直線は、データに最もフィットした近似直線である。これは最小二乗法、略してOLSという統計的手法を用いて計算した[42]。見ればわかるように、直線は右肩下がりになっており、各国の分散状況から明らかな所得と奴隷売買の逆相関が、統計的にも確認されている。

　図5・1に表れている関係は思わせぶりだが、この証拠には多くの問題が含まれている。まず、売買される奴隷の人数が最も少ないのは小さな島国か北アフリカ諸国で、いずれもアフリカのほかの国より今日では豊かだ。もしもこれらの国が奴隷貿易と無関係の理由で豊かになっているとしたら、図5・1に表れている関係は誤解を招きかねない。島国や北アフリカ諸国が引き起こしかねない問題の影響を食い止めるひとつの戦略としては、これらの国々をサンプル

から取り除いてしまえばよい。それでも結果に変化は生じない。サンプルから島国や北アフリカ諸国を全部で一〇ヵ国取り除いたとしても、奴隷売買と所得のあいだには強い逆相関が存在している(43)。

二番目の戦略においては、これらの諸国とアフリカのほかの国々との違いを考慮に入れる。多変量回帰分析と呼ばれる統計的手法を用いれば、測定可能な各国間のいかなる違いも考慮することは可能だ。国には重要な特徴がいくつかあるが、たとえばそのひとつである所在地は、中心部の緯度と経度によって測定される。気候は降水量や湿度や温度によって測定されるし、自然環境の開放性は、土地面積のなかで海岸線が占める割合によって確認できる。この最後の特徴は、島国と大陸諸国の大きな違いと言ってもよい。一方、北アフリカ諸国の特徴を明らかにするためには、各国のイスラム教徒の人口の割合ならびに法制度の起源に注目すればよい(44)。そのほかに、所得の重要な決定要因と思われるものには、石油、ガス、ダイヤモンドなど天然資源の埋蔵量が考えられる。そして最後に歴史的要因も見逃せない。植民地支配の歴史、特に入植者のアイデンティティは注目に値する。多変量回帰分析を行うと、これらの要因をすべて考慮したあとでも、奴隷売買と現在の所得のあいだには強い逆相関が残っている。ほかの要因をすべて考慮しても、関係の強さがほとんど衰えないことは注目に値する(45)。

図5・2は図5・1と類似しているが、ほかの要因がおよぼした影響を考慮したうえで奴隷貿易に関する数値が表されているだけでなく、これらの要因が所得の数値におよぼす影響が調整されている点が異なる(46)。図5・1と同じく図5・2も、奴隷貿易と所得の逆相関をはっきり示している。

奴隷貿易と所得の関連性を推測する際には、奴隷貿易に関する推定値に測り間違いがあって、正確さに欠ける可能性もさらなる懸案として考えられる。データには間違いなく測定誤差が存在するものだ。問題なのは、図5・1や5・2で観察される奴隷貿易と所得の逆相関が、測定誤差によって引き

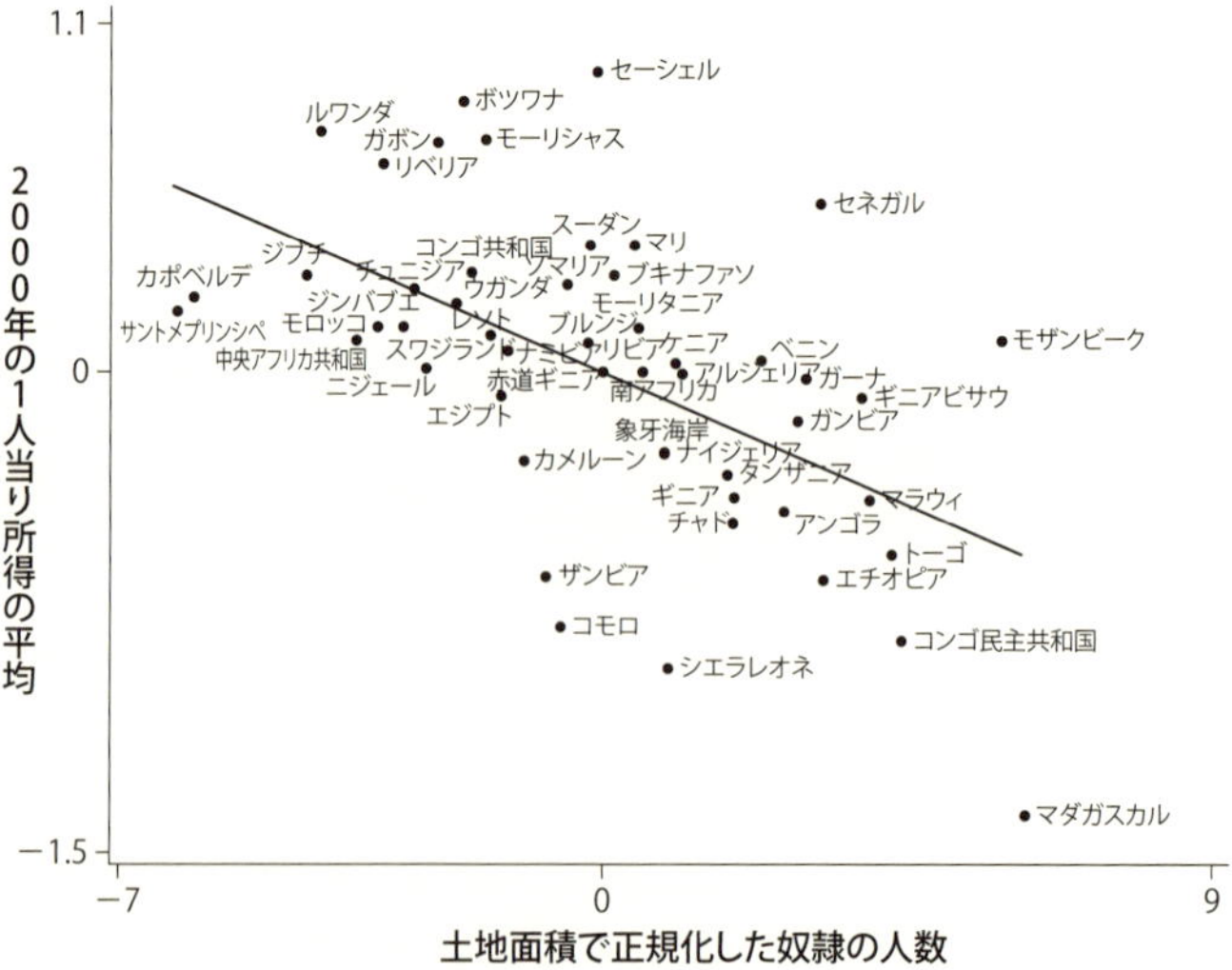

図5.2　国の特徴を考慮に入れた、連れ去られた奴隷の人数（土地面積で正規化）と2000年の1人当たり所得との関係

起こされたものかどうかだ。すでに論じたが、データに伴う測定誤差が大きくなると、かりに何らかの関係が存在していてもそれを観察できない可能性が生じる。奴隷貿易と所得のあいだに存在するはずのない関係が、測定誤差のせいで観察される可能性はまずあり得ない。しかし、データのなかの測定誤差が統計結果に影響をおよぼしていても、何らかの戦略でそれを抑制することは可能だ。たとえば、奴隷の出身民族や運搬に関する初期のデータや、紅海ならびにサハラ経由のデータは、質の悪さがほかよりも目立つ。したがって奴隷貿易の総数から、紅海ならびにサハラ経由のデータ、あるいは初期のデータに記された人数を削除しても問題はない。大西洋ならびにインド洋経由の奴隷貿易の総数に限定しても、奴隷貿易と現在の所得のあいだの逆相関はやはり確認できる。あるいは、データの質が最も高い大西洋ルートだけに限っても、結果は変わらない(47)。同様に、データが最も豊富な一八世紀と一九世紀に時期を限定して奴隷貿易の総数を調べても、やはり奴隷貿易と所得のあいだには強い逆相関が存在している(48)。

奴隷貿易の諸原因

奴隷貿易以前の状態

奴隷貿易と現在の所得のあいだに強い逆相関は確認されたが、それだけではこの関係を正確に解釈することはできない。なぜなら、現時点までに報告されている統計的結果は、奴隷貿易が今日の所得水準の低さの原因であることを証明しているわけではない。もともと発展の遅れていた社会が奴隷貿易に積極的に関わり、今日にいたるまで発展の遅れた状況が継続している可能性も考えられる。どの解釈が最も正しいのか評価するためには、もともと発展の遅れていた社会のほうが本当に奴隷貿易は盛んだったのか確認するべきだろう。史実を調べてみても、発展の遅れた社会から大勢の奴隷が連れ去られた証拠は発見されない。それどころか、社会のあいだに違いが存在するとすれば、発展していた社会ほど奴隷貿易が盛んだった可能性が証拠からは推測される。

当初、アフリカとヨーロッパのあいだの貿易で主に取引されたのは合法的な商品で、奴隷ではなかった。したがって、この時期にヨーロッパとの貿易を積極的に進められるのは、十分に発展した社会に限られていた。一例が、初期のアフリカ中西部における対ポルトガル貿易である。一四七二年から一四八三年にかけてポルトガル船は中央アフリカを西海岸沿いに南下しながら、貿易相手国を見つけるために便利な入国地点をあちこち探し求めた。ザイール川の北部には、貿易相手となりそうな社会は発見できなかった。ジャン・ヴァンシナはつぎのように記している。「沿岸部地域の社会は人口があまりにも少なく、領土があまりにも小さかった。経済や社会の制度に目立ったものはなく、外国との貿易が促される状態ではなかった」[49]。ザイール川のすぐ南に位置するコンゴ王国を発見してようやく、ポルトガル人は継続的な貿易相手国に巡り合えた。コンゴ王国は中央集権国家で、自国通貨を持ち、市場も貿易網も十分に発達していたので、ヨーロッパ人との貿易を支える土台がしっかりしていた。後にヨーロッパ人の関心が奴隷に移っても、アフリカで最も発展した地域との貿易を好む傾向は継続した。繁栄している地域は人口が密集しているので、内戦や戦闘が勃発すれば、たくさんの奴隷を効果的に確保することができたのである[50]。

初期の人口密度に関するデータを利用すれば、奴隷貿易の対象に選ばれたのが繁栄している地域だったのか否か、統計的に確認することができる。この時期のアフリカ各地の人口の推定値は、コリン・マッケヴェディとリチャード・ジョーンズの共著『世界人口の推移の図解書《アトラス》』に記されている[51]。このデータは推定値だが、奴隷貿易が始まる以前のアフリカ各地の平均人口密度をおおよそ測定するために役立つ。当時の社会はマルサスの学説が当てはまる状態で、物質的な進歩が実現すれば、それは所得の増加ではなく人口の増加という形で反映された。したがって、奴隷貿易以前の経済の繁栄を測定するための指針になり得るのだ。図5・3には、一四〇〇年の人口密度から測定された初期の繁栄度と、連れ去られた奴隷の人数を土地面積で正規化した数字の関係を表している。そこからは、初期の人口密度と連れ去られた奴隷の人数のあいだには正の関係が成り立っていることがわかる[52]。もともと最も繁栄して最も人口密度の高かった国は、後に最も大勢の奴隷を送り出している傾向が強いの

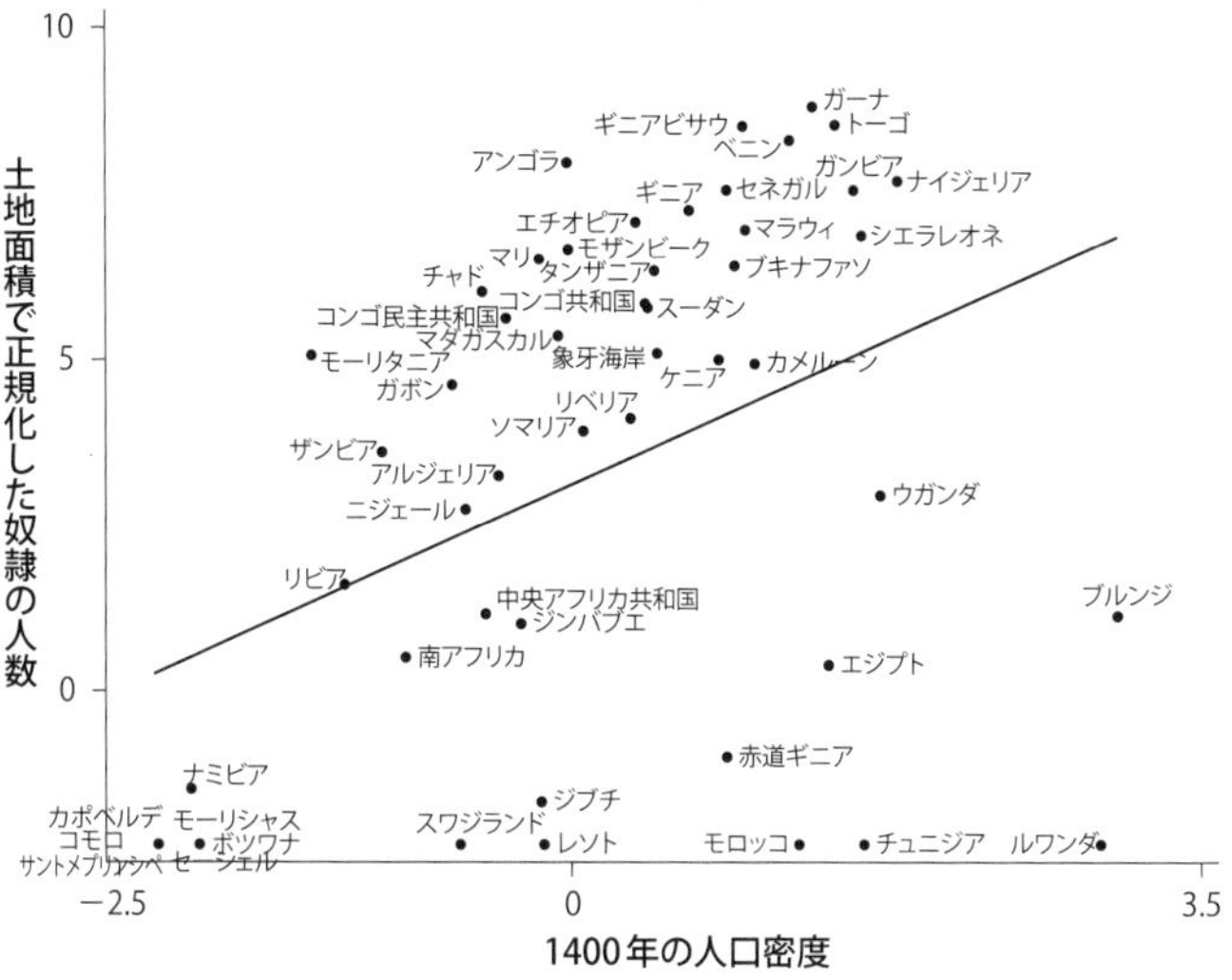

図5.3　1400年の人口密度と連れ去られた奴隷の人数（土地面積で正規化）との関係

だ。一四〇〇年にアフリカのなかでも特に発展していた地域の多くから非常にたくさんの奴隷が連れ出されていることは、図によっても確認できる。具体的には、今日のガーナ、ナイジェリア、コンゴ共和国、トーゴ、ベニン、ガンビアなどが含まれる。逆に、一四〇〇年には比較的発展が遅れていた地域、今日のナミビア、ボツワナ、南アフリカなどからは、ほとんど奴隷が送り出されていない。

図5・3に示されている統計的証拠については、人口密度の計算に用いた人口推移に関するデータが、一定の質を保っているかどうかが懸念される。具体的には、図に表れている正の相関が推定誤差によって引き起こされている可能性だ。アフリカのなかでも大勢の奴隷が連れ去られた地域の過去の人口推計が過大評価されていれば、このような影響は生じかねない。詳しく理解

するために、図5・3で比較されているふたつの変数――人口密度と連れ去られた奴隷の人数――について考えてみよう。どちらの測定値も、土地面積を分母として割り出された値だ。（1）一四〇〇年の人口／土地面積。（2）連れ出された奴隷の人数／土地面積となる。もしも過去の人口を推計する際、最も多くの奴隷が連れ去られた場所についての一般的な解釈の影響を受けるならば、大勢の奴隷が連れ去られた地域の人口は人為的に多く設定されてしまう。その結果、初期の人口密度と売買された奴隷の人数のあいだに、ありもしない正の相関が誘発される可能性は否定できない。そうなると初期の人口密度については、土地面積で正規化された奴隷の人数ではなく、歴史上の推定人口で正規化された奴隷の人数とのあいだの関係に注目すべきだろう。[53] この場合は、（1）一四〇〇年の人口／土地面積。（2）連れ出された奴隷の人数／歴史上の推定人口の平均。この二つの方法で比較を行えば、上記のようなタイプの測定誤差が人口密度と奴隷の人数のあいだに正の相関を明確に誘発する恐れがない（連れ出される奴隷の人数が増えれば、分母の数字も大きくなるからだ。この二つの比の変化は曖昧である）。測定誤差によって奴隷の人数と歴史上の平均人口のどちらも増えるのだから、「連れ出された奴隷の人数／歴史上の平均人口」の値はかならずしも増加しない。

初期の人口密度と、歴史上の推定人口で正規化された奴隷の総数のあいだの関係は、図5・4に示されている。それによれば、連れ出された奴隷の人数を歴史上の推定人口で正規化しても、初期の人口密度とその後に連れ出された奴隷の人数には正の相関が確認される。[54] 結局のところ、奴隷貿易が最も盛んだったのは、アフリカ大陸でももともと発展の遅れていた地域だったという見解には、正しさを裏付ける証拠が歴史的も統計的にも存在しない。奴隷貿易が最も盛んだったのは、発展している地域のほうだったのである。

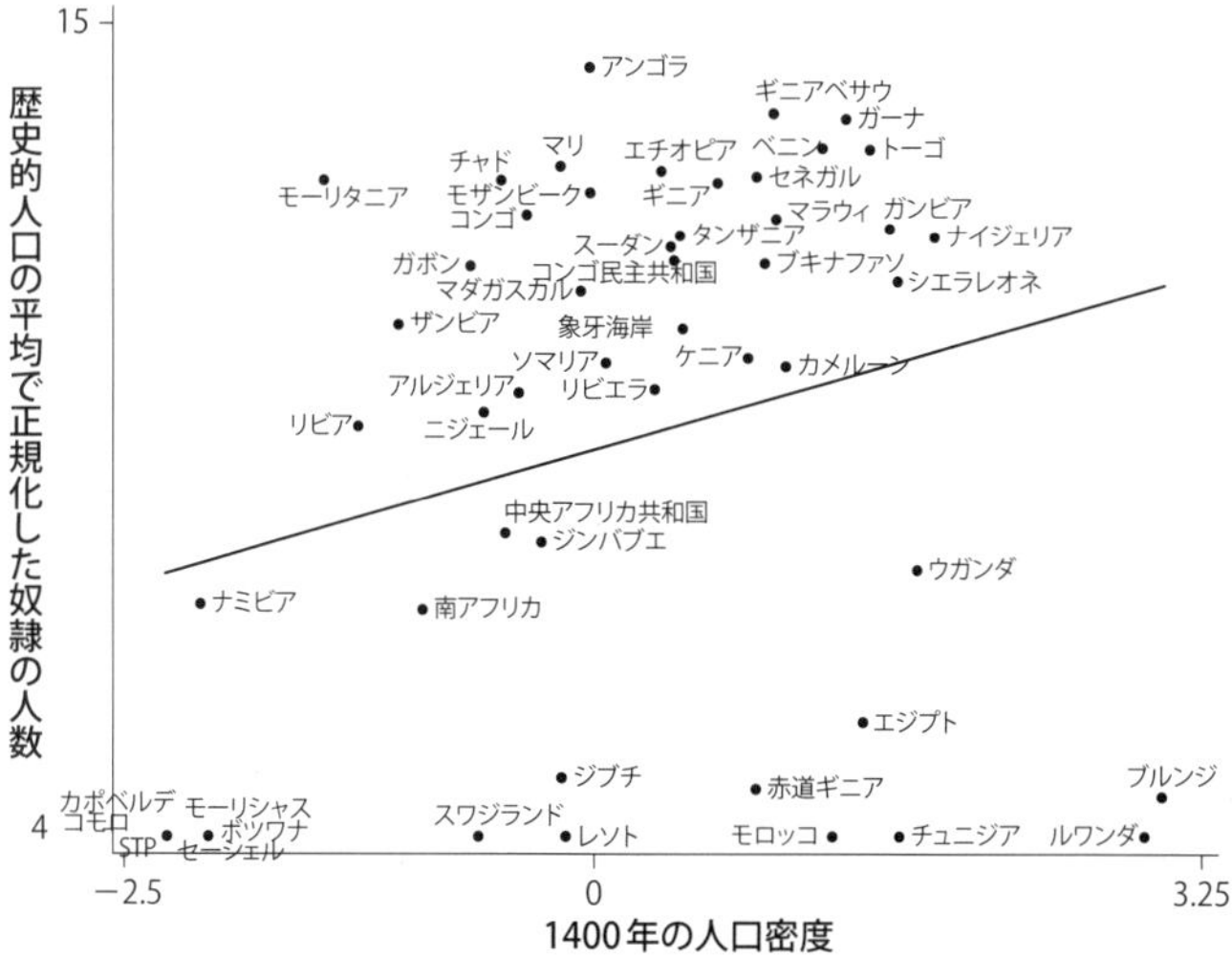

図5.4　1400年の人口密度と連れ去られた奴隷の人数（1400年から1900年にかけての歴史的人口の平均で正規化）の関係

国外奴隷市場からの距離

連れ去られた奴隷の人数の重要な決定要因としては二番目に、国外奴隷市場からの距離が考えられる。インド洋経由の奴隷貿易においては、大勢の奴隷が今日のマダガスカルやモザンビークから連れ去られたが、それはインド洋のマスカリン諸島に近かったからでもある。同様に、大西洋経由の奴隷貿易で多くの奴隷がアフリカ西部や中西部から連れ去られたのは、アメリカ大陸のプランテーションに近いからでもあった。各国の中心地と最も近い国外奴隷市場のあいだを陸と海の両方で結ぶ距離を計算すれば、この関係を統計的に調べることができる。意外ではないが、連れ出された奴隷の人数と国外市場までの距離のあいだには統計的に強い関係が存在している。ほかの条件がすべて同じならば、需要のある場所から国が離れているほど、連れ去られる奴隷の人数は少ない(55)。

歴史的な視点からは、このような結果は意外でもなければ興味の対象でもないだろうが、統計的な視点からは、この結果は実際のところ大いに役立つ。奴隷貿易が本当に原因となって、その後の経済の発展がふるわなかったのかどうか、確認するための新たな手段が手に入るからだ。たとえば、つぎのような思考実験について考えてみよう。アフリカ各地から連れ去られた奴隷の人数の変動が以下の二つの要因によって説明できると仮定する。（1）奴隷の供給に対する社会の意欲の変動で、初期の繁栄状況など、社会によって様々に異なる特徴によって決定される。（2）奴隷の国外需要地までの距離の変動。最初の要因、すなわち社会に本来備わっている特徴は、奴隷貿易がその後の経済の低迷の原因となったのか判断する基準としては厄介な要因である。すでに論じたように、これらの特徴は過去の社会が奴隷貿易に関わるか否かに影響を与えただけでなく、今日に至るまで所得水準に直接影響を与えているかもしれない。そうなると、奴隷貿易がその後の経済発展に悪影響をおよぼしていなくても、社会に本来備わっているこれらの特徴によって、連れ去られた奴隷の人数と現在の所得に負の相関が誘発されている可能性は否定できない。

連れ去られた奴隷の人数に変動を引き起こす二番目の原因、すなわち奴隷の需要が大きな場所からの距離は、アフリカ社会に本来備わっている特徴の影響を受けない。アフリカ内部の要因と関連する最初の原因と異なり、二番目の原因はアフリカの外の要因によって引き起こされる。したがって、連れ去られた奴隷の人数が二番目の原因によってどれだけ変動しているか確認できれば、奴隷の人数と今日の所得の因果関係を調べる手段として利用することができる。そのためには操作変数法、略してIVという統計的手法を使えばよい。そうすれば、奴隷貿易のなかでアフリカ社会の特徴とは無関係な外因性の部分の変動を確認することが可能だ。その結果、アフリカ各地に本来備わっている特徴がおよぼした影響を取り除いた形で、連れ去られた奴隷の人数の変動が明らかにされる。奴隷の人数の外因性の変動はアフリカ社会の特徴に影響されないのだから、奴隷貿易が経済発展にもたらした因果的効果をより明確に推測することができる。操作変数法による分析は、すでに確認されている結果の正しさを裏付けた。図5・1と5・2に見られる奴隷貿易とその後の経済発展の逆相関は、実際に因果関係だった。奴隷貿易が現在のアフリカの後進性の一因であることは、証拠からも明らかなのだ[56]。

奴隷貿易の結果

ここまで証拠がそろったら、つぎの段階としては当然ながら、奴隷貿易と今日の経済の発展状況の関係の根底にある因果関係が、具体的にどのような経緯で引き起こされたのか考察するべきだろう。そのためには、奴隷が捕獲された方法を正確に確認しなければならない。入手可能で信頼できる情報によれば、奴隷は戦争や襲撃の際に捕獲されるのが最も一般的だった[57]。襲撃は村がほかの村を襲う形が多く、このような形で奴隷が調達されると、以前は同盟を結成したり、取引を行ったり、何らかの結びつきがあった村同士は敵対するようになった[58]。奴隷貿易がこのように悪影響をおよぼしたことについては、多くの歴史的解説のなかで証拠が示されている[59]。

奴隷は反目し合う共同体同士の襲撃や戦争の際に連れ去られただけではない。共同体のなかで対立が生じると、大勢の人間が知人や友人や家族によって拉致され、奴隷として売り飛ばされた。家族や親せきや「偽りの友人」によって奴隷として売られた犠牲者については、シギスムント・コエルが多くの事例を紹介している。たとえばそのひとつ、「友人だと思っていた人物」にそそのかされて「ポルトガル船に乗せられ」、そのまま奴隷として売り飛ばされたケースなどは目を引く[60]。おそらく最も極端な事例はトーゴ北部のカブレ族で、一九世紀には自分の子どもを奴隷として売り飛ばす習慣が定着していた[61]。

同じ共同体のメンバーに対し、なぜこのような仕打ちができたのだろう。共同体同士の対立が激化して、周囲の環境が不安定になったことはひとつの原因として考えられる。不安定になると、自衛の手段としてヨーロッパ人から個人的に武器を調達するケースが増えた。そのためヨーロッパ人との取引に必要な奴隷の人材を、身近から暴力的に拉致する機会が多くなったのである[62]。一方、ヨーロッパ人や奴隷商人も、内部抗争を焚きつけるために一役買った。奴隷商人や襲撃者は村や国のなかでも強力な集団と戦略的な同盟を結成し、奴隷を連れ去った。同盟を組む相手は大体が共同体の若手メンバーで、彼らは年長の男性に牛耳られた組織で不満を募らせていた[63]。

多くの場合、内部抗争が発生すると政治が不安定になり、かつて存在していた統治形態は崩壊した[64]。そのあとは仲間を奴隷として売り飛ばした襲撃者が小さな集団（バンド）を結成することが多く、メンバーから認められた人物が支配者や軍事指導者として組織に君臨した。しかし、これらのバンドが規模の大きな安定した国家に発展することはできなかった。一方、この時期に出現した国家を治めたのは軍事特権階級で、組織は規模が小さくて不安定な状態を特徴としていた。

この時期に僅かに誕生した大国のひとつがアサンテで、一六七〇年代から版図を拡大し始め、国土は緯度と経度に関してそれぞれ四度の範囲におよんだ[65]。しかし、一連の出来事が起きた時期に注目するなら、アサンテも、それ以外の黄金海岸諸国も、奴隷貿易のおかげというより、奴隷貿易にもかかわらず発展したと言える。これらの国家が政治的に拡大し始めたのは一六七〇年代で、奴隷貿易が始まるのはだいぶ先のことだった。そして一七〇〇年を過ぎてから、地域での存在感を高めていった。A・A・ボーヘンなどのアフリカ史学者はその点に注目し、奴隷貿易は建国プロセスの結果であり、原因ではなかったと結論している。[66]西アフリカのもうひとつの大国だったオヨ王国は、一六五〇年代から拡大を始めたが、寿命は短かった。一七八〇年から弱体化と分解が始まり、最終的に崩壊してしまった。[67]

もしも歴史上の証拠が示唆するように、村同士のあいだに存在していた絆が奴隷に対する海外からの需要によって弱まり、大きな共同体の編成が妨げられたのだとすれば、奴隷貿易がその後の経済の発展に影響をおよぼしたルートのひとつとして注目に値する。奴隷貿易が盛んな時代、大きな共同体や国家の誕生が限られたことが原因となり、今日のアフリカは民族ごとにきわめて細分化されてしまったとも考えられる。たとえば経済学者は民族の多様性を、アフリカの経済がふるわない第一の理由に挙げてきた。このような形の説明とそれを裏付ける統計的証拠は、「クォータリー・ジャーナル・オブ・エコノミクス」誌で一九九七年、ウィリアム・イースタリーとロス・レヴィンが共同で発表した論文のなかではじめて紹介された。[68]民族が多様な社会は、政府が具体的に何らかの公共財を提供し、政策を実施しようとしても、素直に受け入れない可能性が高いと著者らは論じている。意見に統一感がないので、学校、衛生設備、インフラなどの公共財が十分に供給されないのだという。イースタリーとレヴィンは各国を比較しながら、民族的多様性が高いほど教育やインフラや金融の発展のレベルは低く、政治は不安定になることを示している。[69]

奴隷貿易による悪影響は、大きな民族集団の編成が妨げられた結果、今日のアフリカで民族の多様

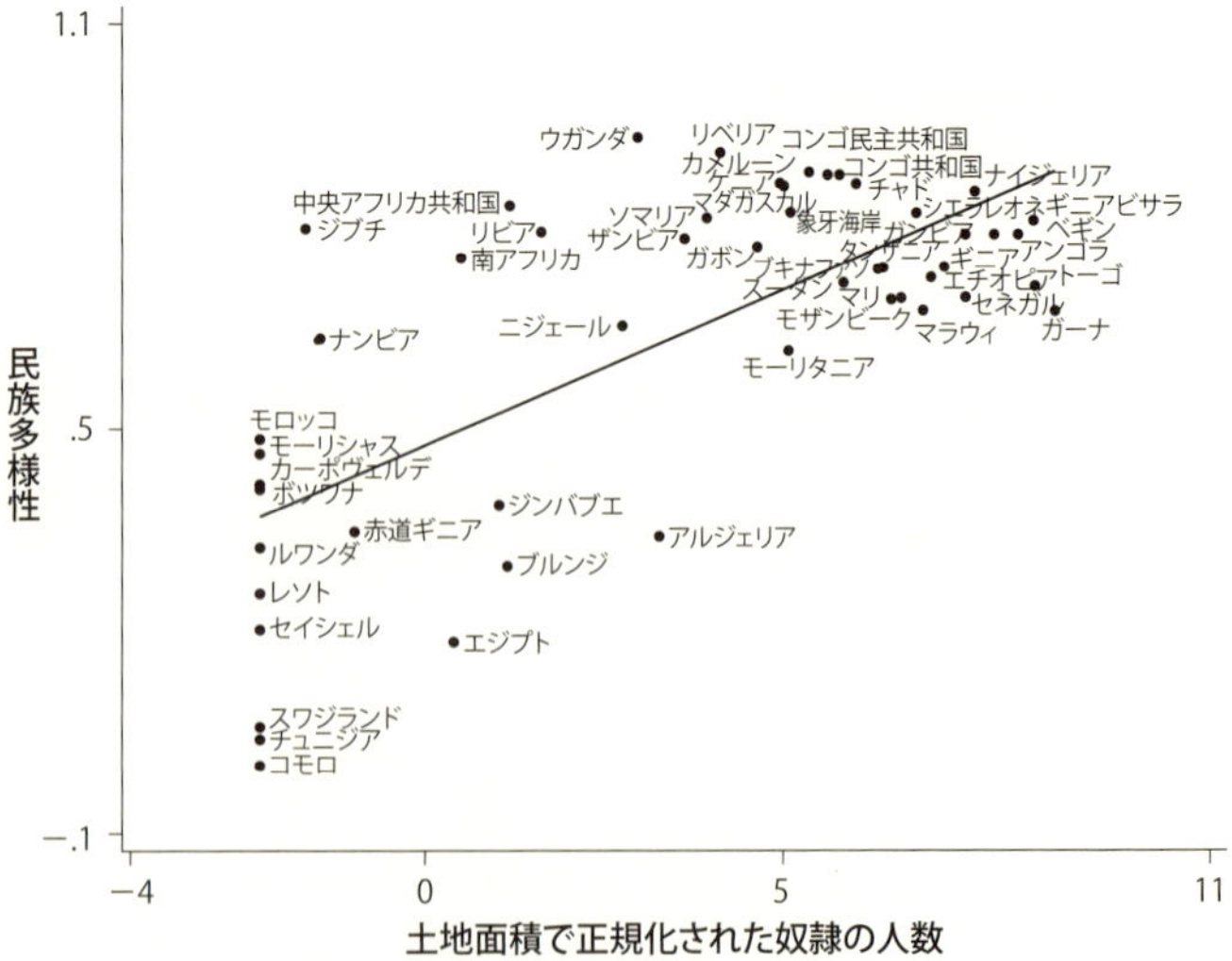

図5.5　連れ去られた奴隷の人数（土地面積で正規化）と現代の民族分割化の関係

性のレベルが高くなった事実が原因の一部だとも考えられる。この理論の正しさは、奴隷貿易に関するデータを使えば確認できる。過去に多くの奴隷が連れ去られた国が今日では民族の多様性が高い傾向をデータが示していれば、正しさは証明される。図5・5ではこの関係について調べた。連れ去られた奴隷の人数と、イースタリーとレヴィンがまとめた民族の多様性に関する数値の更新バージョンのあいだには、明らかに関係が存在していた[70]。

図5・5は、二つの評価基準のあいだに正の関係が存在していることを明確に示している。奴隷貿易が盛んだった国ほど、今日では民族の多様性が目立つ。この関係に関する統計的推測からは、アフリカでは民族多様性の国ごとの違いの五〇%が、連れ去られた奴隷の人数によって説明できることがわかる[71]。

結局、大きくて安定した共同体や国家の編成が奴隷貿易によって妨げられた結果、今日のアフリカ諸国の民族の多様性が高くなった可能性は、統計的証拠からも裏付けられる。だからこそ、奴隷貿易が経済の発展におよぼす悪影響は長続きするのかもしれない。

奴隷貿易の影響を定量化する

ここまで、連れ去られた奴隷の人数と現在の所得のあいだには統計的な関係が存在しているかどうか、存在している場合にはそこに因果関係が成り立つかどうかに注目してきた。そこで得られた統計的推測からは、奴隷貿易が経済の発展にどの程度の影響をおよぼしたのか推測することも可能だ。すなわち統計的推測を手がかりに、つぎの疑問に答えることができる。もしも奴隷貿易が行われなかったら、今日のアフリカはどれだけ豊かになっていただろうか。

この疑問に答えるためには、アフリカ諸国の一人当り所得の平均レベルについてまず考えなければならない。二〇〇〇年の測定値によれば、アフリカの典型的な人物の年収は一八三四ドルだった。アフリカを除いた世界の一人当り所得の平均は八八〇九ドルだから、かなり低い数字である。[72] アフリカ以外の途上国の一人当りの所得の平均は四八六八ドルだから、それよりも低いことになる。すなわち、アフリカは世界のほかの国々だけでなく、ほかの途上国よりも貧しいのだ。[73] この事実が確認されたらつぎに、奴隷貿易が行われなかった場合に予測される各国の所得を計算する。この「反事実的」な所得水準は、奴隷売買と所得のあいだに推定される関係を数値化したものに、各国から連れ出されたと推定される奴隷の人数を掛け合わせ、その絶対値を各国の実際の所得と合計して算出される。[74] ここでは多くの異なった統計的推定が行われており、最も高い推定値と最も低い推定値を使って推定される効果の範囲を定めた。

計算によれば、奴隷貿易が行われなかった場合のアフリカ諸国の一人当り所得の平均は、二六七九ドルから五一五八ドルのあいだだった。これらの数字からは、奴隷貿易が行われていなければ、アフリカとそれ以外の途上国のあいだの所得のギャップの二八％から一〇〇％は存在しなかったことがわかる。同様に、世界のほかの国とのギャップの一二％から四七％は存在していなかった。この推定値の大きさには驚かされる。最大の推定値が実現していれば、奴隷貿易が行われなかった場合、今日のアフリカは世界のほかの途上国と何ら違いが観察されない。これは驚くべき発見である。アフリカの貧弱な経済実績は、今日の世界で学者や政策立案者が直面している最大の謎のひとつなのだ。最も低い推定値が実現していたとしても、アフリカとそれ以外の途上国の所得格差のほぼ三〇％が、奴隷貿易によって説明できる。すなわち最も低い推定値からさえ、大きな影響が生み出される。アフリカの開発が極端に遅れた原因に関して、これが最終的かつ決定的な説明というわけではないかもしれないが、アフリカの貧弱な実績のかなりの部分は奴隷貿易の遺産だったと考えてよいだろう。それだけの強力な証拠はそろっている。

結論

結論を言うと、本章で紹介した証拠からは、奴隷貿易がその後のアフリカの経済発展に悪影響をおよぼしたことがわかる。一四〇〇年から一九〇〇年にかけてアフリカの様々な地域から連れ去られた奴隷の推定値を使うと、アフリカでも特に多くの奴隷が連れ去られた地域は、今日のアフリカで最も貧しい地域であることが確認される。奴隷貿易の影響は驚くほど大きかったと言えるだろう。最大の推定値によれば、奴隷貿易が行われなかった場合、アフリカ諸国の所得の平均値は、ほかの途上国と同じレベルだった。つまり、アフリカは今日のように世界で最も貧しい地域にはならなかったのだ。結局、本章で得られた結果は、四世紀にわたってさかんに行なわれた奴隷貿易が、今日のアフリカの発展を遅らせた大きな原因であることを暗示している。

第6章

イギリスのインド統治はなにを残したか
——制度を比較分析する

アビジット・バナジー＋ラクシュミ・アイヤー

アビジット・バナジー（Abhijit Banerjee）

1961年生まれ。マサチューセッツ工科大学（MIT）経済学部。1988年にハーバード大学でPh.D.取得。専門は開発経済学。共著に『貧乏人の経済学』（みすず書房）がある。

ラクシュミ・アイヤー（Lakshmi Iyer）

ノートルダム大学経済学部（原著刊行時ハーバード・ビジネス・スクール）2003年にMITでPh.D.取得。専門は政治経済学、開発経済学。

経済の成長や発展を促すうえで制度がいかに重要か、社会科学者はかねてより強調してきた。ダグラス・C・ノースは制度に関して、「社会におけるゲームのルール」という定義を当てはめた。このルールは個人の選択肢に制約を設けるもので、法律や憲法など公式な制度にせよ、社会規範のような非公式な制度にせよ、生産や交換の取引コストを決定するうえで重要な存在だと論じている。さらにノースは、制度の変化は概して徐々に進行すると指摘して、急激な変化を起こすことの難しさに注目している。そこからは、組織の影響は長期間におよぶもので、制度の影響を定量化するためには、長いあいだの歴史を細かく分析する必要があることがわかる(1)。

制度の研究をテーマとする最近の経済学の文献では、主に二種類の分析方法が採用されてきた。まずひとつのほうでは、特定の時期や場所を対象に細かい分析が行われる。一例がアブナー・グライフの研究で、一一世紀のマグリブ商人の連携組織という特定の制度の機能を調べるため、歴史文書を活用している。商人と海外の仲介者の経済的関係を維持するため、具体的にどのように情報が行き交い、どのような制度が習慣として整備されたのか、詳しく記述している。これらのメカニズムは成果を地道に積み重ねたすえに定着し、マグリブ商人の成功に大きく貢献した。もうひとつの事例としては、ノースとバリー・R・ワインガストによる、イギリスの名誉革命が私権の安定とその後の資本市場の急速な発展におよぼした影響の分析が挙げられる。あるいは、スティーブン・ヘイバー、ノエル・マウラー、アルマンド・ラゾの三人はメキシコの財産権の進化の歴史に注目し、政治がきわめて不安定なメキシコで経済の成長を促した制度について分析を行なっている(2)。

これらの研究は制度が進化した経緯を理解するためには役立つが、残念ながら優れた反事実的仮説が提供されていない。すなわち、制度が異なる形で構築されていたら、物事がどのように変わっていたかについて触れていない。その点、二番目の分析方法は比較研究に基づき、制度の性質やタイプが場所ごとにどのように異なるのかに注目しているので、このような問題が発生しない。たとえばラファエル・ラ・ポルタ、フロレンシオ・ロペス・デ・シラネス、アンドレイ・シュレイファー、ロバート・ヴィシュニーの四人は、様々な国の異なった法制度について比較分析を行い、コモンローの制度が確立している国は、フランスの民法に基づいた法制度を採用している国に比べ、少数株主が手厚く守られていることを発見した(3)。

ラ・ポルタらの研究からは、こうした方法論の長所と短所の一部が浮かび上がってくる。確実に長所と言えるのは、世界を対象にした一般的なパターンが確立されることだろう。ひとつのケースを研究するだけでは、このような推論は不可能だった。ただし、因果関係についての疑問は解決されない。フランスの民法の制度を採用した国が、コモンローの制度を採用した国と何らかの点で本質的に異なっていた可能性も考えられるのだ。たとえば、地理的な特徴が体系的に異なるのかもしれないし、植民地時代以前の特定の法制度が民法との互換性を備えていたかもしれない。その場合には、観察される違いは法制度というより、これらの根本的な要因のせいだと言えるだろう。そしてもうひとつ、フランスの民法はパッケージの一部だった可能性も考えられる。フランスによる植民地支配は法制度ではなく、それ以外の制度や政治によって変化を引き起こしたのかもしれない。その場合には、結果に表れる違いは法制度の違いによって引き起こされたのではなく、税法や信用市場の状態など、それ以外の制度の違いが重要な変数だったことになる。いずれの場合も、一般的な相関関係を確立するのは魅力的だが、結果に観察される違いが法制度によって引き起こされたと結論することはできない(4)。

地域ごとに様々な違いが内在する状況で特定の制度の解明を試みる作業に伴う問題は、比較分析においてめずらしくない。どうすればそれを回避できるだろうか。たとえば、研究対象となる特定の制度を除いては、すべての点で似通っている地域を選んでもよい。ただし、そのような制度はそう簡単に見つからないし、作業は歴史的文献に頼らなければならない。事例を慎重に選び、影響をおよぼしかねない要素のすべてを統計的に制御すれば、ある程度は目標に近づけるかもしれない。しかし、重要な要因を確認できないことは多く、かりに確認できたとしても、その測定方法がわからない恐れがある。

もうひとつの解決策としては、制度が外部から導入された事例を見つけてもよい。これなら特定の制度は、地域の潜在的な特徴に左右されない。私たちは本章で、こちらのアプローチを選んだ。植民地インドを統治するイギリス人が各地に導入した地税徴収制度を比較したうえで、海外の制度を導入する際、地域の特徴はまったく無関係だったことを明らかにする。むしろ、インド各地が植民地支配を受けるようになった当時イギリスで優勢だったイデオロギー、さらには行政官個人の見解や相対的政治力が、制度の導入に影響していることが歴史的文献からは推測できる。さらに、インド全体がイギリス領だったので、研究対象となる各地域はほかの多くの面で似通っている。もちろん宗主国は同じだが、政治や行政や法律に関する制度は植民地時代も今日もよく似ている。

土地の耕作者から地税を徴収するためにイギリスの行政官が準備した仕組みに関して、ここでは地税徴収制度または土地保有制度という用語を使用する。この時点までに得られた結果によれば、イギリス統治下のインドの可耕地はすべて、海外から導入された三つの制度のいずれかのもとにあった。地主をベースにした制度（ザミンダーリーまたはマルグザーリー）、小作農をベースにした制度（ライーヤットゥーリー）、村をベースにした制度（マハルワーリー）の三つだ。地主をベースにした制度では、広い地域に影響力を持つ地主に対し、地税を徴収する権限がイギリスの東インド会社から与えられた。村をベースにした制度では、地税の徴収は数名の村人から成る組織に任された。小作農をベースにした制度では、イギリス人が耕作者である農民から直接地税を徴収した。図6・1の地図には、三つの制度の地理的分布が表されている。

本章の研究では、以下の疑問を中心に据えている。地主が地税を徴収した地域は、ほかの二つの制度のもとにあった地域と異なる形で発展したのだろうか。そこで二つの異なったタイプの地域を対象にして、植民地からの独立後にどのような結果がもたらされたのか、比較を通じて答えを出すことにした。具体的には、これらの制度が導入されてから一〇〇年以上が経過している時期を対象にしている(5)。結論から述べると、本章が研究対象とする地税徴収制度は、植民地支配に伴う多くの特権と共に一九五〇年代はじめに実際に廃止された。そして今日、インドにおいて農業所得にはほとんど課税されていない。それでも、地税徴収制度の歴史の違いが原因となって、二つの地域はまったく異なった道を歩み出した可能性が考えられる。したがって本章の研究は、スタンレー・エンガーマンとケネス・ソコロフが行った比較研究の精神に則っている。二人は新世界の国々を研究した結果、各国に当初に導入された制度のレベルは様々に異なり、それがその後の発展の軌跡に大きな違いを引き起こしたことを発見している。特に、当初は社会の不平等が大きかった地域ほど、その後の公教育などインフラへの投資はふるわない傾向が見られる(6)。

本章の研究からは、エンガーマンやソコロフと同じ結果が導き出された。インドのなかでも大地主に支配されてきた歴史を持つ地域（したがって、歴史的に土地の不平等のレベルが高い地域）は、学校、電気、道路への投資が一九九一年の時点でも低い傾向が見られた。これと関連した研究では、かつて

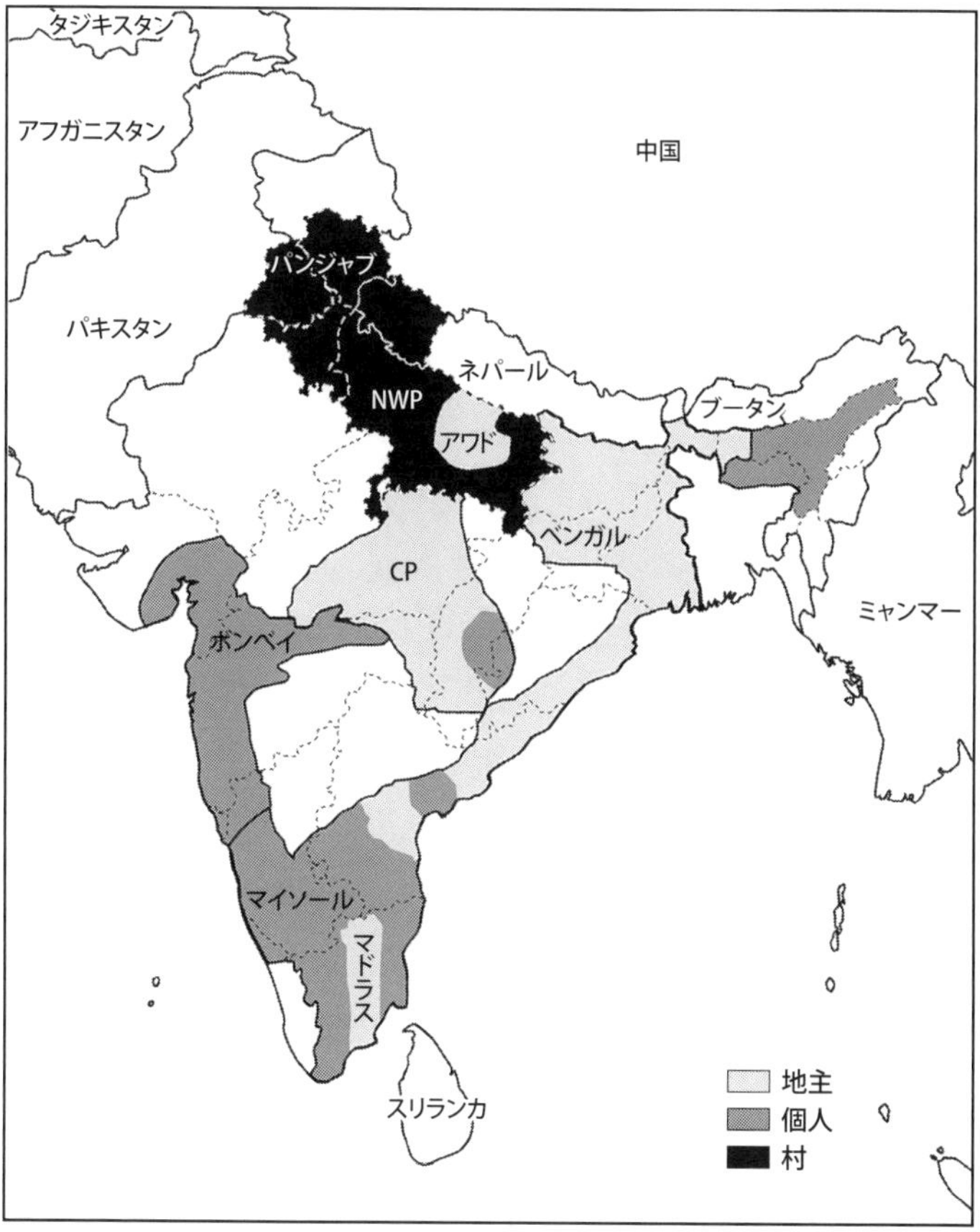

図6.1　イギリス領インドの地税徴収制度を地主ベース、耕作農民ベース、村ベースの3種類に分類した分布図（TYPEA ／ピーター・アミラウト、www.typea.comの許可を得てリプリント）

地主に支配されていた地域は植民地から独立した後も新しい農業技術の導入が非常に遅く、農業の生産性が低かったことも立証されている。本来は肥沃な土地で、植民地時代には生産性が高かったが、その傾向は続かなかったのである(7)。

このように投資がふるわなかった原因は、地域のエリート階級の存在だとエンガーマンとソコロフは指摘している。投資が盛んになって、自分たちの権力が損なわれる事態を恐れたのである。二人の研究によれば、不平等が大きな地域は選挙権保有者が人口全体に占める割合が小さく、社会の大部分に選挙権が与えられた時期も遅かった。なかでも、不平等が大きな社会では読み書きの能力が選挙権獲得の必要条件だったので、公教育への大規模な投資に対するエリート階級の意欲はそがれた。こうして過去の不平等のパターンが定着した地域では、それがその後の政治制度の性質や民主化のパターンに変化を引き起こし、長期的な結果への影響が継続しているのだ(8)。

本章では、地主に支配されていた地域とそれ以外の地域のあいだに観察される違いが、エリート階級への政治権力の集中によって説明可能かどうか調べていく。独立後のインドでは選挙のルールがどこも同じなので、ルールに関しては地域ごとにばらつきが見られない。しかし、今日のエリート階級が政治制度へのアクセスを制限し、民主的なプロセスに干渉することによって権力の維持に努めた結果、結果にばらつきが生じた可能性は考えられる。したがってここでは、選挙への参加率だけでなく、選挙戦を評価するための標準測定値、たとえば立候補者の人数や得票差にも注目していきたい。いずれも選挙が行われる際の条件ではなく、選挙のプロセスから生み出された結果なので、私たちにとっては理想的なデータになる。実際、地主の支配下になかった地域は、地主の支配下だった地域よりも選挙への参加率がやや高い。ただし、土地という公共財が供給される方法の違いだけでは、選挙への参加率の違いを十分に説明できない。というのも、選挙戦の評価基準である立候補者数や平均得票差に関しては、地主に支配されていた地域もそうでなかった地域も非常によく似ているのだ[9]。

私たちの分析について詳しく説明する前に、まずはインドの異なった地域にイギリスが異なった地税徴収制度を導入した経緯について紹介しておきたい。そのうえで、地税徴収制度が各地域に「押し付けられた」ことの意味について詳しく説明していく。

植民地インドの地税徴収制度

イギリス帝国によるインドの植民地支配は二〇〇年ちかく続いた。イギリス人が最初にインドにやって来たのは一六一三年のことで、それは貿易業者だった。彼らが所属する英国東インド会社はムガール帝国のジャハンギール皇帝からの許可を得て、スーラトに工場を建設した。東インド会社は一七五七年にはプラッシー、一七六四年にはブクサールの軍事衝突で勝利を収め、その結果として一七六五年には、現在のベンガル州とビハール州（かつてのベンガル管区）で地税を徴収する権利を手に入れた。さらに同じ頃、北サルカールとして知られるインド南部の四つの地区をムガール皇帝から与えられた。それから一〇〇年間のうちに、東インド会社はさらにいくつかの領土を新たに獲得する。南部で勃発したマイソール戦争（一七九二年〜一八〇一年）の後、マイソール王国の大部分を併合し、一八一七年から一八一八年にかけてマラハシュを征服すると、ボンベイ管区と西部のグジャラート州の一部を併合した。北西州の多くは一八〇一年から一八〇三年にかけて、債務を返済しないアワド太守から割譲された。一八四六年と一八四九年のシク戦争ではパンジャブを征服する。そして一八五六年には、太守の失政を理由にアワドを併合したのである。

一八五七年のセポイの反乱では、インド北部の多くの地域でインド兵がイギリス人将校に反旗を翻した。反乱はまもなく鎮圧されたが、これをきっかけに英国君主は、インドを直接統治することを決断し、東インド会社による支配は一八五八年に幕を閉じた。このときイギリスは領土のさらなる併合をやめたので、その結果、多くの藩王国が全国に散らばった状態になった。いずれもイギリスの政治的支配下にあったが、行政事務に関しては自治を認められた。後に一九四七年、インド帝国がインドとパキスタンに分割されると、イギリスはインドを去った。かつてベンガル管区だった地域の大半は現在のバングラデシュ、パンジャブ県だった地域の大半は現在のパキスタンになった(10)。

地税すなわち地租は、インドの歴代政府にとっても大英帝国にとっても大きな収入源だった。一八四一年には、地税による収益はイギリス政府の歳入全体の六〇%を占めるまでになった。ただし、ほかにも税を確保する手段が見つかると、比率は減少していった。この時代の政策論争において、地税からの収益や徴収方法が最も重要な問題になったのも意外ではない。

当初、イギリスはほとんどの地域に地主ベースの徴税制度を導入した。地税の徴収をすべて地主に任せれば、イギリスは手間と費用をかけて大がかりな行政機構を設立する必要がなくなることが大きな理由だった。これらの地域では、ひとつまたは複数の村から地税を徴収する責任が、ひとりの地主に委ねられた。地主は管轄下の農民から地税を徴収する条件を自由に設定し、支払えない農民から土地や財産を取り上げた。イギリスに決められた税額を納入した後、差額はすべて地主のものになった。このようにして地税を徴収する権利は、贈与することも売買することもできた。その意味では、地主は事実上、土地の所有権を持っていたわけだ。なかには、地主が政府に納める税額が、永久に固定されている地域もあった（一七九三年の永代土地制度）。あるいは、一定の年数だけ税額が固定され、その後は条件が改訂される方式が採用される地域もあった[11]。

イギリスの支配下に入る前から地主階級が存在していた地域では、それがひとつの要因となって地主制度が好まれたとも考えられる。たとえば、歴史学者のタパン・ライチョードゥリーはこう述べている。「永代土地制度が導入される前後で、ベンガルのサミンダーリー制には権利や義務に関して継続性が見られる」。ただしこれは、全土に共通する特徴ではなかった。たとえば中部の州には地主階級が存在していなかったが、地主ベースの徴税制度の導入が決められた。B・H・バーデン＝パウエルによれば、「中部の州では、当時の政府の方針によって地税徴収制度がほぼ人工的に導入された」という。ベンガルでさえ、地主といっても実は地域の族長にすぎず、イギリス人が考えていたような自作農ではなかったと、複数の学者が指摘している[12]。

やがて、ほかのタイプの地税徴収制度が確立される方向へのシフトが始まった。地税徴収に関する政策には二つの大きな変化が引き起こされ（詳細についてはこのあとで述べる）、後年になって征服された地域にとって重要な先例となった。この傾向は、イギリスにおける見解の変化にも後押しされた。一七九〇年代に入るとイギリスのエリート層は、海峡の向こう側で勃発したフランス革命の影におびえ、地主に味方する傾向を強めた。しかし一八二〇年代に入り、農民が権力を失って半ば忘れられた存在になってからかなりの時間が経過すると、今度はイギリスのエリート層は、農民と直接取引する形を好む功利主義者らへの共感を強めていったのである[13]。

地主をベースとする地税徴収制度から最初に大きくシフトしたのはマドラス管区だった。一九八〇年代末、キャプテン・アレクサンダー・リードとトーマス・マンロ卿という二人の行政官が、実際の土地耕作者である農民から直接地税を徴収するライーヤト制の導入を提唱したのだ。これらの地域では土地の地籍に関する調査[14]が大々的に行われ、土地の権利に関する詳細な記録が準備され、それに基づいて耕作農民の土地所有権が決定された。永代土地制度とは異なり、条件は固定されなかった。大体は、推定される年平均産出量の一定のシェアが、貨幣価値に換算された。このシェアは場所や土壌のタイプによって異なり、土地の生産性の変化に応じて定期的に調整された。

マンロ卿は、耕作農民から直接地税を徴収する制度を強く支持した。たとえば、この制度のもとで耕作農民がやる気を起こせば、農業の生産性は向上する。あるいは、耕作農民は地主の独断で土地を没収される機会が減少し、（凶作のときは政府が徴収を免除してくれるので）保護手段が提供され、（小作農は支払いを拒めないので）政府は収益を保証される。しかもこれは、インド南部で大昔から存在していたタイプの地税徴収制度に他ならないと根拠を列挙した。しかしいずれも、実際の証拠による裏付けはなく、ニルマーニ・ムヘルジーはつぎのように記している。「ライーヤト制の擁護者としてのマンロの熱意は認めるが、自分の気に入った制度を特定の地域の社会経済的条件と結びつけるやり方はかなり独断的だ[15]」。

マンロの見解にマドラス歳入庁は強く反対し、地主を擁護するためにおおよそ同じような主張を行った（もちろん、逆の視点からである）。それによれば、大地主は投資能力が高く、それゆえ生産能力も高い。しかも耕作農民は地主との関係が長く、政府の役人と短い関係を結ぶよりも土地を没収される可能性が低い。さらに、大地主は小作農に保険を提供することができるし、裕福なのだから、時には資源不足に陥っても困らない。そして、この地税徴収制度は大昔から存続してきたのである！[16]

当初、歳入庁はマンロの提案を却下した。そして一八一一年から、すべての村は村の地主の監督下に置かれ、借地契約は一〇年ごとに更新されることになった。しかしマンロはロンドンまで出向き、耕作農民をベースとしたライーヤト制の長所について東インド会社の取締役会に説明した。それが功を奏して取締役会は、借地契約の期限が切れる一八二〇年以降、州の全域でマンロの政策を採用するよう歳入庁に命じたのである。これは重要な先例となり、ほかの多くの場所の制度に影響を与えた。たとえば、当時結成されたばかりのボンベイ管区のエルフィンストーン卿は、マドラスでの論争でマンロを擁護して、一八二〇年代にはボンベイ管区でライーヤト制度を導入した。

同じころ、インド北部では同様の先例が確立された。当初、南西州には地主による地税徴収制度が導入されたが、そこでは借地権が短い期間に限定された。そのため、ベンガルと同じ形の永代土地制度に変更すべきかどうか、激しい議論が戦わされた。一八一九年、歳入庁の長官のホルト・マッケンジーは後に有名になった文書をしたため、つぎのように訴えた。歴史を振り返ってみると、どの村にも所有権を司る組織が存在してきた。このような慣習的な権利を正しく認識しないまま、租税に関する取り決めを永久に決定するべきではない。この意見に基づいて一八二二年には規制第七条が制定され、これを土台にして、マハルワーリー制という村レベルの地税徴収制度が確立されたのである。しかし、かつての行動のすべてが取り消されたわけではなく、なかには地主がかつての地位を保持し続ける場所もあった。たとえば、アリーガルの土地監督官はつぎのように書いている。「これまでのところ、我々の優秀な役人の行動によって、タルクダール一族による横領は制裁を受けた。しかしその一方、マルサン地区全域の永代借地権が、バグワント・シンに八万ルピーと引き換えに与えられ、かつての共同体はすべて彼の意のままになった」。このように体制の変革が不完全だったため、村をベースにした地税徴収制度が導入されたはずの地区の多くでは、かなりの部分で地主の影響力が残ってしまった。たとえば、北西州の一部であるアラハバート地区では、村をベースとする地税徴収制度が導入されたにもかかわらず、地税を徴収する地所全体の三分の二ちかくが地主の管理下に置かれた[17]。

村ベースの地税徴収制度では、村を共同で所有する組織が地税の徴収を任された。これらの組織が担当する地域はひとつの村の一部の場合もあれば、複数の村の場合もあり、様々だった。そして組織の構成も様々である。ひとりの人物や家族で構成され、ベンガルで優勢な地主ベースの地税徴税制度（ザミンダーリー制）とよく似ている組織もあれば、大勢のメンバーで構成され、各自に一定の地税の徴収が割り当てられる組織もあった。この割合は先祖代々受け継がれる場合もあれば（パッティダーリー制）、実際に所有する土地の面積によって決められる場合もあり（バイアチャラ制）、こちらのほうは耕作農民から直接地税を徴収するライヤットワーリー制とよく似ていた。税率の決定はかなり場当たり的で、参考にされる要因も様々だった。「ジャマバンディスに記録されている地代の記録を調べることもあれば、借地人の階級に応じて実際に定められた割合、あるいは土壌の階級に応じてふさわしいと判断された割合が適用されることもあった……これらの見積もりで先ず参考にされるのは土地の状態、つぎに借地人のカースト、灌漑能力、肥料の所有量などで、すべての点が注目された」[18]。永代土地制度が採用されている地域を除けば、実際に支払われる金額は指定されたものよりも少ないケースが多かった。凶作など窮乏の折りには、支払いが免除されたからだ。本章では実際に支払われた金額や、時期によって様々に異なる税率ではなく、地税の配分と土地を管理する権利に注目していく。

アワドでは、地税に関する政策にさらなる変更が加えられた。一八五六年、アワド王国はイギリスによって併合され、北西州と統合されたうえで連合州が結成された（今日のウッタルプラデシュ州）。北西州には村ベースの地税徴収制度が採用されていたので、アワドにも同じものを適用することが提案され、総督のダルフージー卿はつぎのようにはっきりと宣言した。「実際に土地を占有している相手を対象にすることを政府は望み、その方針で臨む。アワドにおいては村を共同で管理する組織に対し、ザミンダールと同じように徴収を任せたい。タルクダールのような仲介役に、地税の徴収を任せるつもりはない」(19)。ところが、こうした仕組みを構築する土台となるべき土地台帳の記録についての調査が進行中の一八五七年、セポイの反乱が勃発する（最終的にはインド北部の多くの地域で全面的な独立戦争に発展した）。やがて反乱を鎮圧したイギリス人は、大地主を味方につけておくほうが政治的に有利だと思い知った。そのため政策は変更され、村ベースの地税徴収制度の導入を前提に土地を没収された地主の一部は、土地を返還された。一八五九年には、地主は土地の永代所有権を持ち、それは世襲も譲渡も可能であることが宣言された。その結果、ウッタルプラデシュ州のなかでもかつてアワド王国だった地域では、地主の支配下に置かれた土地がほかよりも多くなった。これ以後、政策の大きな変更はない。本章でインドを土地制度ごとに分類する際には、対象となる地域で一八七〇年代から一八八〇年代にかけて採用されていた制度に注目する。この時点で、土地制度に関する政策の変更はすべて終了していた。

特定の地域で地税徴収制度の選択に影響をおよぼした多くの要因のほとんどは、地域の特徴と無関係だったことが歴史的文献からは推測される。イギリスによる統治が始まってまもなく征服された場所の多くで地主ベースの地税徴収制度が採用されたのは、当時のイギリスで支配的だったイデオロギーの影響だ。そこに行政官の個人的な見解が加わり、大きな変化がもたらされたのである。一方、時間が経過してから征服された場所で採用された制度は、行政官（すなわちボンベイ総督）のイデオロギーの影響を受けたものか、近隣の州で採用された制度をそのまま持ち込んだもので、最終的にアワドで従来の方針が変更されるまでこの傾向は続いた。たとえば一八五三年、債務の不払いを理由にベラールがイギリスに譲渡されたときに耕作民ベースの地税徴収制度が採用されたのは、近隣のボンベイがこの制度のもとで管理されていたからだ。パンジャブ州で村ベースの地税徴収制度が選ばれたのは、北西州と隣り合っていたからだ。一八二〇年から一八五五年にかけて征服された地域で、地主ベースの地税徴収制度がまったく採用されなかった点は注目すべきだろう。その前後の時期に征服された地域の多くでは、地主ベースの地税徴収制度が採用されている。したがって、一八二〇年から一八五五年にかけて征服された地域と、その前後に征服された地域を比較すれば、地主ベースの地税徴収制度の有無が後にどのような違いをもたらしたのか、はっきり理解するための手段として役立つ。一方、制度の選択は実際のところ地域の状況にある程度は左右されるもので、発展が遅れている地域では地主ベースの地税徴収制度以外のものが採用される傾向が強い。たとえば、地主の怠慢が目立つ地域では、地主ベースの地税徴収制度が時としてほかの制度に変更された。最終的に地主ベースの地税徴収制度以外のものが定着した地域は、もともと生産性が低かったか、少なくとも植民地時代には生産性が低かったか、どちらかである。これに対し、地主ベースの地税徴収制度が採用された地域は地味が豊かで地代もきちんと支払われ、地主と小作農から成る階層が安定的に支えられた。[20]

地税徴収制度は当初、地域の特徴と無関係に選択されたと本章では考えているが、当時残された記述の多くも、その正しさを裏付けている。たとえば、北西州のラーエバレリ地区の査定官は、つぎのように詳述している。「ザミンダール制のほぼすべては、近代に入ってから導入された……ほとんどのパルガナーには、土地の所有者のいない村がたくさん存在していた。土地はすべて政府から与えられたもので、しかも条件がきわめて苛酷な場合がめずらしくなかった。たとえば農民は土地所有権を持たないまま、一二年から一五年にわたって政府に地代を定期的に払い続ける必要があった。やがて方針が変更されることになり、政府の権利は廃止され、徴税請負人がいない場所にはザミンダールが新たに創造されたのである。パンジャブのカーナル地区の役人はつぎのように記している。「我々が理解している意味での個人的な土地所有権が、イギリスの支配下に入るまでこの地域で知られていなかったことはほぼ間違いないだろう」。シエラ地区ではイギリス人の手により「各村で土地所有者の地位がはじめて確立された。これは北西州の新開地で普及していたモデルを取り入れたもので、土地の耕作者と所有者はかなり独断的に分類された[21]」。

一八六〇年代には、地税徴収制度はイギリス領インドのすべての地域にしっかり定着し、これ以後、三つの制度の分布に大きな変化は見られなかった。なかでも、イギリスがベンガルで永代土地制度を維持したことは注目に値する。二〇世紀に入り、土地からの収益は実質ベースで大きく落ち込んだにもかかわらず、一七九三年に永代にわたって固定された地税額が据え置かれたのだ。一九四七年にインドが独立すると、ほとんどの州が一九五〇年代はじめに土地制度に関する法案を議会で通過させ、政府と耕作農民を仲介する地主などの存在を正式に廃止した。ほかにも、土地借用期間の改革、土地所有の上限、農地整備などに関する法律が、いくつかの州で異なった時期に可決された[22]。

地主ベースの地税徴収制度が採用された地域は、その後の発展が異なるのか

地主ベースの地税徴収制度が採用された地域は、その後の発展がほかの地域と異なるのだろうか。この大きな疑問に取り組むため、ここでは学校や電気や道路のインド各地での普及率に注目したい。

これらのインフラ設備は概して公共財の特徴を備えており、ひとりの人間が使用することによって、ほかの人たちの効用が損なわれるわけではない。設備は民間組織による供給も可能だが、インドの場合には、政府または国有機関によって提供されている。さらに、これらの公共財の提供は連邦政府ではなく州政府の管轄範囲であることが法律で定められているので、限られた地域の状況や歴史が政治や経済におよぼす圧力の影響を受けやすい。これらはインフラの重要な可変因子でもあり、その変化の仕方によっては住民の幸福が増幅され、未来の経済の成長を支える優れた土台が提供される。

私たちは、一九九一年に実施されたインドの国勢調査から、県レベルのデータを手に入れた（インドでは、県は州の下位行政単位である）。どの県に関しても、小学校、高校、家庭用電力、舗装道路を供給されている村の割合を算出した。そうすれば、各県のインフラの四つの評価基準が手に入る。実際、これらの測定値は県ごとに大きく異なっていた。一八の県で、小学校のある村の数が半分に満たない一方、三七の県で、小学校のある村が全体の九五％に達した。同様に、道路が舗装されている村の割合も、一〇％から一〇〇％まで大きく分かれた。インドの各州はインフラへのアクセスの平等化を明言しているが、それでも違いは解消されない(23)。

かつて地主が支配していた地域と、耕作農民から地税を直接徴収した地域のあいだには、公共財に関して大きな違いが見られる。たとえば一九九一年、かつて地主が支配していた地域では、小学校のある村の割合が七七％にすぎなかった。それに比べ、耕作民から地税を直接徴収していた地域では九一％を記録している（表6・1、パネルA、一段目と二段目）。ほかの公共財に関する違いはさらに大きい。前者では、高校のある村の割合はわずか八％、舗装道路の割合は三一％、家庭用電力の割合は五四％。対照的に後者では、高校のある村の割合が二二％、舗装道路の割合は五八％、家庭用電力の

表6.1　植民地時代の地税徴収制度とその後の発展の軌跡の違い

	地主ベースの地税徴収制度が採用された地域（ザミンダール）の平均	耕作農民が土地所有権を持つ地域（ライーヤトワーリー）の平均	違い (2)－(1)	パーセンテージの違い (3)/(1)	回帰残差1	回帰残差2
変数	(1)	(2)	(3)	(4)	(5)	(6)
パネルA：1991年に公共財を供給されている村の割合						
小学校	0.77	0.91	0.14	18%	0.11*	0.07*
高等学校	0.08	0.22	0.14	175%	0.13*	0.11*
家庭用電力	0.54	0.86	0.32	59%	0.34*	0.21*
舗装道路	0.31	0.58	0.27	87%	0.28*	0.25*
1961年の識字率	0.21	0.29	0.08	38%	0.07*	0.05*
パネルB：選挙に関する変数（1980年代）						
投票率	0.591	0.613	0.022	3.7%	0.049*	0.050*
立候補者数	7.520	6.040	－1.480	－19.7%	－1.279	－0.57
当選者の得票率	0.492	0.519	0.027	5.5%	0.028*	0.018†
得票差（票数合計に占める割合）	0.180	0.200	0.020	11.1%	0.021†	0.014
与党が勝利する可能性	0.456	0.446	－0.010	－2.2%	－0.031	－0.026
選挙区の数	81	69	150		233	233

（注）「回帰残差1」は、地主が所有権を持たない地域の割合の従属変数を線形回帰することによって得られた、地主が所有権を持たない地域の割合の係数。これは図2A～2D、3A、5、6A～6Dの直線の傾きに対応している。
「回帰残差2」は、地主が所有権を持たない地域の割合の従属変数を線形回帰することによって得られた、地主が所有権を持たない地域の割合の係数だが、こちらのほうは地理的要因（降水量、最高・最低気温、沿岸地域か否か）、人口学的要因（人口密度、イスラム教徒の割合、キリスト教徒の割合、シーク教徒の割合、地域社会で虐げられる指定カーストや指定民族に所属する人口の割合）、イギリスの植民地支配を受けた年数の合計の影響が制御されている。
＊推定差は統計上、有意水準が5%で設定されている。
†推定差は統計上、有意水準が10%で設定されている。

割合は八六％だった。

村ベースの地税徴収制度が採用されていた地域も含めれば、結果はさらに充実する。そこでこれらの地域には連続変数を用い、各県の歴史のなかで地主が存在しなかった割合を測定することにした（「地主のいない割合」）。以下に、ある県の算出結果を紹介する。イラーハーバード県の決算報告には、同県に存在していた異なったタイプの地税徴収制度について以下のように記している。徴税の対象となる全部で五六七九の土地のうち、三七六〇はザミンダール（地主の支配下）、四七八はパティダーリー、一二一六は不完全なパティダーリー、二二五はブハイヤチャラ（村ベースの地税徴収制度に該当するすべてのタイプが含まれる）。そこから、地主のいない割合に関して〇・三四という数字が算出された。完全に地主の支配下にある県の場合、地主なしの割合はゼロ。一方、耕作農民から直接徴税する制度だけが採用されている県の割合は一となる(24)。

地主のいない割合と公共財の普及率のあいだには強力な正の関係が存在している。図6・2の縦軸は、公共財が普及している県のなかで、実際にそれが提供されている村の割合を示している。一方、横軸は、地主のいない割合である。地主のいない割合が中間レベルの地域に関しては、完全に地主の支配下だった地域（地主のいない比率がゼロ）と、耕作農民から地税が直接徴税された地域（地主のいない割合が一）のあいだに公共財の普及レベルの数字が広く分散している点が注目される。一方、地主の支配下だった地域は、学校（高校）の普及率の低さを反映し、教育の成果が芳しくない。一九九一年の識字レベルはかなり低いが、一九六一年などもっと早い時期の低さも目立つ（図6・3）。表6・1によれば一九六一年、地主ベースの地税徴収制度が定着していた地域の識字率は二一％、耕作農民が直接徴税された地域の識字率は二九％だった。市民の政治プロセスへの参加を促すうえで、早

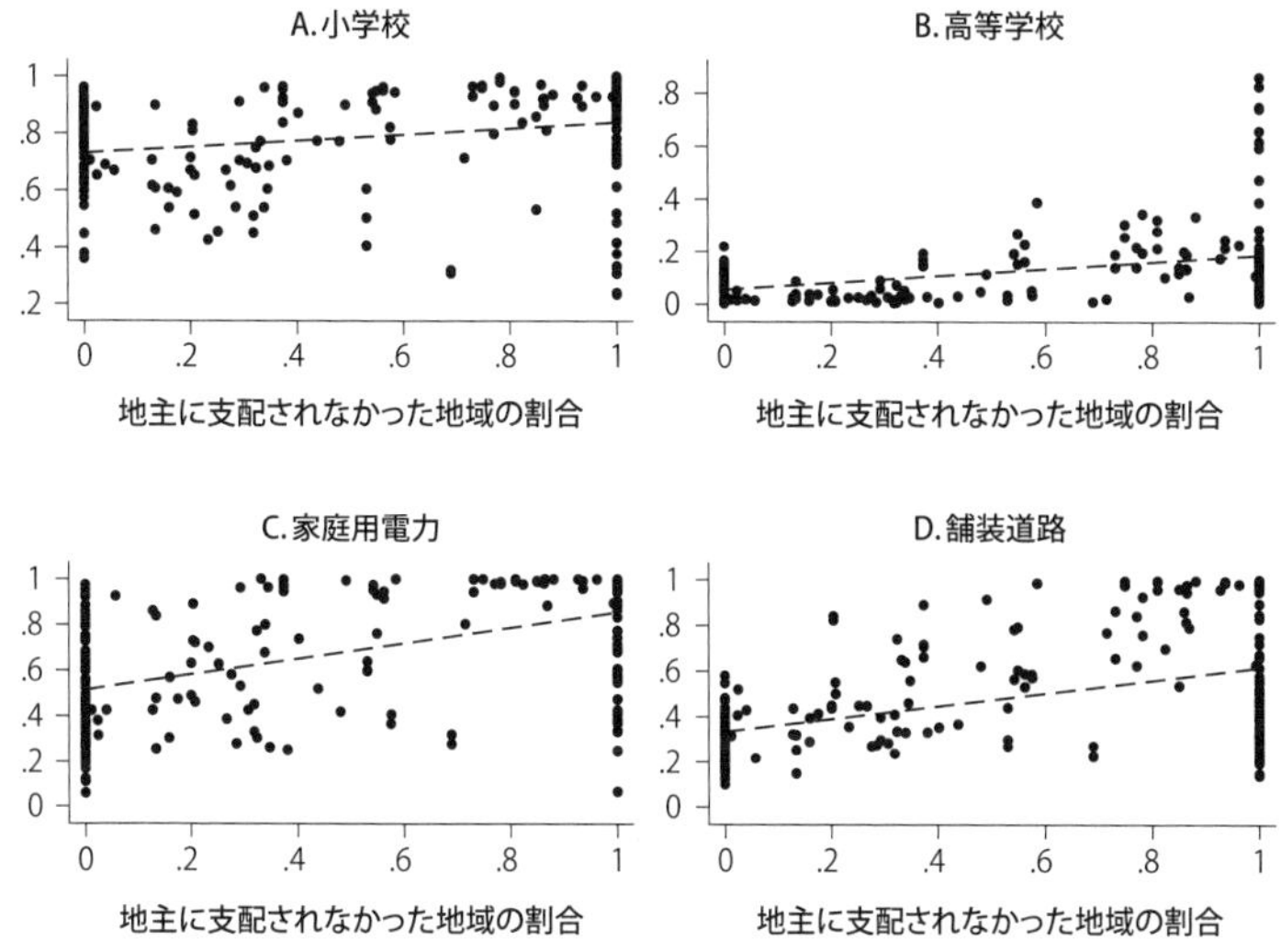

図6.2　インド各地の県の地税徴収制度と公共財普及率（1991年）

い時期の識字レベルは特に重要であることを忘れてはいけない。識字率が高ければ、選挙制度を通じてエリートの政治独占を防ぐこともできる。

これらの関係はどれくらい強力なのだろう。どの地域も結果にかなりのばらつきが見られることからは、地主なしの地域の舗装道路の普及率が地主の存在した地域に比べて高いのは、まったくの偶然だった可能性も考えられる。しかし、以下の思考実験に基づいて統計的検定を行えば、この可能性は排除される。舗装道路を無作為に一部の地域に割り当てると仮定しよう。この場合、横軸を地主のいない割合、縦軸を舗装道路の普及率とするグラフで、〇・二八の傾きが観察される可能性はどれくらいだろう。この可能性は五％に満たないことがわかる。実際のところ、ゼロに近い。統計的検定において、これは非常に重要な前提で

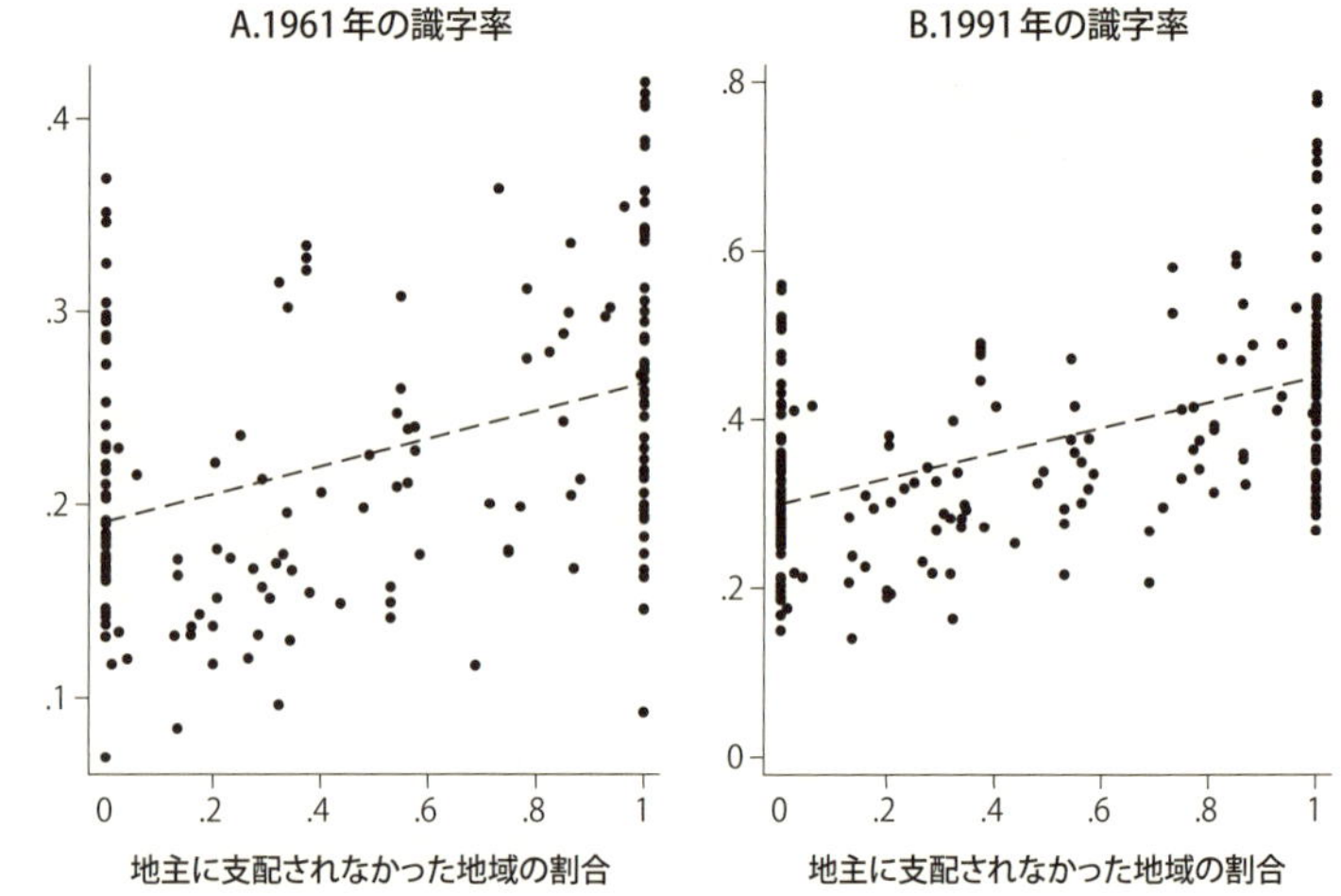

図6.3　インド各地の県の地税徴収制度と識字率の状況（1961年、1991年）

ある。図6・2で取り上げた各変数に関して観察される傾きが、まったくの偶然によってもたらされる可能性が五％にも満たないことになり、それは表6・1の五列目の「残差」の数字からもわかる[25]（これは重要なテストの標準閾値として通用する）。

過去の地税徴収制度と公共財の普及率の関係の強さを評価するもうひとつの方法では、地域ごとの結果のばらつきが、地主のいない割合によってどれだけ説明できるかを算出する。その結果、小学校では七％、高校では一七％、電力では二八％、舗装道路では二一％という数字が得られた。つまり、道路の普及に関して県のあいだで観察されるばらつきの優に五分の一は、植民地時代の地税徴収制度の違いに起因していると解釈できる可能性が考えられる。

では、これらの違いは本当に過去の地税徴収制度の違いに起因しているのだろうか。それとも、対象となる地域のほかの特徴が、たまたま地税徴収制度と相関関係にあるのだろうか。たとえば、地主ベースの地税徴収制度が採用された地域は人口密度の高さが確認されている。そこからは、人口が一部に集中している地域では、すべての村に学校を設立する必要がなく、それが学校の存在する村の割合の低さとなって表れたとも考えられる。あるいは、早い時期に征服された場所では地主ベースの地税徴収制度が採用される可能性が高かったことも確認されている。そうなると、これらの地域が公共財の供給に関して後れを取ったのは、地税徴収制度の違いが原因ではなく、イギリスによる植民地支配が長かった影響だとは言えないだろうか。

これらの違いをもたらしたのは本当に地税徴収制度で、ほかの要因ではなかったことを証明するため、ここではさらに二つの分析を行った。まず、地理的分散（平均降水量、最高・最低気温、沿岸部の県か否か）、人口上の特徴[26]（人口密度、イスラム教徒、シーク教徒、キリスト教徒の割合、指定カーストならびに指定部族が人口に占める割合）、イギリスによる支配年数などの影響を評価した後、地主が支配した地域とそうでなかった地域の違いを重回帰法によって算出する。これらの違いについては六列目（回帰残差2）に記されている。地主が支配した地域とそうでなかった地域の違いは五列目（回帰残差1）の数字よりもやや小さいことからは、それぞれの地税徴収制度で観察される違いが、地理や人口に関する特徴によって引き起こされたのではないことが推測される。これらの変数を加えれば、公共財に関する結果のばらつきについての解明に役立つのは間違いないが、それでもやはり、植民地時代の地税徴収制度が最も重要な予測因子である事実は変わらない。たとえば、舗装道路の普及率について観察されるばらつきに関しては、植民地時代の地税徴収制度によって二一％を説明できるが、地理的・人口的な変数やイギリスによる支配年数を加えると数字は五七％になり、三六％ポイント改善さ

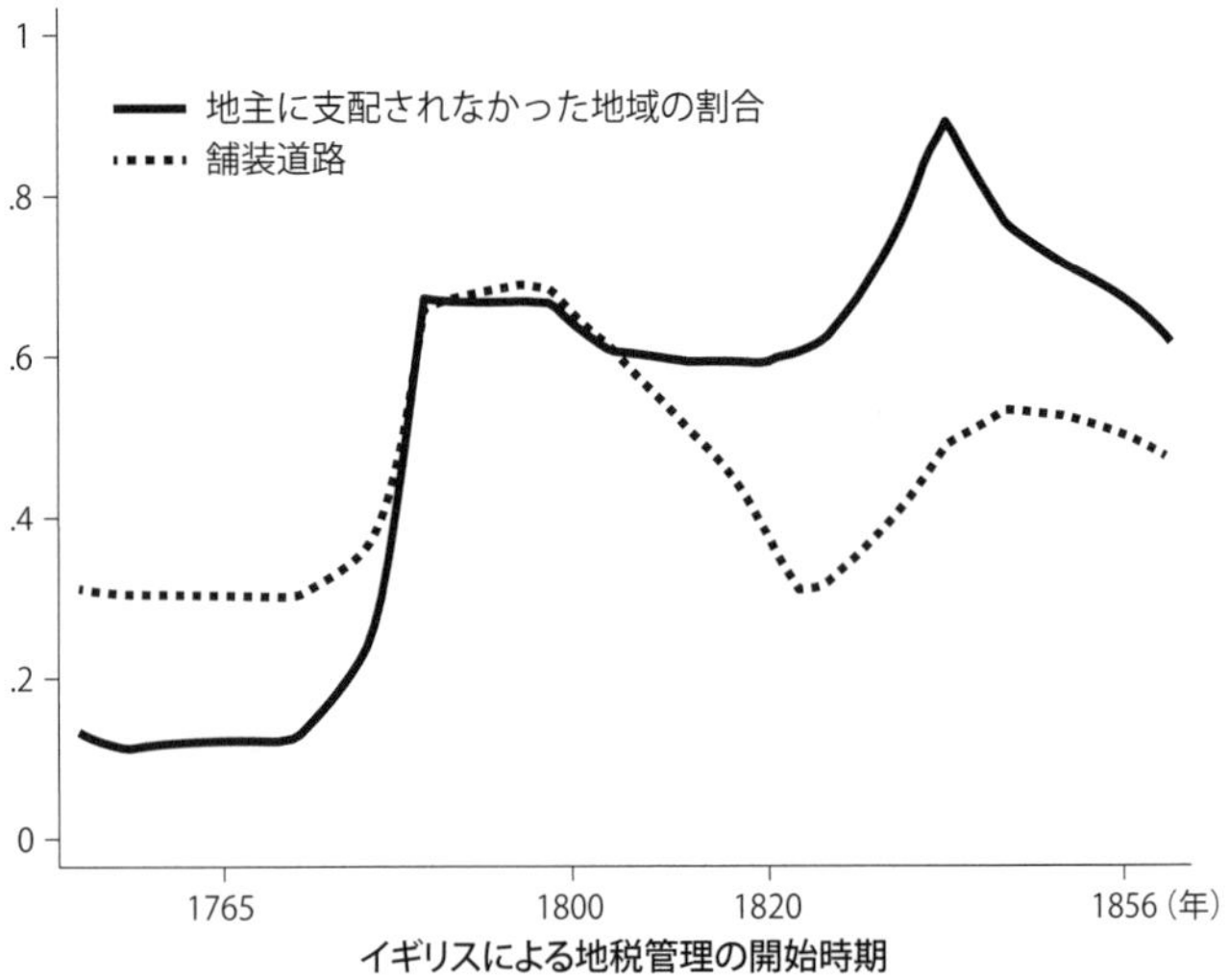

図6.4　地税徴収制度、道路の普及、イギリスによる地税管理の開始時期

れる。つまり、道路普及率のばらつきに関しては、植民地時代の地税徴収制度の違いによって説明できる部分の割合は、地理的・人口的変数によって説明できる部分の三分の二ということになる[27]。

つぎに二番目の分析からは、地税徴収制度と同様、公共財の普及レベルは征服された年代と非線形の関係にあることが確認された。グラフでは、すでに紹介したイギリスの土地政策が変化した年を横軸として利用しているが、なかでも特に、一八二〇年から一八五六年にかけての時期の前後に征服された地域は、その前後に征服された地域に比べ、地税の徴収に地主が介在しなかった可能性がずっと高かった事実は重要だと考えた。図6・4の実線は、イギリスが地税の徴収を始めた年（イギリスによる征服が始まった年とほぼ常に一致する）に、地主ベースの地税徴収制度が導入されなかった地域の割合をグラフで表している。歴史の記述の正しさを証明するかのように、一八二〇年から一八五六年にかけての時期の前後に征服された地域では、地主を介在しない地税徴収制度の割合が急増している。一方、図6・4の点線は、舗装道路が供給された村の割合を表している。この変数も、イギリスが地税徴収制度を導入し始めた年と非線形の関係を示している。つまり、一八二〇年から一八五六年にかけての時期の前後に征服された地域は、その前後に征服された地域よりも道路の普及率が高い。これらの発見からは、公共財の普及率の違いをもたらしたのが実際に地税徴収制度の違いであって、イギリスに支配された年数など、それ以外の傾向の影響ではなかったという本章の主張の正しさが裏付けられる。同じような非線形の時間経路をたどる制度上の大きな変化は、ほかには見当たらない。

地主ベースの地税徴収制度が採用された地域は、政治的影響のゆえに後れを取ったのだろうか

植民地時代に異なる地税徴収制度が採用されると、最初に導入された制度が正式に廃棄されたあとも何年にもわたって影響が残り、地域ごとに発展の経路が異なってしまうのはなぜだろう。地主ベースの地税徴収制度の影響について分析した従来の研究は、土地所有者と耕作農民のあいだの矛盾や、永代土地制度の導入に対する各州の意欲の違いなどに焦点を当ててきた。導入しても税収が増える見込みがなければ、関心を持てないのも無理はない。ただし、地主ベースの地税徴収制度はすでに廃止されており、インドの各州はもはや農業からかなりの税収を確保しているわけではないことを考えれ

ば、この説明は時代遅れのような印象も受ける。しかし、地主に支配された地域では土地の分配、ひいては所得の分配が、それ以外の地域に比べていまだに不公平な状態が続いている可能性は考えられる。もしも今日、地主ベースの地税徴収制度が採用された地域には大金持ちと非常に貧しい人たちしか存在していなければ、公教育の需要は小さくなる。金持ちは子どもを私立の学校に通わせ、貧しい子どもは学校に行かれないからだ。対照的に地主に支配されなかった地域は、子どもを学校に通わせたいと思う程度には豊かでも、私立の学校に入学させるほどの富に恵まれなかった人たちの人口が多いとも考えられる(28)。

現在の経済的不平等が違いを生み出す原動力になり得ないことは、二つの理由によって説明できる。まず、独立後に大々的な土地改革が行われたこともあり、土地の分配や所得に関して現在観察される不平等はかなり小さい。一九八七年のインドの農村地区を対象に、所得分配の不平等を測る指標であるジニ係数(29)を調べてみると、地主ベースの地税徴収制度が存在していた地域は〇・二六四、耕作農民が地税を直接徴収されていた地域は〇・二八五だった。つぎに、公共財に対する好みの違いだけでは、対象となる地域が公共財へのアクセスのほぼすべての面で劣っている理由を説明できない。地主ベースの地税徴収制度が存在していた地域の住民は、ある特定の公共財を重視しなくても、それ以外のものを獲得するためにエネルギーを注ぐはずだ。たとえば、裕福な農民は学校設立のためのロビー活動に興味を持てなくても、道路の建設には熱心になるかもしれない。道路は市場での用途が多いからだ(30)。

そこで、地主ベースの地税徴収制度が採用されていた地域の発展がほかに比べて遅れたのは、地域に導入された政治制度の違いと何らかの関係があるのではないかと、本章では仮定した。特にこれらの地域では、選挙で選ばれた議員が公共財の提供に十分な意欲を持っていないのではないかと考えた。

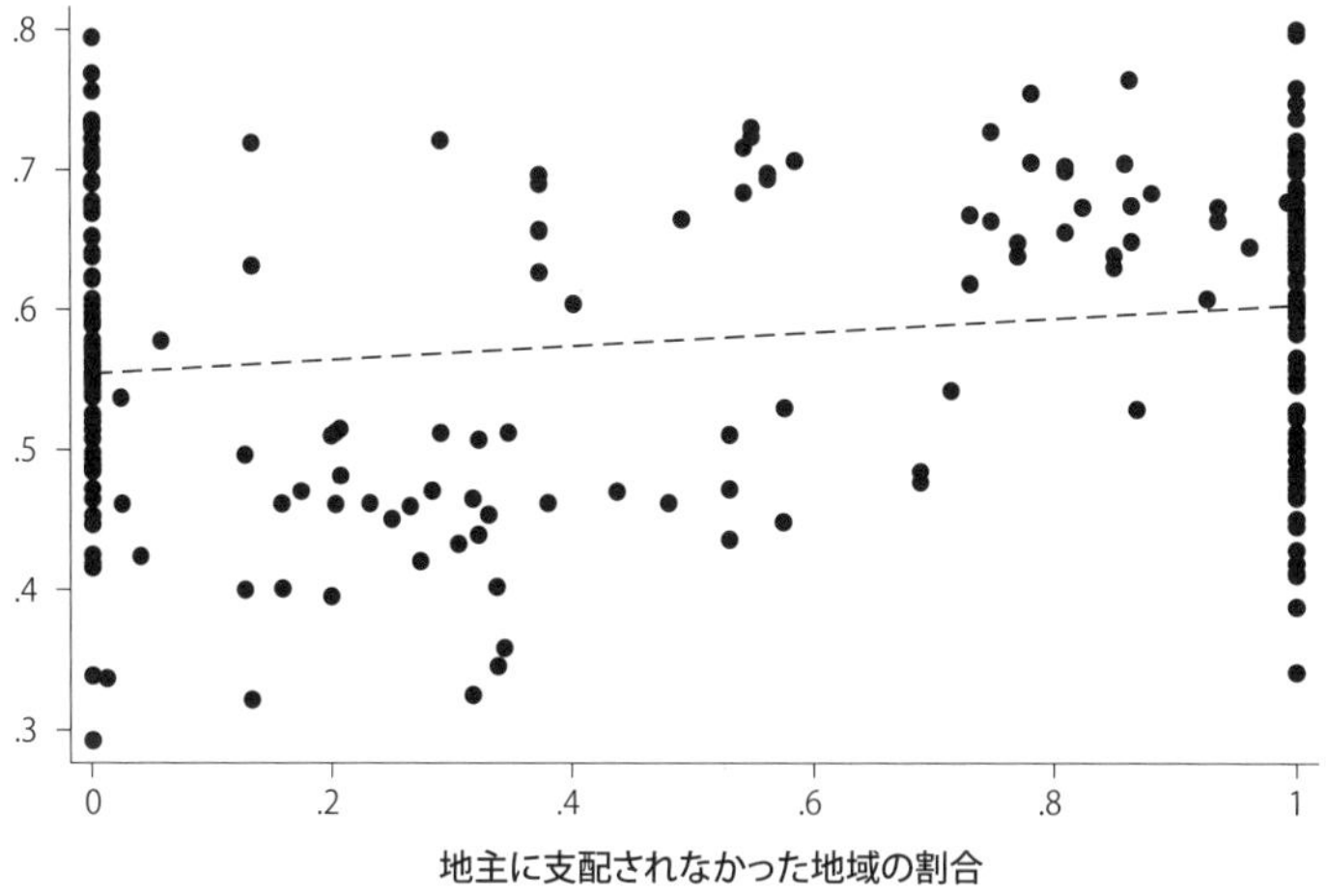

図6.5　インド各地の県の地税徴収制度と投票率（1980年代）

これはエンガーマンとソコロフも指摘している点で、二人はその理由をつぎのように推測している。地主の支配下にある地域の政治家は事実上、選挙で激しい競争に直面する必要がなく、それが公共財の提供への関心のなさにつながってしまう。あるいは、これらの地域では有権者が自分たちの政治的権利について十分に把握しておらず、当然の権利をきちんと主張できなかった可能性も考えられる。実際、地主の支配下にあった地域は識字率が低く、識字率と投票率のあいだには多くの国で正の関係が確認されていることを考えれば、この説明は正しいような印象を受ける。そこで、選挙戦がどれだけ激しく、有権者がどれだけ参加しているかを示す標準的な評価基準に注目し、これらの仮説を検証することにした。すべての評価基準は、一九八〇年代の州議会選挙のデータを使って計算された(31)。

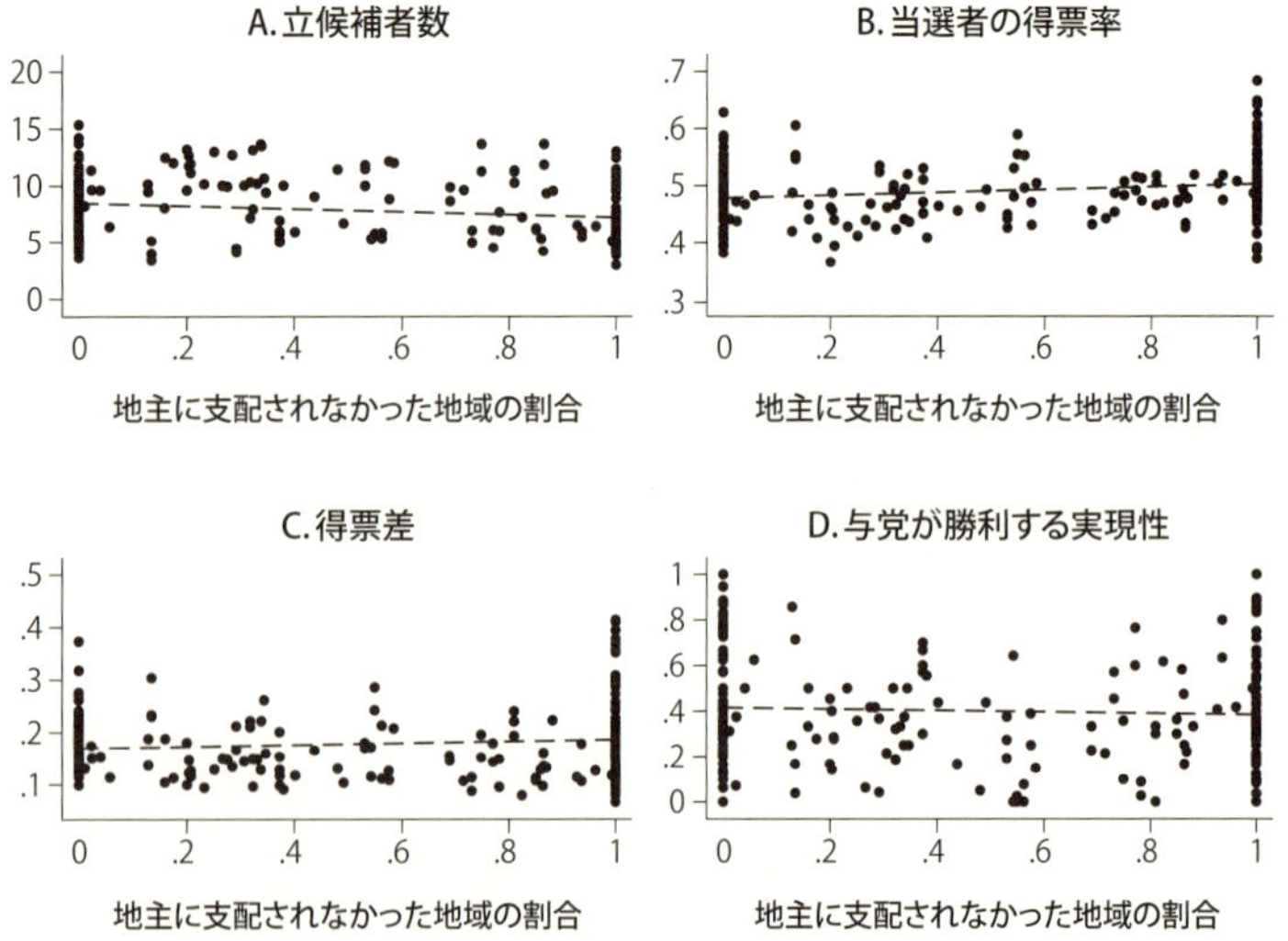

図6.6　インド各地の県の地税徴収制度と選挙戦（1980年代）

政治との関わりに注目した仮説の検証からは、複雑な結果が得られた。まず、州議会選挙において、地主ベースの地税徴収制度が採用されていた地域の投票率は五九％で、耕作農民が地税を直接徴収された地域の六一％よりもやや低く、これは私たちの仮説との矛盾がない（図6・5）。しかし選挙戦に関しては、地主の支配下だった地域の競争が激しくなかったとは思えない。実際のところ見方によっては、こちらのほうが競争は激しい。地主ベースの地税徴収制度を採用していた地域のほうが概して立候補者数は二〇％ほど多く、ひいては当選者の得票率が三％ポイント低くなっている。さらに、当選者と次点の落選者の得票率の違いはおよそ二％ポイント低く、与党が勝利する確率は一％少ない。図6・6はこれらの変数をグラフで示したもので、表6・1のBは数値比較を行っている。

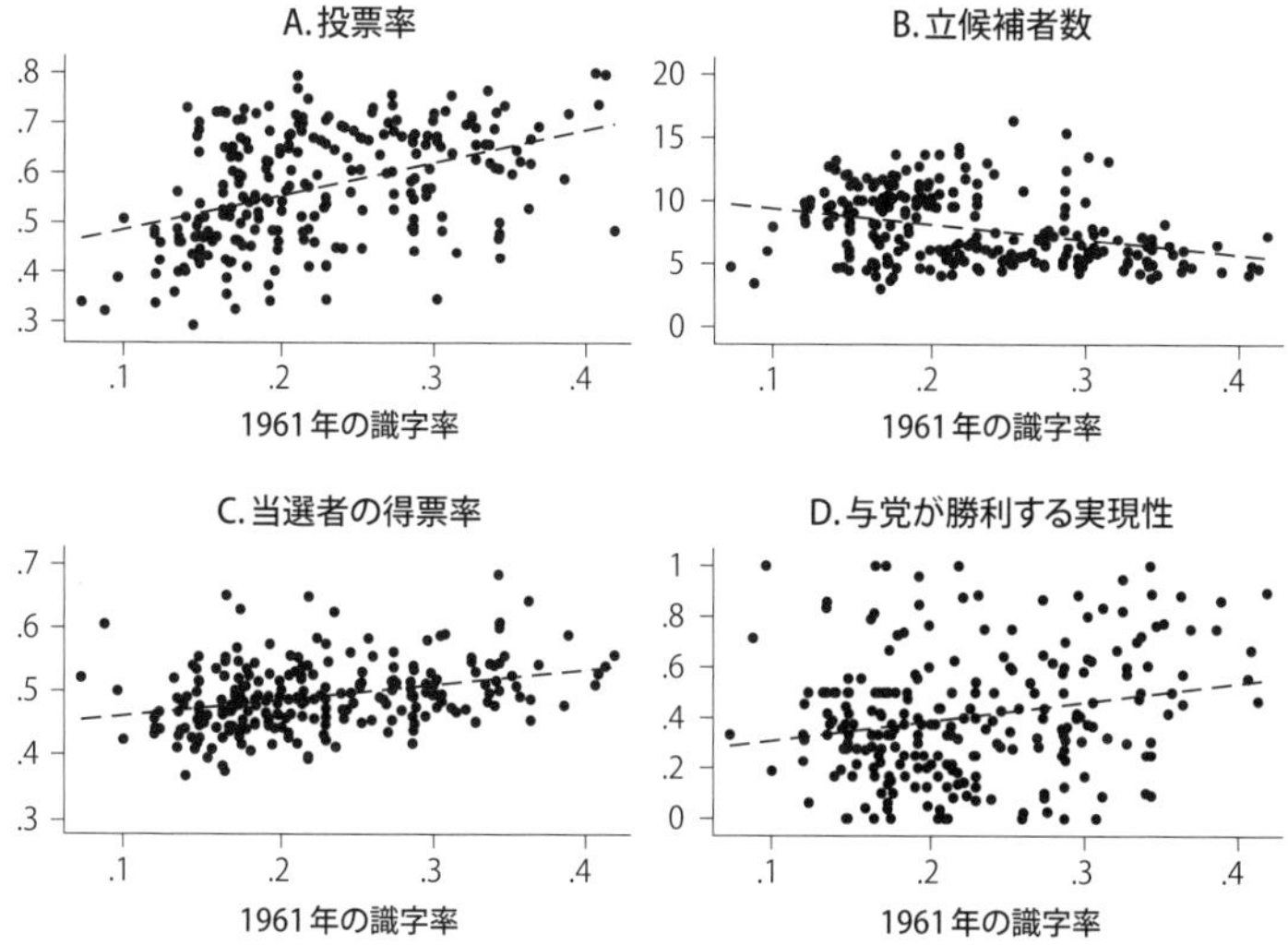

図6.7　識字率と選挙結果

選挙に関するこれらの変数は、すでに紹介した識字率などの違いと関係があるのだろうか。図6・7のAからは、投票率が識字率と正の関係にあることがわかり、この結果はほかの国の結果と一致している。しかし、選挙戦の激しさに関する測定値は識字率と負の関係にあるようだ。識字率の高い地域のほうが立候補者は少なく、当選者の得票率は高く、与党が勝利する可能性が大きい[32]（図6・7B〜6・7D）。この結果は二つの方法で解釈することができる。まず、選挙戦の激しさに関する測定値は、私たちの期待とは裏腹に、エリートの政治支配力の指標にはなり得ない可能性が考えられる。そして二番目に、立候補者の平均数が七人を超えた状況においては、立候補者が多いほど競争が激しくなるという解釈が通用しないのかもしれない。識字率の高さは有権者の洞察力の高さの反映であり、結

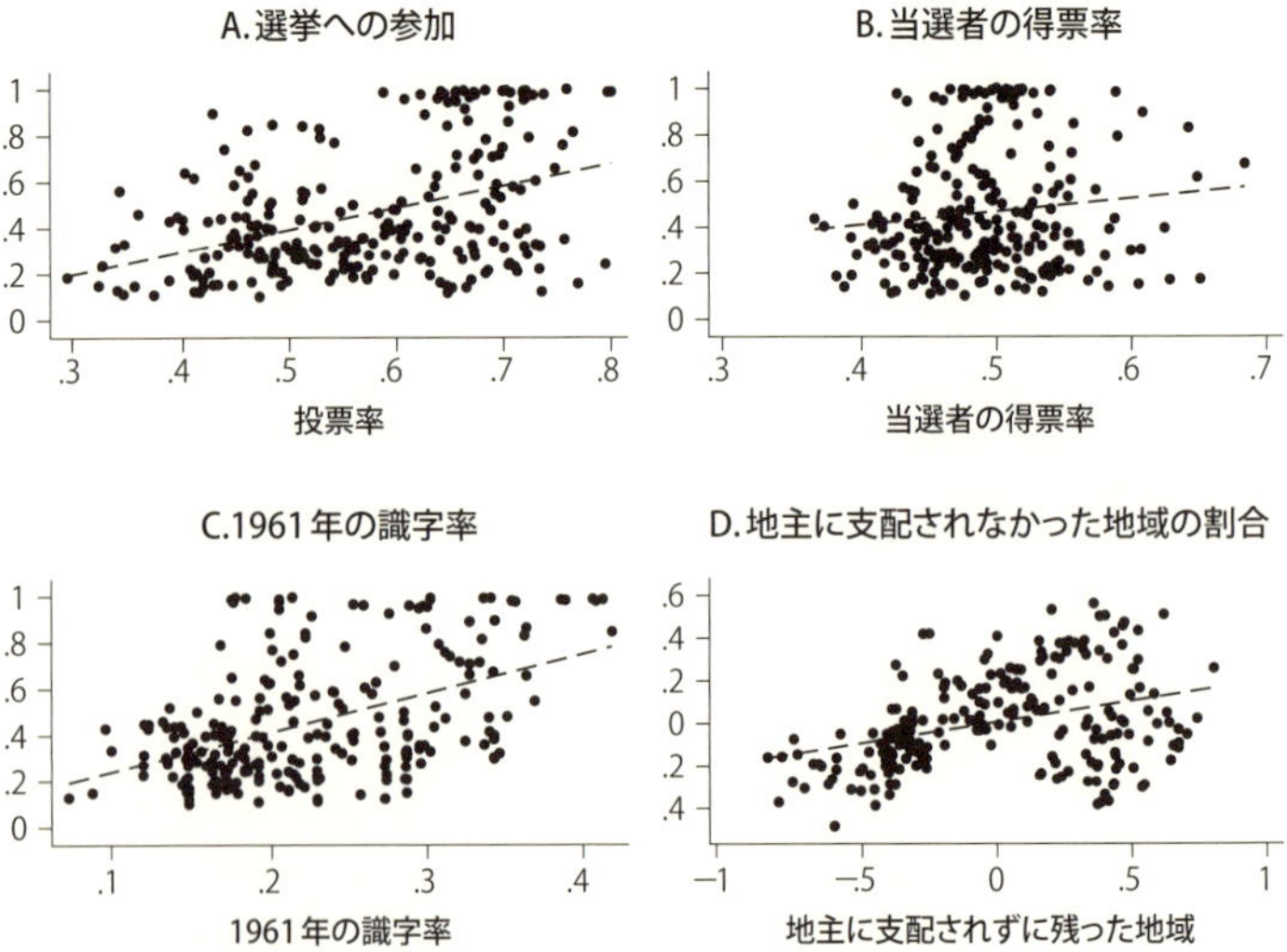

図6.8　インド各地の県で、何が道路の普及率を説明しているか

果としてふさわしくない人物は立候補を控えるとも考えられる。

地主に支配された地域がそれ以外の地域よりも発展が遅れた理由は政治制度の違いだという仮説が成り立たないことは、さらに二つの仮説によっても裏付けられる。まず学校や電力や道路の供給のケースとは異なり、選挙戦の激しさを表す測定値の違いはそれほど大きいわけではなく、なかには統計的に意味をなさないものも含まれる（表6・1の五行目の注記を参照）。地理や人口に関する変数の影響（六行目）を制御すると、この発見の正しさはさらに現実味を帯びてくる。気になるのは、地主が地税の徴収に関わらなかった地域で、投票率がかなり高いことぐらいだ。

第二に、有権者や選挙戦に関する測定値の違いは、公共財の普及率とたしかに相関関係にあるが、普及率の違いを統計的に説明できるほど大きな違いではない。予想どおり、投票率の高い地区は公共財の普及率も高い。図6・8のAには、投票率と舗装道路の関係が示されている。やや意外なのは、通常は波乱の少ない選挙戦の表れと見なされる当選者の得票率の高さが、公共財の普及率の高さと関連していることだ（図6・8のB）。そして図6・8のCからは、最初から識字率の高かった地域は後の道路普及率が高いこともわかる。ただし、選挙の投票率や当選者の得票率や識字率を制御しても、舗装道路の普及率と地主の支配下になかった地域のあいだには、やはり強い正の関係が存在している（図6・8のD）。ほかの公共財からも非常に似通った結果が得られる。地主に支配された地域とそうでなかった地域の発展の違いのすべてを、当初の識字率や選挙に関する変数によって説明できるのは基本財だけだ[33]。

結論

インド各地を対象にした比較分析からは、どんな結論を導き出せるだろうか。最も重要な結論は、イギリスの植民地統治下で採用された地税徴収制度の違いによって、その後の発展の軌跡が大きく異なったことだろう。なかでも、地主ベースの地税徴収制度が採用された地域は、耕作農民が地税を直接徴収された地域に比べ、学校や道路など公共財の普及が遅れた点には注目すべきだ。植民地支配が幕を閉じて四〇年、地主ベースの地税徴収制度が正式に廃止されてから三〇年が経過しても、これらの違いは確認できる。違いを引き起こしたのは地理や人口に関する条件の違いによる影響だけではないことを本章では立証した。さらに植民地時代のほかの制度の影響は考えられない。グラフのうえで発展の軌跡は、土地政策の変遷をたどるかのように非線形の曲線を描いているからだ（図6・4）。今回の分析ではもうひとつ、イギリスが植民地インドに導入した制度全体の影響ではなく、特定の制度の影響が確認されたことが大きな成果として挙げられる。インドのどの県もかつては同じ宗主国の支配下にあり、今日では政治の面でも行政の面でも同じ制度が採用されているのだから、地税徴収制度がいかに長いあいだ強い影響力を発揮してきたかわかる(34)。

今回発見されたような結果がもたらされた理由は、経済的不平等と政治参加の二つの面から説明できると私たちは考えた。しかし、地主ベースの地税徴収制度が採用された地域とそうでなかった地域の二つのタイプのあいだで、経済的不平等はそれほど大きくなかった。大きな理由としては、地主の支配下だった地域が経済的不平等を減らすための手段として、土地改革に積極的に取り組んだ可能性が考えられる。一方、地主の支配下だった地域では政治への参加率と識字率が低く、これらの数字とインフラ普及率の低さのあいだには相関関係が見られる。ただし、二つのタイプの地域での公共財の普及率の違いを、これらの変数だけで十分に説明することはできない。

歴史が長期的におよぼす影響を解明するためには、二つの目立つ要因以外にも目を向けなければならないことが、今回の結果からは重要な教訓として得られた。政治的影響を説明する手段はほかにもたくさんあるが、今回は取り上げることができなかった。以下に一部を紹介しよう。たとえば、地主に支配されなかった地域は識字率も住民の政治意識も高く、優秀な政治家が選出される可能性が高いことは考えられる。有権者が博識ならば、選挙の立候補者数は少なくなる。弱い候補が当選することは、まずあり得ないからだ。選ばれた優秀な議員は地元に多くの公共財を供給するだろう。二番目の可能性としては、エリートによる支配の歴史が長いと政治制度への関心が冷めて、十分な知識のないまま一票を投じてしまうことが考えられる。あるいは三番目の可能性として、地主ベースの地税徴収制度が採用された地域にとって、公共財の普及の遅れは自然の結果だったのかもしれない。これらの地域では当初、過去を消し去る作業に専念したので、かつての地税徴収制度は解体されて土地への平等なアクセスが促されたのかもしれない（これに関する証拠は、注22に記されている）。このように優先すべき課題があったため、発展を目的とするほかの政策に費やす資源も政治的資本もほとんど残らなかったとも考えられる。あるいは、エリートによる支配の歴史が長い地域では有権者の二極化が進み、選ばれた議員が公共財普及のために協力しづらい環境が創造されたのかもしれない。

長期的な発展の結果に特定の歴史的制度がおよぼす影響について、今回は比較分析という手段を用いて注目した。そして、地税徴収に関する制度が異なると、その後の発展の軌跡にどのような影響がおよぶのか、そのメカニズムに関して二つの考えられる仮説を紹介した。ただしいずれも、私たちの結論の正しさを経験によって裏付けるだけの説得力に欠けている。本章ではほかにも可能性のある複数の仮説を紹介した。今後、新たに比較歴史分析の研究が進めば、これらについての理解はさらに進むだろう。これから詳しい研究が行われれば、歴史的制度が長期にわたっておよぼす影響について新たな仮説を生み出すことも可能だ。

第7章

フランス革命の拡大と自然実験
――アンシャンレジームから資本主義へ

ダロン・アセモグル＋ダビデ・カントーニ＋
サイモン・ジョンソン＋ジェイムズ・A・ロビンソン

ダロン・アセモグル（Daron Acemoglu）

1967年生まれ。マサチューセッツ工科大学（MIT）経済学部。1992年にロンドン・スクール・オブ・エコノミクスでPh.D.取得。専門は政治経済学、経済史、成長理論など。共著に『国家はなぜ衰退するのか：権力・繁栄・貧困の起源』（早川書房）がある。

ダビデ・カントーニ（Davide Cantoni）

1981年生まれ。ルードヴィヒ・マクシミリアン大学経済学部（刊行時はハーバード大学経済学部）。2010年ハーバード大学でPh.D.取得。専門は経済学、経済史。

サイモン・ジョンソン（Simon Johnson）

1963年生まれ。MITスローン経営学大学院。1989年にMITでPh.D.取得。専門は政治経済学、開発経済学。共著に『国家対巨大銀行：金融の肥大化による新たな危機』（ダイヤモンド社）がある。

ジェイムズ・A・ロビンソン（James A. Ribinson）

1960年生まれ。シカゴ大学公共政策大学院（刊行当時はハーバード大学）。1993年にイェール大学でPh.D.取得。専門は政治経済学、比較政治学。共著に『国家はなぜ衰退するのか：権力・繁栄・貧困の起源』（早川書房）がある。

はじまりはナポレオンだった

——トーマス・ニッパーダイ

ルクセンブルク、ライン・ヘッセ、プファルツと共に、ライン・プロイセンはフランス革命に参加したおかげで、ナポレオンのもとで社会や行政や法律の統合が進んだ。ドイツのほかの地域より一〇年も早く、職業組合や貴族による家長制支配がこれらの都市からは消滅し、競争に直面せざるを得なくなった。ライン・プロイセンはドイツのどこよりも産業が発達して多様化しているが、この産業の台頭の起源はフランスによる支配の時代にまで遡る。

——フリードリヒ・エンゲルス

比較史や社会科学で最も重要な研究テーマのひとつは、世界の所得分布の発生原因についての理解を深めることだ。アメリカや西欧諸国などと、サハラ以南のアフリカや中南米南米諸国とのあいだには生活水準や人生のチャンスに関して大きな違いが存在するが、それをどのように説明すればよいのだろう。歴史学者は「西洋の台頭」「ヨーロッパの奇跡」「大分岐」などを原因に挙げてこれらの問題に取り組んできた(1)。およそ三〇〇年前、繁栄の差は比較的小さかったものの、やがてオランダとイギリス、つぎにドイツなどで、平均生活水準が着実に向上し始めたプロセスについて、いま紹介したような言葉を使って説明している。一九世紀後半には、この繁栄はアメリカ合衆国やオーストラリアなどのネオ・ヨーロッパ諸国(2)に広がり始め、二〇世紀に入ると東アジア諸国にまで波及した。しかし世界の大半——アフリカ、中南米、東ヨーロッパ、南アジア——は貧困から抜け出せないままだった。

これらのパターンについての学者の説明は様々だが、そのなかでも、各国間の制度の違いが所得パターンの違いを引き起こした主な原因だという主張は多い。たとえば、近代初期ヨーロッパの経済成長を主に制度の面から説明する際には、アンシャンレジームの制度が廃止または衰退した点に注目する[3]。それによれば、制度がいち早く改革された国々は、真っ先に成長を始めたという。この点にはアダム・スミスも著書のなかで注目しており、経済を成功に導く主な決定要因は経済の制度と社会の政策だと指摘している。スミスは比較史の視点に立っているわけではないが、様々な社会の相対的な繁栄について触れている。そこから判断するかぎり、社会の制度とそれを創造する意欲の違いが繁栄の差をもたらしたと考えていたのは間違いない。自由市場での自発的交換とその結果としての分業が、繁栄にとっての鍵だとスミスは論じている。このような制度は、アンシャンレジームの一部だった封建制の遺産とは、明らかに大きく異なる。西ヨーロッパの相対的な繁栄は、アンシャンレジームの制度が早くから衰退した現象と密接に関わっているとスミスは確信し、封建制から繁栄は生まれないことをつぎのように力説している。「しかし、大地主が偉大な土地改良家になるとは期待しにくいとするなら、奴隷を使っている大地主にはなおさら期待できない……この種の農奴制は現在でもロシア、ポーランド、ハンガリー、ボヘミア、モラビアに残っており、ドイツの一部にも残っている。西ヨーロッパと南西部ヨーロッパで徐々になくなって、一八世紀末の現在では完全になくなっただけである」[『国富論』（山岡洋一訳）より引用][4]。

アダム・スミスが一八世紀末に執筆活動を行っていたとき、西ヨーロッパと東ヨーロッパの繁栄の違いはすでに顕著だった。東に向かうほど繁栄は少なく、封建制は強力になった。封建制は東ヨーロッパで最も遅くまで残ったが、この地域はヨーロッパ大陸で最も経済の発展が遅れた[5]。近代初期に最も勢いのあった二つの経済大国、すなわちオランダとイギリスとは対照的だ。おそらくオランダは農奴制など封建制の影響が最も小さな社会で、ギルドの力は弱く、絶対主義の脅威は一五七〇年代のオランダ革命によって取り除かれた(6)。一方、イギリスではどこよりも早くアンシャンレジームの制度が崩壊した。農奴制は一五〇〇年までに廃止され、ギルドは一六世紀から一七世紀にかけて影響力を失った。教会は、一五三〇年代にヘンリー八世によって土地を没収・売却され、イングランド内戦と名誉革命によって独占状態や絶対王政に終止符が打たれた。そして少なくとも一八世紀はじめには、法の前の平等という概念が定着したのである(7)。

アンシャンレジームや封建制が早くから崩壊した場所で資本主義市場経済が台頭したことが証拠で裏付けられるなら、実際に古い制度が経済の発展を妨害して遅らせたと判断してもよいのだろうか。このような結論を導き出すためには、少なくともふたつの問題が立ちはだかる。まず、アンシャンレジームの衰退と経済的成果の改善は時期が同じかもしれないが、この相関関係は逆の因果関係の結果だったとも考えられる。すなわち、資本主義の発達が封建制度衰退の原因であって、その逆ではなかったかもしれないのだ。たとえばアンリ・ピレンヌなど早い世代の学者は、貿易の拡大と商業社会の発達――マイケル・M・ポスタンによれば「貨幣経済の台頭」――によって封建制の解体は説明できると詳細に論じている(8)。

二番目に考えられるのが欠落変数バイアスで、その場合には、アンシャンレジームの衰退も経済成長のはじまりも、ほかの出来事や社会的プロセスの結果とみなされる。経済の制度を変更すべきか否かは社会の集団的決断であり、それはほかの諸要因に左右される。たとえば、イギリスの地理的立地や文化が中世後期に大きな経済的潜在力を生み出し、ひいてはそれが封建制の進化を決定づけたが、近代に入ると封建制度は社会にそぐわなくなり、重要な因果的役割を果たせず衰退したのかもしれない。

まさにこのような状況で欠落変数バイアスがどのような影響を生み出すか、マックス・ヴェーバーは『プロテスタンティズムの倫理と資本主義の精神』のなかで興味深く論じている。近代初期、イギリスではヨーロッパで最もダイナミックな経済と、最も自由で絶対主義からかけ離れた政治制度が同時に発達した。たとえばダグラス・ノースやバリー・ワインガストらは、[9]経済的成果は政治のイノベーションの直接的結果だと論じているが、ヴェーバーによると、つぎのように反論されることになる。「モンテスキューは『法の精神』のなかでイギリスに関してこう述べている。『イギリス人は三つの重要な事柄——信仰と商業と自由——を世界のどの国民よりも進歩させた』。そうなると、イギリスが商業で優位に立ち、自由な政治制度に適応したのは、モンテスキューが指摘している信仰と何らかの関わりがあったと考えられないだろうか[10]」。このようにしてマックス・ヴェーバーは、宗教という欠落変数によってイギリスでの民主主義と資本主義の発達を説明できることを明言している。

したがって、アンシャンレジームの崩壊と資本主義の台頭の関係を調べる際には、逆の因果関係と欠落変数バイアスの二つが発生している可能性を認識しなければならない。自然科学では、このような問題を解決するために実験を行う。たとえば、似たような国の集団——どの国も制度の発達が遅れているなど——を編成したうえで、無作為に選んだ一部の国（「処置」群）ではアンシャンレジームを廃止して、残りの国（「比較」群）では制度を残して結果を確認できれば理想的だろう。二つの集団の相対的な繁栄に何が生じたか観察することも可能だ。もちろん、実際にそのような実験を行えるわけではない。しかし歴史家や社会科学者は、歴史が時として提供してくれる「自然実験」を利用することができる。

自然実験においては、何らかの歴史上の偶然や出来事をきっかけに経済・政治・社会的な要因が働いた結果、一部の地域には変化がもたらされるが、一部の地域では条件が同じでも変化が生じなかったと考える。もしも、変化の程度が異なる地域同士の比較が可能だとすれば、変化を経験した地域は実験の処置群、経験しなかった地域は対照群とみなしてもよいだろう。

アンシャンレジームの衰退に関しては、一七八九年のフランス革命後にフランス軍がヨーロッパの大半に侵略した出来事に注目し、それが制度にバリエーションを生み出した原因だったと仮定すれば、自然実験を行うことができる。フランス軍はアンシャンレジームの中心的な制度を廃止した。年貢や特権など、封建制度の遺産の数々を取り除き、ギルドを解散させ、法の前の平等を採用した結果、ユダヤ人にも自由が与えられ、教会の土地は再分配された。この経験に注目すれば、アンシャンレジームを支えてきた重要な制度の一部が経済成長におよぼした影響を推測することができる。ヨーロッパのなかでもフランス軍に侵略されて制度が改革された地域を「処置」群、侵略されなかった地域を「対照」群として分類すればよい。これならば、処置群の制度が改革される前後のふたつのグループの経済的成果を比較したうえで、改革が行われたグループのほうが豊かになっているかどうか調べることができる。それが確認されれば、制度の改革がその後の繁栄に貢献した証拠が提供されるだろう。

ただし、自然実験に基づいた推測が妥当であるためには、処置（フランス革命）の影響を受けた地域ではそれ以前の成長が、比較対象の地域と同じ軌跡を描いていなければならない。そして何より、フランス軍が将来の成長の可能性に基づいて侵略先を選んではならない。[11] たとえば、一八一五年以降のラインラントの成長が一七八九年以前に比べて速くなったとしても、その原因がフランスによって導入された制度だったと結論するためには、経済の潜在能力に注目してフランスがラインラントを併合していてはならない。

これらの点を考慮したうえで、本章ではドイツに焦点を当てることにした。ドイツは侵略された地域とそうでなかった地域に分類できる一方、ヨーロッパのどこよりも均質性が目立つ。[12]したがって、フランス軍によるドイツ侵略に注目するだけでも、歴史や文化や制度の多くを共有する地域の一部で行われた制度の改革が、どのようなバリエーションを生み出したのか理解することができる。ポーランドとポルトガルを比較するより、バーデンとベルクを比較するほうがずっとやさしい。ただし本章では、ドイツのすべての地域が均一だという前提に立っているわけではない。もちろん、そうではなかった。[13]肝心なのは、フランスによる侵略と改革のパターンをもたらしたものは何か、確認することである。

自然実験を始めるに先立ち、一八世紀から一九世紀にかけてのドイツ各地における経済の発展状況を測定する何らかの手段を考えなければならない。当時はまだ国民経済計算が考案されておらず、所得を正確に測定することができなかった。都市化に注目するのは魅力的な戦略だろう。都市化は通常、人口五〇〇〇人以上の都市部に暮らす人口が全体に占める割合が目安とされる。近代において、都市化は一人当り所得との相関関係が際立つ。たとえばポール・ベロックやヤン・デ・フリースをはじめとする歴史学者は、農業の生産性が高くて輸送網が発達している地域のみが大都市の人口を支えられたと論じている。[14]さらに都市化は、所得レベルの変遷を評価するための代替策としても利用できる。[15]そのためここでは、一七五〇年から一九一〇年にかけての時期を対象にして、ドイツの二種類の地域における都市化の変遷をデータベースとして構築した。[16]

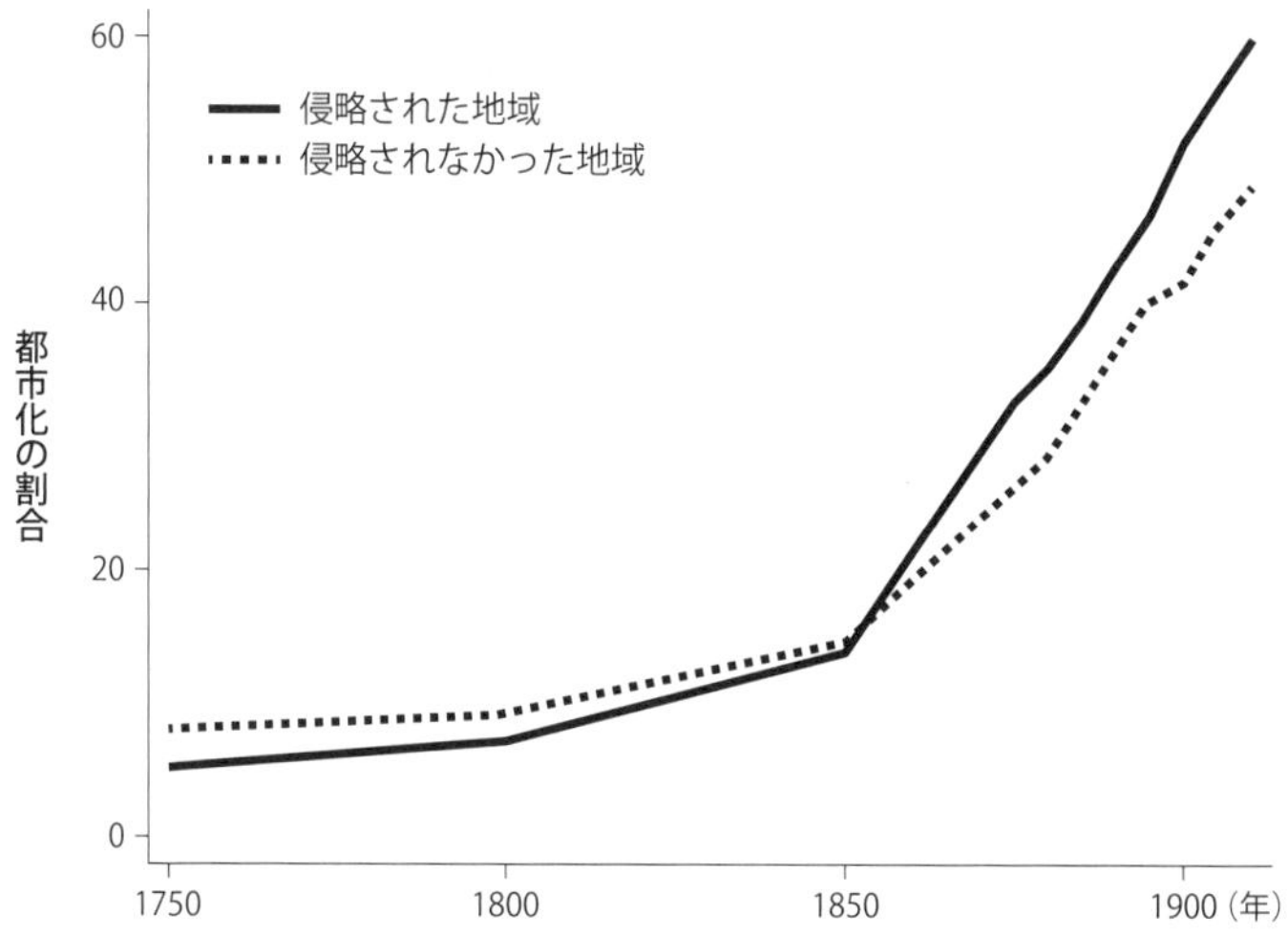

図7.1　人口5000人以上の都市で暮らす住民が全人口に占める割合（2つのグループ）

図7・1には、本章の基礎となる調査結果が表されている。ここでは、ドイツのなかでフランスによる侵略と改革を受けた地域（処置群）と、そうでなかった地域〔対照群〕の都市化のレベルをグラフで示した。[17] それによれば、一八〇〇年より以前には、侵略されていない地域のほうが都市化は進んでいた。この事実には重要な意味が込められている。というのも、都市化が発展を測る指標として本当に優れているなら、もともと繁栄していた地域をフランスが意識的に選んで侵略したわけではなかったことの証明になるからだ。さらに図7・1からは、都市化は一八世紀にも進行していたが、一八〇〇年から一八五〇年にかけて各地で急激に進んだことがわかる。しかし何よりも注目すべきは、都市化が処置群で一気に進んでいる事実だろう。特に一八五〇年からは、処置群に含まれる領土のほうが都市化の割合は高い。つまり、フランスが

導入した制度改革が都市化を促したため、改革とは縁のなかった地域よりも経済が成長したことが、図7・1からは推測される[18]。もしもこの状況が自然実験の条件を満たしているとすれば、アンシャンレジームの制度の廃止が経済成長を促したという説の正しさが裏付けられるだろう。ただし、図7・1を解釈する際には、慎重になるべき理由も存在している。ドイツでは占領された地域の成長率のほうが急激に伸びているが、グラフを見るかぎり、一七五〇年から一八〇〇年にかけてのほうが〔占領されなかった地域より〕成長率は高いような〔傾きが急である〕印象を受ける。そうなるとフランス革命以前の時期、これらの地域は何らかの異なった経済的軌跡を描いてきた可能性を考えなければならない。

図7・1は有力な証拠になり得るが、何らかの歴史的理由によって、フランス革命がもたらした制度にさらなる変化が加えられた可能性も捨てきれない。特にドイツの一部の地域において、一八一五年以降にかつての支配者が復活し、フランス式の改革が逆戻りした点には注目しなければならない。一八一五年に開催されたウィーン会議では、フランスに占領された領土の多くがプロイセンに譲渡された。これが幸運だったのは、ナポレオン戦争の時代に改革が行われたプロイセンは、フランスがもたらした制度上の改革を逆戻りさせなかったからだ。これらの事実からは、処置群に新たな定義が必要になってくる。ドイツのなかでもフランスに支配された後、プロイセンに譲渡された地域を区別しなければならない。図7・2では、この新しい処置群を部分集合として区別したうえで、一七五〇年から一九一〇年にかけての都市化のレベルをほかの二つの地域、すなわち征服されなかった地域と、フランスに征服された後にかつての支配者が一八一五年に復活した地域と比較した。図7・3は、これらの三つの地域の分布図（一八一五年以後のドイツ国境内）である。図7・2に示された都市化の進

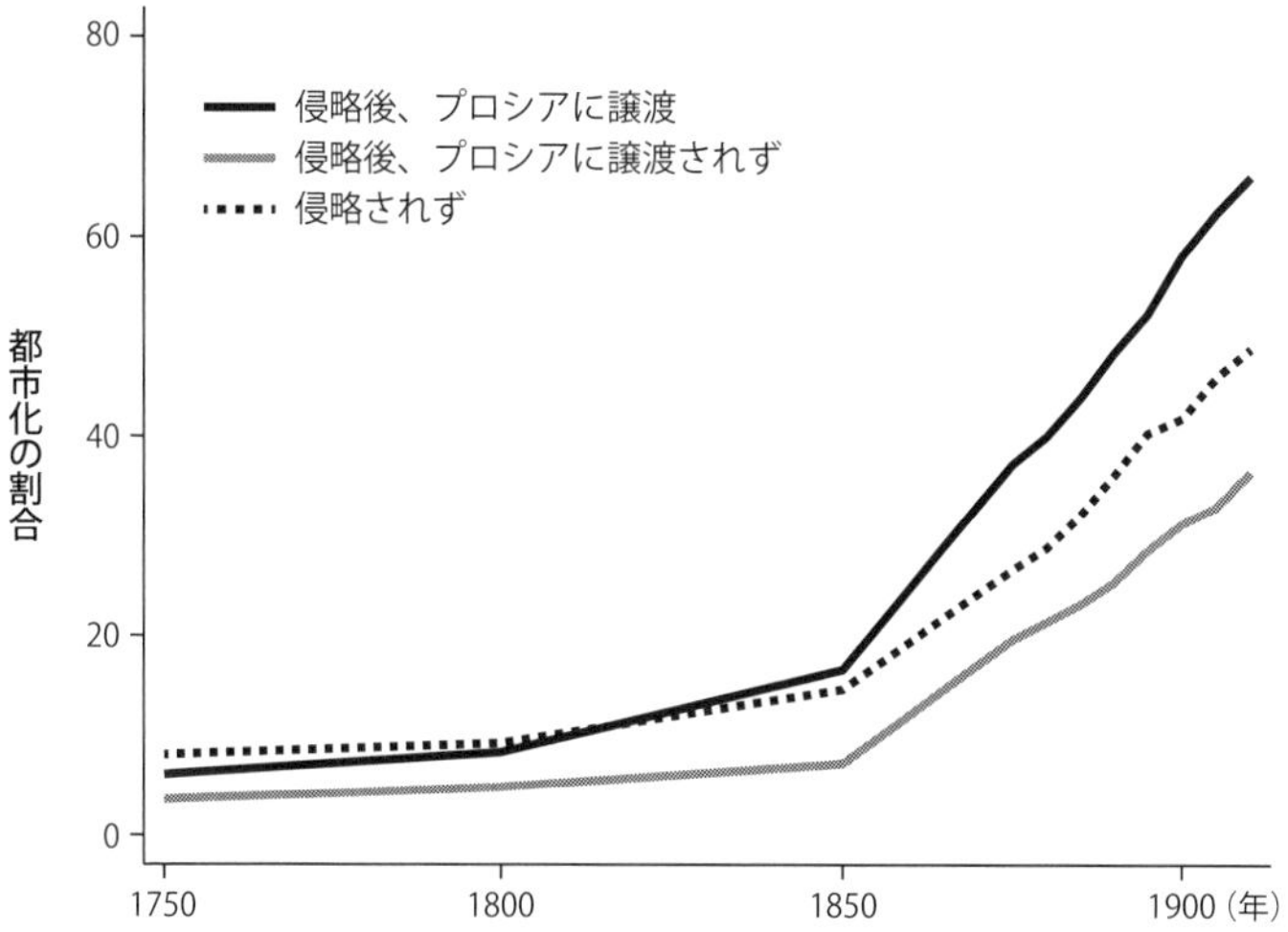

図7.2　人口5000人以上の都市で暮らす住民が全人口に占める割合（3つのグループ）

展からは、図7・1と非常によく似た傾向が読み取れる。一八〇〇年の時点で、都市化の割合は侵略されなかった地域で最も高く、侵略されてからプロシアに譲渡されなかった地域で最も低い。そしてここでも、処置群では一八〇〇年以降、ドイツのほかの地域よりも都市化が急速に進んでいる傾向が確認されるが、都市化はすでに一八世紀から顕著だったことも推測される。グラフの数字から判断するかぎり、結果が最も悪いのは改革が行われても、一八一五年以後にかつての状態に逆戻りした地域だった点も興味深い。

処置群を二番目の方法で定義する場合には、新たに以下の三つの条件が満たされることが必要だ。まず、ウィーン会議でドイツの領土の一部がプロイセンに譲渡されなかったのは、経済の潜在能力が根拠ではなく、政治交渉の結果である。最終的にプロイセンに譲渡された場所の経済的潜在能力が要因として働いて

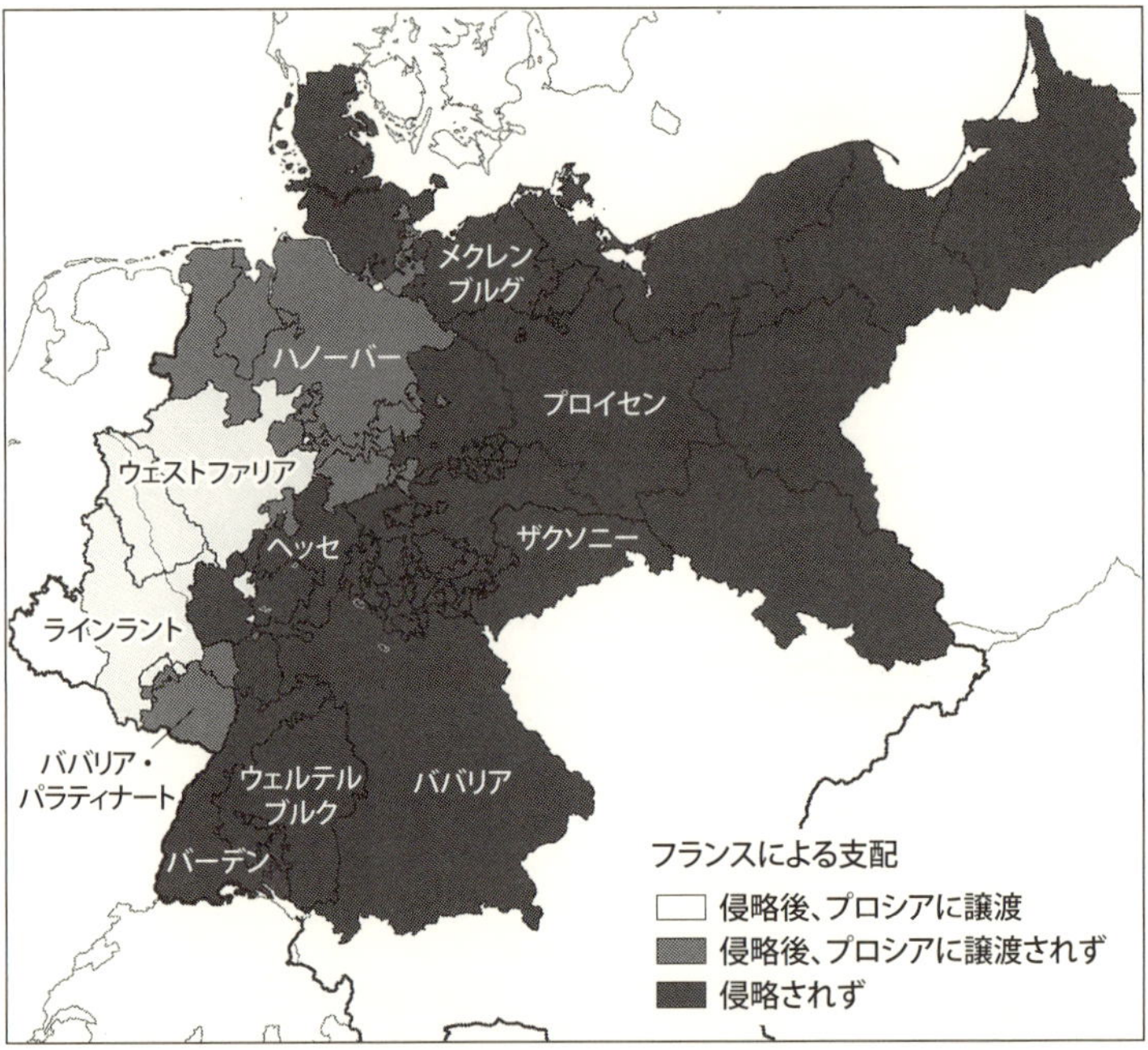

図7.3　ドイツのなかでフランスの支配下にあった地域（IEG-MAPSに基づいた地図。マインツのデジタル歴史地図のサーバー）

はならない。第二に、プロイセンは一部の地域で意図的にフランスの改革を逆戻りさせなかったわけではない。そして最後に、一部の地域がプロイセンに支配されたために発生した直接的な影響（「プロイセン効果」）は、取り除かれなければならない。このあとすぐ紹介するが、幸い私たちの実証研究の戦略では、これらの三つの条件はすべて満たされているようだ。

アンシャンレジームと経済の進歩

フランス革命が勃発した当時、ヨーロッパの大半は二種類の少数独裁階級に支配されていた。

農業は土地所有貴族に、それ以外の商業など様々な職業は、都市を基盤とする少数の支配階級に牛耳られていた。この時代、国王の権力には歯止めが利かなかったが、アンシャンレジームの制度のもとで、少数独裁階級も様々な恩恵に浴した[19]。たとえば経済の制度に関しては、封建主義時代から受け継がれた制度とアンシャンレジームに属する制度は密接な関係で結ばれていた。ヨーロッパのエルベ川以西の大半の地域では、黒死病が猛威を振るった時期を境に極端な農奴制や賦役は消滅したものの、社会の基本的な秩序は多くの地域で残された。アルフレッド・コバンの研究成果が発表された後は、一七八九年当時のフランス社会を封建制と語ってよいものか論争の的になったが、最近の研究においては、封建制度に由来する税などの義務がフランスには多く残され、革命に大きな影響を与えた事実が強調されているようだ[20]。地方の窮屈な環境からの避難場所になることが多い都市部でさえ、強力なギルドが経済活動やコミュニティのメンバーを支配していた。

アンシャンレジームは、社会は本質的に複数の階層から成り立っているという概念を大前提にしている。一部の集団や社会階級には社会や政治や経済の面で特権が備わっているが、その他大勢は蚊帳の外に置かれた。特権階級は主に君主、貴族、教会で構成された。これらの集団には大衆と異なる法律や権利が適用され、それは数々の重要な形で具体化された。たとえば貴族は税の支払いを免除され、多くの土地を保有する教会は、自分たちの土地で生産活動を行なう農民に一〇分の一税などの税金を課した。この階級制度の底辺を支えるのは農民と都市の貧困者で、経済や社会での選択範囲はきわめて限定されるのが普通だった。ユダヤ人など宗教的少数民族も同じ運命に甘んじ、多くの差別を受けた。一七八九年の時点で、法の前の平等という原則はヨーロッパのほとんどで異質だった。政治においても集団は同じような秩序で編成され、絶対主義の時代には中世の議会制度——フランスの三部会が最も有名――の大半が衰退していた。このような制度の特徴のいっさいが、フランスでは一七八九年を境に消滅したのである。

制度が経済の成果に影響をおよぼすという発想は、直観的に理解しやすい。しかもこれは基本的な経済理論との矛盾がなく、たくさんの証拠もそろっている。財産権を確実に提供し、参入や社会的流動性を促す制度だけが、経済成長を生み出せるのだ[21]。貴族の特権を擁護する制度は社会の流動性を大きく妨げた。農村部で封建制が流動性や職業の選択を制約した結果、資源の効果的な配分は実現しなかった。法制度も例外ではない。差別的かつ専断的で、しばしば混乱状態にあったため、経済の進歩は妨げられた。ギルドの影響を再評価する解釈も公表されているが、カルテルの結成、参入や競争の制約、メンバーの所得の改善が、ギルドの数多くの機能のなかで際立っていたことには議論の余地がない[22]。このような制約は間接的にも直接的にもイノベーションをほぼ確実に妨害した。ギルドが新しい制度の誕生を妨げ、ひいてはそれが経済的・政治的立場を弱体化させた可能性については、ジョエル・モキアが多くの事例を紹介している[23]。

ドイツのアンシャンレジーム

ドイツでは、アンシャンレジームの制度に地域ごとのばらつきがある程度見られる。ばらつきの大きな原因は神聖ローマ帝国で、およそ四〇〇の異なる政治組織から構成された。それでも、何らかの形での一般化は可能だ。

先ず、封建的な秩序や特権はドイツで衰えることがなかった。絶対王政の程度は地域ごとに異なるが、アンシャンレジームの一般的な政治構造はどこにも共通して存在していた。顕著な例がハノーバーで、ハーバート・フィッシャーはつぎのように記している。「ハノーバーの特権階級は選挙に関してこそイギリスの自由民との関連性が見られるが、貴族の特権の廃止や農民の解放を決して支持しない」[24]。

第二に、一七八一年にヨーゼフ二世がオーストリア（ハプスブルク帝国のそれ以外の地域では温存された）で農奴制を廃止すると、最も厳格な形の封建制はドイツで消滅したが、過去の遺産の多くは手つかずのままだった[25]。おまけにエルベ川の東側では、農奴制が未だに強力だった。そして西側では農奴制に代わって様々な形の税制が登場したが、ほかの地域の地主に年貢を納める方式なども導入され、煩わしさばかりが目立った。たとえば、ドイツで最初にフランスの支配下に入ったラインラントでは、農奴制が継続していた。ティモシー・ブラニングはつぎのように記している。「［ラインラントの］一部の地域では農奴制が細々と続き、農民は移動を制約されていた[26]」。そしてフリードリッヒ・レンガーによれば「農民は領主に賦役や税を提供する本来の義務のほかに、個人的な重労働を課せられた」という[27]。さらにレンガーはつぎのように続けている。「ナッソー・ウージンゲンという小さな領土では一八〇〇年頃、農民が領主に提供する税などの支払いや賦役が二三〇種類も存在していた。税のなかには屠殺した動物の一〇分の一を治める『血税』、『ミツバチに関する一〇分の一税』『蜜蝋に関する一〇分の一税』、さらには土地の所有権が変更されたとき領主に多額の料金を支払う義務などが含まれていた[28]」。農民にはこれだけ多くの税を支払う義務があり、領主である貴族は好き勝手に税を集める権力を持っていたのだから、投資意欲は確実に大きく衰えた。

ヨーロッパのほかの地域と同じくドイツでも、法制度は近代化されないまま残され、貴族や騎士修道会や教会を対象にした多くの優遇措置や特権が際立った。一方、ユダヤ人は職業や居住地や旅行の選択を大きく制約され、特別税の支払いを義務付けられた。

そして最後に、農村部で生き残った封建支配階級に比べ、都市部の少数支配階級による工業化の妨害は悪質で、ドイツで強い影響力を維持した。都市では主な職業のほぼすべてがギルドによって支配され、よそ者の参入を大きく阻んでいたが、この制度は間接的に新しい技術の採用も制約した。ハーバート・キッシュは、ラインラント、なかでも特に大都市のケルンとアーヘンで新しい技術の採用をギルドが妨害した具体例について触れている。これらの都市では新しい繊維機械（紡績機と織機）の導入が、ギルドの妨害によって大きく遅れたという[29]。さらに、多くの都市が何世代にもわたって一握りの一族に支配され、彼らは富を蓄積し続けたが、その代償として、優れた能力や技術を持つ人材の参入が阻まれてしまった[30]。

フランス革命の影響

フランス革命は勃発した直後から、ヨーロッパのエリート層にとって脅威とみなされたが、第一次対仏同盟は一七九二年にようやく結成された。フランス軍は瞬く間にオーストリア・ネーデルランド（今日のベルギーにほぼ匹敵）とオランダを占領し、現代のスイスの大半を制圧した。そして三つの場所のいずれでも、フランスは一七九〇年代を通じて強力な支配を続けた。当初、ドイツでは激しい抵抗に遭い（一七九三年にはプロイセンが支配権を取り戻したが）、一七九五年にはフランスがラインラント（ライン川の左岸）を完全に掌握した[31]。一八〇二年、ラインラントは正式にフランスに組み込まれる。

一八〇一年のリュネビルの和約の後にオーストリアは、神聖ローマ帝国の領土の再編についての責任を勅使に全面的に委ね、使節団が一八〇二年と一八〇三年にフランス代表と会談した。その結果、大々的な再編が行われる。一一二の独立国、六六の教会領、四二一の帝国自由都市が消滅し、王国と公国と公爵領から成る大きな組織にまとめられた。騎士の封土も一五〇〇ヵ所で消滅する。なかでも最も注目すべきは、バーデン大公国、ウュルテンベルク王国、ババリア王国の再編成だ。一八〇六年、ナポレオンの主導によりこれらの諸邦は統一され、ライン同盟が結成された。その結果、再編はさらに進み、王国の数は四〇弱に減少し、そのほぼすべてが一八〇八年までにライン同盟に加わった(32)。

この時期、ナポレオンはドイツ北部の一部も支配下に治めた。一八〇三年には、イギリスとの戦争の末にハノーバーを占領する。一八〇六年三月にはベルク大公国、一八〇七年八月にはヴェストファーレン王国、一八一〇年二月にはフランクフルト大公国が結成される。ナポレオンが統合した諸邦のなかから結成されたこれらの国は、彼の親族（ナポレオンの義理の弟のジョアシャン・ミュラはベルク、ナポレオンの末弟のジェローム・ボナパルトはヴェストファーレン）もしくは側近（かつてマインツの大司教だったカール・テオドール・フォン・ダールベルクはフランクフルト大公に任ぜられる）によって支配された。

第三次対仏同盟戦争が終わって一八〇五年一二月に締結されたプレスブルク条約で、ナポレオンはオーストリアに屈辱的な条件を押し付けた。その結果、オーストリアがイタリアに保有していた土地はすべて没収され、バルカン半島の領土は奪われ、チロルはババリアに、ライン川上流の領土はバーデンとウュルテンベルクに譲渡された。ラインラントの領土を失ったプロイセンは、その埋め合わせのために拡大策をとった。しかしジェナでフランスに敗北を喫してティルジットの和約が結ばれると、プロイセンがエルベ川以西に保有していた領土はすべてウェストファリア王国の一部となり、ポーランド地域の州はワルシャワ公国になった。おまけにプロイセンは、巨額の賠償金をフランスに支払う羽目になった。そして一八一〇年一二月、ナポレオンは集大成としてハンザ同盟都市のハンブルク、リューベック、ブレーメンを併合し、フランス領に組み込んだのである。

ここで最初に注目すべき点は、フランスが侵略した場所は経済的な潜在能力や特徴ではなく、軍事的・地政学的重要性を考慮して選ばれたことだ。たとえばマイケル・ロウは、ナポレオンがドイツ北部に創造した衛星国のウェストファリア王国は、ドイツにおけるフランスの戦略的軍事拠点だったと考えており、ブレンダン・シムズも同じように論じている。[33] あるいは、ナポレオンはババリア、ウュルテンベルク、バーデンなど、ドイツ南部の諸国とは同盟関係を結成したが、ハノーバー（イギリス王朝とのつながりがあった）、ヘッセン＝カッセル、ブラウンシュヴァイクといった北部の諸国は、ナポレオンへの抵抗を執拗に続けた。そうなると、フランスはドイツに侵攻した際、経済的潜在能力を理由に侵略先を選んだという発想には、歴史的証拠による裏付けがない。本章の図7・1の解釈が妥当であるために、これは最も重要な条件である。

ナポレオンが敗北してセントヘレナ島に国外追放されると、ヨーロッパ列強は戦後処理のためウィーンで会議を開いた。その結果としてドイツの大半は、ライン同盟以前の状態に基づいて編成し直された。最終的に一八一五年からは、三八の主権国家から成るドイツ連邦が登場し、勢いに乗るババリア、バーデン、ウュルテンベルクなどは領土を拡張した。一方、プロイセンの領土を巡る問題は難航した。[34] 一八一三年二月、プロイセンとロシアはカーリッシュ条約を締結し、その結果としてロシアはポーランド、プロイセンはザクセンを支配下に治めた。ザクセンはナポレオンとの同盟関係がドイツのほかの諸国よりも長かったため、ウィーン会議での交渉上の立場はかなり弱かったが、プロイセンの交渉力も強くなかった[35]。ジェナで敗北を喫して以降、フランスの打倒に大きく貢献できなかったのだ。プロイセンの要求は隣接する土地の併合に限られ、そのためザクセンに注目したのである。

結局プロイセンは、ウィーン会議で望みどおりの結果を得られなかった。ザクセンの領土の六〇％を譲渡されたものの、その地域の人口は全体の四〇％でしかなかった。ほかには、フランス占領下にあったドイツのかなりの部分を獲得したが、そこにはラインラントやかつてのウェストファリア王国の多くの領土が含まれていた。ジェイムズ・シーハンによれば、プロイセンにはザクセンで望みどおりの結果を与えない代わりに、ライン地方やウェストファリアの土地が与えられたのだという[36]。アラン・J・P・テイラーは、ライン川左岸の土地についてつぎのように述べている。「これは魅力的な提案ではなかった。戦略的にフランスの侵略を受けやすい……奇妙な偶然で、これらの土地はプロイセンの支配下に入ったが、これは住民もフリードリヒ・ヴィルヘルム三世も望む結果ではなかった……プロイセンはこれらの土地を不承不承引き受け、フランスからライン川を守る任務を課したのである。言うなれば、列強が数で最も劣る国に悪ふざけをはたらいたようなものだ[37]」。そうなると、図7・2で使われている処置群の妥当性に関する二番目の条件に問題はない。プロイセンがドイツの一部を獲得した際、地域の経済的成長に備わった大きな潜在能力に注目し、目的を達したことの証拠は存在せず、関連因子の正しさが裏付けられる。

最後に、プロイセンは一八〇七年から大々的な改革に乗り出したが、ドイツ西部にフランスが創造した制度にはほとんど変化が加えられなかった[38]。これについて、ハーバート・フィッシャーはつぎのように要約している。

革命政府や領事や帝国による農業改革は、ライン川地方を除けば、十分な効果をもたらすだけの時間がなかった……実際のところ、本質的にナポレオンのキャリアとの関わりを持つひとつの状況が発生しなければ、フランスの占領地はドイツ全域で確実に壊滅していたはずだ……当時プロイセンでは、シュタインとハルデンベルクの指導のもとに農地改革が行われたのである。プロイセンの貴族政治はヨーロッパでもとりわけ頑迷で、上流階級に都合の良い制度が擁護され続けてきたが、シュタインとハルデンベルクという二人の政治家が主導する改革は、それをはじめて攻撃したのである……プロイセンが自ら土地制度の改革に乗り出していなければ、フランスの占領地が生き残るチャンスはほとんどなかっただろう。やがてプロイセンはポズナン公国とベルク公国、さらにはライン地方の一部を一八一五年に獲得し、版図を広げていった。しかもプロイセンの行政官は強力で、封建制の回復を求める貴族階級の訴えに耳を貸さなかった……時計の針は巻き戻されなかったのである。[39]

プロイセンがウィーン会議でどの地域を譲渡されるか決定される際、各領土の経済的特徴が決定要因にならなかったことが、この証拠からは推測される。さらにプロイセンは、フランスがもたらした制度上の変化を意図的に逆戻りさせなかったわけではない。当時は自らの意思で大々的な改革に乗り出したばかりで、しかも新しい地域を治めなければならなかったからだ。そんなときにフランスの改革を逆戻りさせれば、地元のエリート階級の力が強くなり、プロシアの支配者はせっかく始めた改革を中断せざるを得なかっただろう。[40] では最後に、図7・1と7・2に示されている結果が得られたのは、新しい地域が一八一五年にプロイセンに併合されたことが、都市化の進展に直接的な影響をおよぼしたからだろうか。答えはノー。なぜならプロイセンの多くは、フランスに侵略されなかった地域に該当する。つまり、一八一五年以降にプロイセン全域が見違えるような成長を始めたのではなく、フランスによる改革が定着していた地域が飛躍したのだ。要するに、フランスによるドイツ侵略とその後の制度改革は、ここで注目するふたつのタイプのどちらを処置群としても、自然実験の舞台として通用することが歴史的証拠からは推測される。

ドイツの制度改革

ドイツは制度改革の波を二度経験している。最初は革命軍による改革で、その影響はライン地方に限られた。二度目はナポレオン支配下の改革で、彼が創造した衛星国を通じてドイツ北部の大半に影響を与えた(41)。すでに述べたが、これらのプロセスはほかにもドイツの多くの地域で改革を促し、ザクセンやメクレンブルクなど一部の地域だけが例外的にほとんど影響を受けなかった。この先からは、一九世紀はじめに行われた社会・経済改革がどの程度のものだったのか、理解したうえで測定していきたい。そのため、フランスまたはナポレオンの衛星国による支配を受けた後にプロイセンの一部になった領土、フランスまたはナポレオンの衛星国による支配を受けた後、ウィーン会議の結果として凡庸で反動的な支配者の手に落ちた領土、防衛の近代化を除けばナポレオンの直接的な影響がおよばなかった領土の三つの違いに注目する。

行政や財政制度の改革、成典の制定、農業改革、ギルドの廃止、ユダヤ人の解放、教会領の世俗化は、ドイツを占領したフランスや、その後に近代化を掲げて登場した君主が進めた改革の成果として

	成文民法	ギルドの廃止	1825年の農地改革	ユダヤ人の解放
侵略後、プロイセンに譲渡されず				
プロイセン、エアフルト	1	1	1	0
プロイセン（かつてのベルク）	1	1	1	0
プロイセン（かつてのウェストファリア）	1	1	1	0
プロイセン（かつてのフランクフルト大公国）	1	1	1	0
プロイセン、ライン川以西（ライン州）	1	1	1	0
平均（%）	100	100	100	0

しばしば引用される。行政制度の再編は定義も定量化も難しい。そして宗教の歴史を考えれば、教会領の世俗化はカトリックの領土でしか行われない。そのためここでは、それ以外の改革に焦点を当てる。その結果をまとめたのが表7・1で、ドイツ連邦の二九の領土を対象にしている。都市化に関しては、部分集合の数がドイツの八つの国／地域に限られたが（図7・1、7・2を参照）、制度の改革に関しては、ずっと多くの領土を取り上げることができた。なかには、領土（すなわちプロイセン）が一八一五年以前の支配者を基準にして分類されたものもある。改革に関する政策は同じ領土のなかでも常に一貫しているわけではなく、過去に行われた改革の内容に影響されるからだ。

　フランスの民法と商法の導入は、フランスによるドイツ支配の遺産として長らく影響をおよぼした。ライン川の左岸では一九〇〇年までフランス民法典が施行され、ライン地方特有の経済ダイナミズムが生み出された理由としてしばしば引用される(42)。さらに、民法と商法の導入はフランスに直接支配された領土にせよ、ナポレオンの

表7.1　19世紀ドイツの改革の進行度

	成文民法	ギルドの廃止	1825年の農地改革	ユダヤ人の解放
侵略されず				
アンハルト	0	0	0	1
バーデン	1	0	1	1
ババリア	0	0	0	0
ババリア（かつてのアンスバッハまたはバイロイト）	1	0	0	0
ヘッセン＝ダルムシュタット	0	1	1	0
ホルシュタイン	0	0	0	0
メクレンブルク	0	0	0	0
ナッサウ	0	1	0	0
プロシア	1	1	1	1
プロシア（かつてのナッサウ）	0	1	1	0
プロシア（かつてのザクセン）	1	0	1	0
ザクセン	0	0	0	0
シュレースヴィヒ	0	0	0	0
チューリンゲン諸州	0	0	0	0
ウュルテンベルク	0	0	0	0
平均（パーセント）	29.5	15.1	30.2	20.9
侵略後、プロイセンに譲渡				
ライン川左岸のババリア（ババリア・パラティネート）	1	1	1	0
ブレーメン	0	0	n/a	0
ブランズウィック	0	0	0	1
フランクフルト	0	0	1	1
ハンブルク	0	0	n/a	0
ハノーバー	0	0	0	0
ヘッセン＝ダルムシュタット、ライン川以西（ラインヘッセン）	1	1	1	0
ヘッセン＝カッセル	0	0	0	1
リューベック	0	0	n/a	0
平均（パーセント）	25.6	25.6	30.6	33.3

衛星国にせよ、すべての領土で一貫して目標にされた。ラインラントでは一八〇二年から、ウェストファリアでは一八〇八年から、ベルク大公国では一八一〇年から、今日のニーダーザクセン州に匹敵する地域ならびにハンザ同盟都市のブレーメン、ハンブルク、リューベックでは一八〇九年から一八一〇年にかけて、民法と商法が施行された[43]。同じ時期、バーデンではリベラルな首相ヨハン・ニクラス・フリードリヒ・バウアーのもとで、バーデン・ラント法が施行された。これは、ナポレオン法典に若干の内容を追加したものだ。対照的にババリアでは、一七五六年のマクシミリアン・バイエルン民法典の一部に若干の修正が加えられ、慣習法を補足する法的根拠として利用された[44]。

ドイツでナポレオンによる支配が幕を閉じると、ライン川以東の領土では直ちにかつての法制度が復活し、ナポレオンの改革の名残はすっかり取り除かれた。しかし、二つの例外が際立っている。まず、プロイセンに引き継がれた土地では、プロイセン一般ラント法（ALR）が採用された。これは一七九四年にプロイセンで施行された意欲的な民法で、あらゆる法的事項が一万九〇〇〇ものパラグラフによって成文化されている。領主裁判権など[45]、封建制度の一部の特権は残されたが、ALRは当時としては進歩的な内容で、啓蒙主義の影響を強く受けていた。同様に、アンスバッハとバイロイトのふたつの辺境伯領のかつての領土（今日はババリアの一部）では、ホーエンツォレルン家に対する忠誠の名残であるかのように、ALRが維持された[46]。もうひとつの例外はラインラントで、プロイセン、ラインヘッセン（ヘッセン＝ダルムシュタット）、ババリア・パルアティネートのいずれに帰属する地域でも、地元のブルジョア階級がナポレオン法典を守り抜いた。自分たちの立場にとって明らかに有利だったからだ[47]。

表7・1の一列目には、一八二〇年にどの領土で成典が採用されていたかが記されている。これら

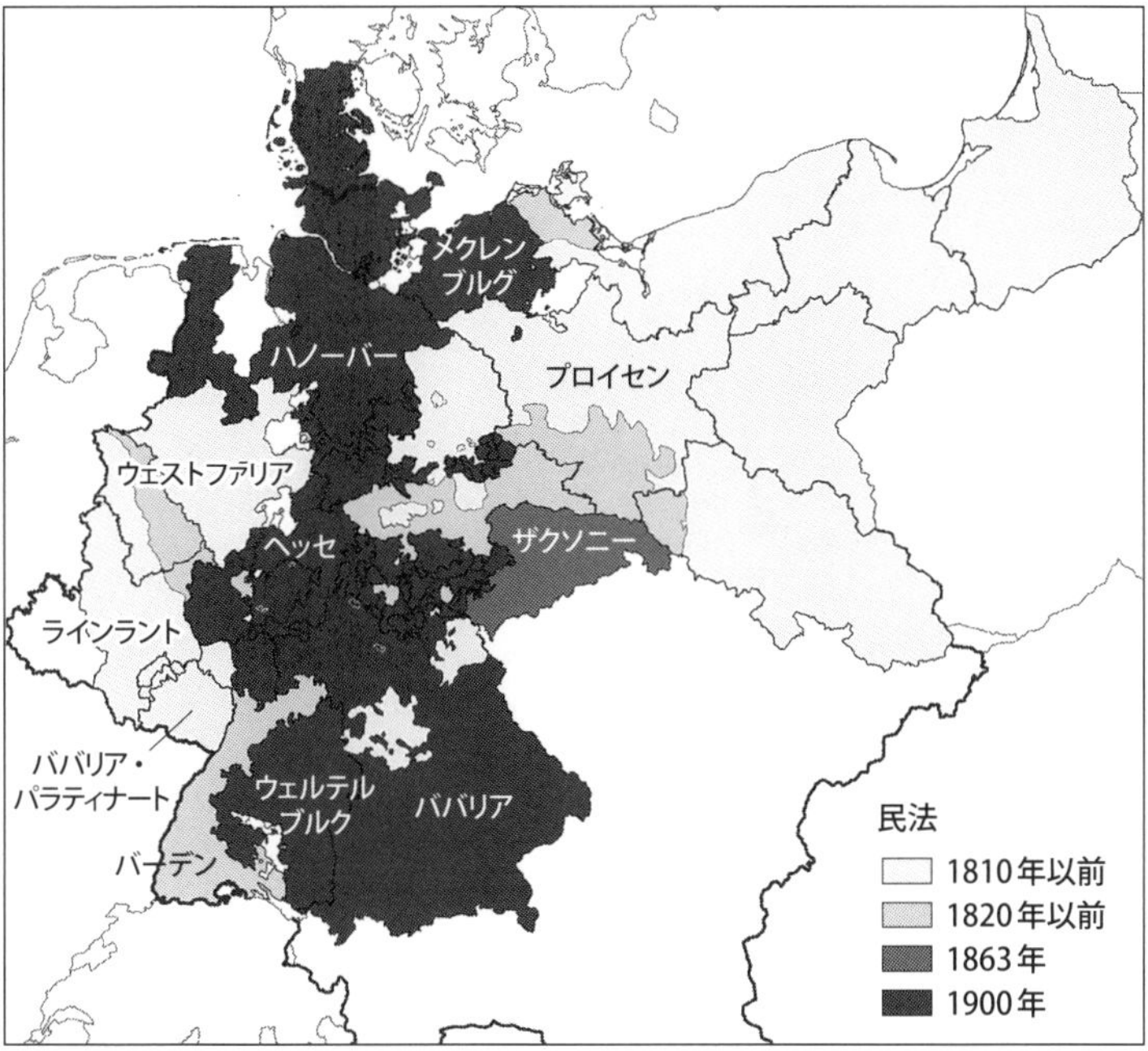

図7.4　ドイツにおける成文民法の採用（IEG-MAPSに基づいた地図。マインツのデジタル歴史地図のサーバー）

の数字は、成典ならびに商法の制度の双方が存在していた可能性も示唆している。商法の制度としては、フランスの商法典、またはプロシアのALRの第八巻の第7章～15章のいずれかが採用された[48]。図7・4の地図には、ドイツの領土で成典が採用された時期の違いが示されている。そこからは、ほとんどの地域が一九〇〇年にようやく成典の制度を取り入れたことがわかる。この年、ドイツ全域に民法典（BGB）が採用された。

ギルドの廃止も、アンシャンレジームの名残の消滅と密接な関わりを持つ改革である。すでにプロイセンは、一七三一年の帝国手工業法令[49]によってギルドの力を縮小させていたが、フランスの革命軍の侵攻が強い追い風となり、ドイツ全土で変化が一気に進んだ。この展開は、民法採用のプロセスとよく似ている。まずギルドは、ライン川左岸の領土で廃止され（一七九〇年～一七九一年）、つぎにナポレオン支配下だったウェストファリア（一八〇八年～一八一〇年）とベルク（一八〇九年）、最後にドイツ北部で廃止された。反動的な傾向の強いハノーバーとヘッセン＝カッセルの両国では、一八一四年から一八一六年にかけてかつての状態が復活した。ナッサウだけが逆の傾向を示し、一八一九年に商業の自由を宣言する[50]。

プロイセンの領土のなかでは地域差があった。営業の自由（ギルドの廃止を含む職業の自由）は、シュタインとハーデンベルクの改革の柱のひとつだったが、その適用範囲は当初、プロシアの中核的な領土に限られた。一八〇七年のティルジットの和約で、最低限だけ拡張された領土である。ウィーン会議の後、ギルドの廃止はラインラント（プロイセンの領土もそうでない地域も含まれる）、あるいはベルクやウェストファリアのかつての領土で進められた。しかし、プロイセンがザクセンやスウェーデンから獲得した領土や、アルスンベルク行政管区の小さな飛び地では、古い仕組みが維持された[51]。一八一五年以降のドイツ連邦で、プロイセンはどの国よりも徹底的に商業の自由という目標を追求した。バーデンではギルドの構造が温存されたが、ウュルテンベルクではギルドの組織が拡大され、グループ内で多少の移動が許されるようになった。一方、ババリアとザクセンは商人ベースの制度へと方向を変更し、職人の人数と前提条件が国の官僚によって決定された[52]。一八四八年の革命の前後には一時的に反動が見られ、リベラルな政策を追求してきた多くの国でギルド組織の復活への圧力が強まった。一八七一年の統一後に営業法（商業を規制する法律）が新たに施行されてようやく、ドイツ全域が完全にギルドから解放された。したがって表7・1の二列目の数字は、一八二〇年代からドイ

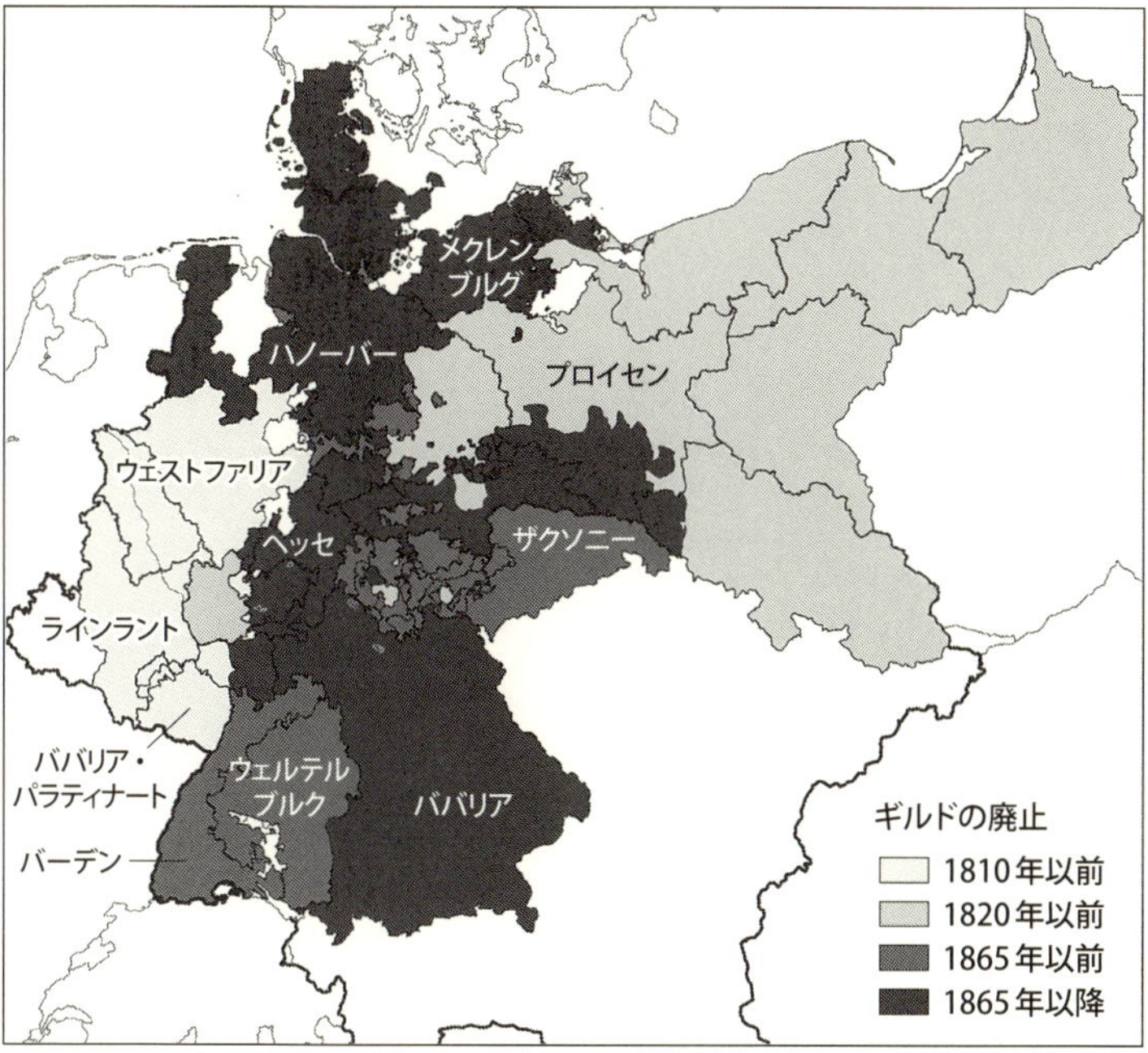

図7.5　ドイツにおけるギルドの廃止（IEG-MPASに基づいた地図。マインツのデジタル歴史地図のサーバー）

ツ帝国が建国されるまでの状態を反映しているが、一八四八年頃の一時的な後退については考慮されていない。図7・5の地図には、各地でギルドが廃止された時期が示されている。いちばん色が濃い部分は、ドイツ統一後にようやく廃止された地域である。

　農業改革もやはり、ドイツ連邦諸国全体で異なったアプローチが確認される分野だ。エルベ川以西の地域に限定しても、アプローチは様々である。農奴制やグーツヘルシャフト（大農場制度）を特徴とするエルベ川以東の地域に比べれば、エルベ川以西は封建制度が抑圧的ではなかったが、それでも違いは見られる。そしてここでも、まずはフランスに占領された地域、つぎにプロイセンが「近代化を貫徹した」地域が改革の波の先頭に立っている。最も大胆な改革が成功したのはライン川以西のみで、ここでは農奴制が無償で廃止され、労役は一七九八年の年間評価額の一五倍で清算された。

改革はベルク（一八〇八年）とウェストファリア（一八〇九年）でも続いたが、まもなく封建時代の労役の細かい清算額を巡って混乱が生じた。無償で廃止される農奴制の定義の拡大を狙い、裁判所に訴訟が殺到したのである。結局、すべての改革は一八一二年の法令で阻止され、プロイセンの時代になるまで再開されなかった。対照的に同じ時期、プロイセンはすでに領土の一部で農業改革を実行していた。まず一〇八七年一〇月九日に勅令が出され、一八二一年の法律では、封建時代の労役の清算に関して具体的な条件が明記された（年間評価額の二五倍）。

封建制のグーツヘルシャフトの関係を抜け出すために必要な具体的な金額について明記した法律は、それを農民に提供する金融機関の設立と抱き合わせになる場合もあった。実際、効力がないのに廃止されない法律を温存することなく農地改革を行うためには、これが重要な前提条件だった。そこで表7・1の三段目の数字では、そのような法律の有無と農奴制（エルベ川以西の土地のほとんどでは形骸化していた）の廃止状況が考慮された。これらの値は一八二〇年代の時点での現状を反映している。一八四〇年代に入ると、ほかのほとんどの領土でも農地改革が行われるようになったので、早い時期の近代化の数字に的を絞ることにした。[53] 農地改革が実施された具体的な時期については、図7・6の地図に詳しく示されている。

ユダヤ人解放という改革は、ドイツ全土で一貫性に欠けている。ナポレオンに支配された諸国——ウェストファリアでは最もリベラルな政策が制定された——でさえ、改革の第一段階が実施されると、

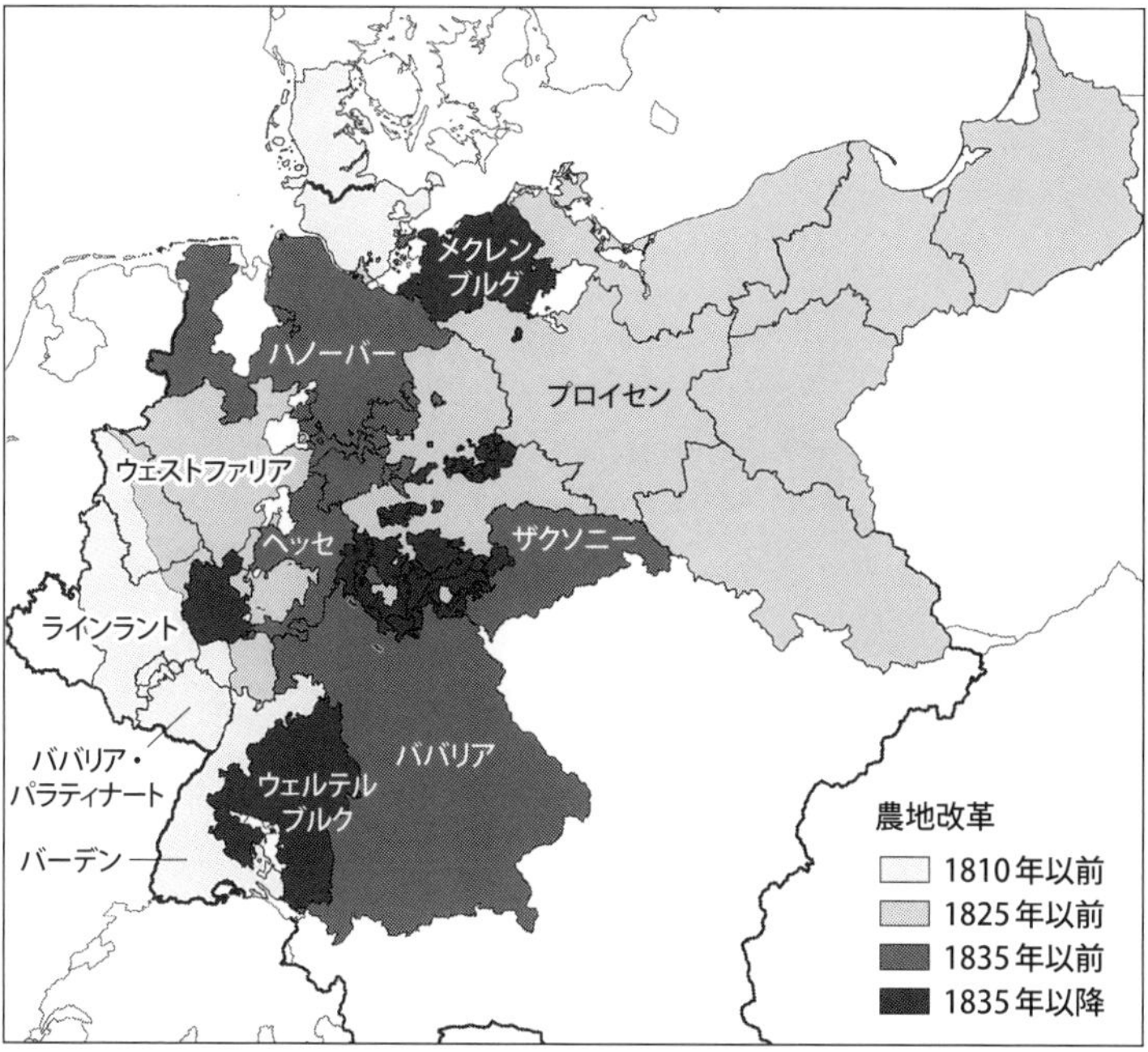

図7.6　ドイツにおける農地改革の実施（IEG＝MAPSに基づいた地図。マインツのデジタル歴史地図のサーバー）

はやくも一八〇八年には、いわゆる恥辱令による制限が設けられた。たとえばラインラントでは、利権契約に基づいた制度を通じてユダヤ人の職業選択が制約される[54]。同様に、プロイセンでは当初、一八一二年三月に施行された法を通じて幅広い権利が与えられたが、ほどなく改革は後退し、新たに獲得した領土ではユダヤ人の自由が適用されなかった[55]。一八七一年にドイツが統一されると、ようやくユダヤ人は完全に解放されて政治的権利も手に入れたが、一部の国はそれ以前から支配下のユダヤ人に広範な自由を与えており、なかでも職業選択の自由に関しては寛容だった。バーデン、ブラウンシュワイク、アンハルト、ロスチャイルド王朝発祥の地である自由都市フランクフルトは格好の例だ。農地改革のケースと同じく、表7・1の左から四列目の数字は一八二〇年代の現状で、どの国が近代化政策に早くから取り組んでいたかを示している。[56]
最終的に表7・1からは、フランスによる改革が行われてから一八一五年にプロシアに譲渡されたドイツ西部地域、フランスに征服されなかった地域、フランスに支配された後に改革が後退した地域がはっきり区別されることがわかる。[57]

制度改革の経済的影響

ナポレオンがヨーロッパに導入したフランス式改革の経済的遺産に関して、現代の歴史学者の意見は未だに統一されない。アレクサンダー・グラブの見解は、この遺産に関する一般的な認識だと言えよう。ナポレオンによる支配がヨーロッパに残した大きな遺産は、それがアンシャンレジームから近代への移行のきっかけになったことだと彼は結論している。[58] ただし、ナポレオンにはふたつの顔があり、各地の少数独裁者と結託した結果、せっかくの改革を弱体化させたともグラブは指摘して、つぎのように記している。「逆説的ではあるが、時にはナポレオン本人が自らの改革政策の効果を損なってしまった。多くの国で保守的なエリート階級に妥協して、相手が最高指導者としての自分の地位を認めるかぎり、特権を保持することを許してしまった[59]」。

このような行為がもたらした経済的影響に関しても、歴史家の意見は一致していない。フランス国内では、ジョルジュ・ルフェーヴルやアルフレッド・ソブールなどマルクス主義の学者による革命の解釈が広く支持されている。それによれば、革命は封建主義から資本主義への移行のきっかけとなり、少なくとも暗黙のうちに急速な経済成長をもたらしたという。コバン、ジョージ・テイラー、フランソワ・フュレなどはこの解釈を否定しているが、その姿勢は大勢の人たちから、マルクス主義者が暗に指摘する革命と経済的成長との関わりを認めないものとして解釈されている。[60]しかし私たちは、革命と経済的成長の関連性を認めない解釈は間違っていると確信している。先ず、伝統的なマルクス主義の立場から見れば、たしかにフランス革命はブルジョワ革命ではなかったが、だからと言って、革命が引き起こした制度上の変化が経済的成果の改善に結び付かなかったとは結論できない。第二に、フランスは農業生産性も実質賃金も低く、一八世紀にはオランダやイギリスと比べて貧しかった。経済歴史学者によれば、このような違いの少なくとも一部はフランスのアンシャンレジームの制度が原因だったという。ジャン＝ローラン・ローゼンタールは灌漑と排水設備を具体例として、フランス革命がもたらした制度上の変化が生産性の向上につながったことを示している。[61]さらにロンド・キャメロンも、フランス革命とそれがもたらした制度上の変化は、好ましい経済的影響をもたらしたと主張している。[62]

では、フランス革命の影響をヨーロッパ全体でとらえてみるとどうか。経済史家は概して、革命の負の影響を強調する。たとえばデイヴィッド・ランデスは、ヨーロッパ大陸諸国にとってフランス革命は新技術の採用を妨げる政治的障害だったと考えている。そのうえで、フランス革命の結果として大陸諸国とイギリスの技術的ギャップは広がり、おまけに教育や経済や社会の基本的な制度が障害となり、技術の模倣は妨げられたと結論している。[63]

フランスによる改革がドイツにもたらした経済的影響に関しては、ニッペルダイが話題となった著書やエッセイのなかで見解を述べているが、未だに論議の的になっている。ほとんどの学者は経済よりも政治的な意味合いに注目しており、経済に注目する研究者も、改革は逆効果だったと論じるときが多い。たとえばティモシー・ブラニングなどは、改革はすでに進行しており、ナポレオンの改革がおよぼした影響は取るに足らないどころかマイナスでさえあったと論じているが、ハメローは正反対の内容を主張している。[64]なかには改革がもたらした経済へのプラスの影響を確認している文献もあるが、大体は範囲がラインラントに限られている。たとえば、ハーバート・キッシュはつぎのように述べている。「商業に関する様々な法律がナポレオン法典のもとでまとめられた結果、最も近代的な法的枠組みが与えられただけでなく、工業化に勢いづく社会のニーズと見事に調和した政府の制度が創造された[65]」。このような変化を経験したラインラントは、少数の独裁者が支配する状態を抜け出し、新しいビジネスや参入者に開放的な場所になったとキッシュらは論じている。[66]しかしティモシー・ブラニングは、フランスのもたらした改革が経済に正味でプラスの効果をおよぼしたことを、ラインラントにおいてすら認めない。[67]

歴史学者の意見がこれだけ矛盾している事実を考えると、フランスによる改革がドイツの経済的成長におよぼした影響を研究するためには、統計を利用した系統的なアプローチという斬新な方法に頼るべきだろう。[68]すでに紹介したが、そのためにここではドイツ連邦を構成する諸国家の都市化の割合に注目し、一七五〇年から一九一〇年にかけてのデータを用いた。図7・1と7・2には主な結果が示されている。そこからは、二種類の処置群のどちらに関しても、都市化の進行は対照群よりも速く、一八五〇年までにフランスから侵略されなかった地域さえしのぐほどであることがわかる。さらに、制度の改革は処置群のほうが進んでいる傾向も確認され、一連の改革が急速な都市化と経済的成長を促したという主張の正しさを裏付ける証拠となっている[69]。

　このような比較を行う際、都市化の割合にとって制度が唯一の決定要因とみなすことはない。実際、処置療群と対照群の都市化のあいだにはかなりのバリエーションが確認される。たとえば、処置群の二番目の定義においては、対照群のなかに北海ならびにバルト海の港湾都市や商業地区が含まれる。これらの地域はフランス革命以前の時期からすでに多くの人口を擁しており、様々な点で封建制やアンシャンレジームの制度の枠外にあったとも考えられる。さらに、三つのグループのどれも時間の経過と共に上昇傾向を示しているのは、ヨーロッパ全域における経済や都市の成長と時期が重なったからでもある。しかし本章では、これらの地域の相対的な成長率とそれが制度の改革におよぼす影響を確認することが大事な目的である。

結論

　本章ではフランス革命後のフランス軍によるドイツ侵攻に注目し、アンシャンレジームの主要な制度が繁栄を妨げたのか否か分析を行った。フランスは侵略先で従来の制度の改革という野心的なプログラムに取り組み、アンシャンレジームを支えてきた柱だけでなく、封建時代の経済制度の遺産の多くを取り除いた。フランスによる改革が行われた場所はそうでなかった場所に比べ、後の経済的成果が優れていることが都市化に関するデータからは確認される。もちろん、結果は慎重に解釈しなければならない。たとえば、この時期にドイツ西部は東部ほど都市化が進んでいないが、それは偶然だった可能性も考えられる（あるいは故意だったとも考えられるが、それを裏付ける歴史的証拠は存在しないようだ)。ほかの理由によって、フランスに侵攻された地域は経済が改善される運命だったのかもしれない。

しかし何より、この歴史的エピソードには特別な意味が込められていると私たちは考えている。歴史や社会に関する従来の研究よりも自然実験が優れているのは、エピソードの決定要因を詳しく理解できる手段が与えられるからだ。本章では、このようなアイデアを具体的な状況に当てはめる際には何が関わってくるかを紹介し、現実の社会現象を自然実験として採用するために、どんな懸案に取り組むべきかを詳述している。歴史は実験にふさわしい出来事で満ちあふれている。これまでは歴史学者が自然実験について考えたことがなかっただけだ。自然実験を系統的に行えば、歴史、社会、政治、経済などの分野で変化の長いプロセスを促した重要な力について理解を深めることもできる。

フランスによる改革が経済にプラスの影響をおよぼしたことを論じたのは、私たちが最初ではない。しかし、本の冒頭で引用したエンゲルスの見解は、学術文献でほとんどコンセンサスを得られていない。私たちの自然実験による結果は決定的ではないが、エンゲルスの解釈と矛盾がない。フランス革命が制度や経済に残した遺産に関しては、さらに綿密な計画のもとで定量的実験を行うべきであり、それは今後の重要な研究課題だろう。

あとがき——人類史における比較研究法

ジャレド・ダイアモンド
ジェイムズ・A・ロビンソン

学者が自然実験に挑戦するときはかならず、何らかのタイプの方法論的問題に定期的に悩まされる(1)。同様の問題は、実験室での操作的実験においても、物理学や生物学においても、程度の差こそあれ経験するものだ。たとえば、人間が作り出した制度に影響をおよぼす特定の変数に学者が関心を持っていたとしても、その変数だけによって、ふたつの制度の違いが引き起こされることは絶対にない。ふたつのあいだには様々な違いがほかにもあって、それもまた測定結果に貢献し影響をおよぼしている可能性が考えられる。自然実験に伴うこれらの課題を解決するうえで、特効薬や魔法の処方箋は発見されていない。ナラティブな歴史の執筆や操作的実験の実施に伴う課題を解決するために、効果的な処方箋が考案されていないのと同じだ。しかし、忠告をすることなら可能だ。少なくとも、これらの問題に対する警戒を怠らず、同様の問題に取り組んだほかの学者たちから教訓を学ぶためには役立つだろう。その正しさは、本書の各章を担当した著者らが証明している。

自然実験の分類というと、攪乱（perturbation）と初期条件のどちらが異なるかに基づいた分類を思い浮かべる人もいるだろう。もちろん、この区別はあまりにも単純で、その理由についてはこれから説明する。256頁から257頁の表には、本書の八つの研究で採用された自然実験のタイプの主な違いをリストアップしている。

自然実験のなかには、攪乱のバリエーションの結果として異なった結果が生じるタイプがある。この場合、初期条件の違い（すなわち、攪乱が適用される場所や社会）は結果にとってそれほど重要ではない。攪乱（実験に関する文献の多くでは「処置」と言及される）には「外因性」のものと「内因性」のものがある。そして、実験は攪乱のある場合とない場合を比較するか、もしくは異なったタイプの攪乱を比較することによって成り立っている。本書で攪乱のあるなしを比較するケースには、アフリカで奴隷貿易の影響を受けた地域とそうでなかった地域を比較した事例（第5章）、ナポレオン率いるフランス軍の侵略を受けた地域とそうでなかった地域を比較した事例（第7章）が当てはまる。異なった攪乱が加わったケースには、イスパニョーラ島の半分がスペイン、残りの半分がフランスの植民地支配を受けた事例（第4章）、インドの各地にイギリスによって異なる地税徴収制度が導入された事例（第6章）、ドイツを支配したフランスが導入した制度が、フランスが去ってからも継続した地域と、撤廃されて過去に逆戻りした地域に分かれた事例（第7章）、ヨーロッパ以外のフロンティアの開拓地が、移民の四つの出身国の違い（特にイギリス人か否かが注目される）、あるいは当時の産業革命の発達段階の違いによって異なる発展の軌跡をたどった事例（第2章）が該当する。これらの摂動はすべて外因性、すなわち研究対象地域の外で発生していると考えられる。

もうひとつのタイプの自然実験では、攪乱はどのケースでも変わらないが、主に初期条件の違いによって異なる結果が導き出される。本書では太平洋の島々の事例を二つ紹介した。物理的な環境（特に面積、海抜、孤立状態、地質、気候）が大きく異なるところに、どこも同じ民族が移住した事例（第1章）、そしてポリネシア人や彼らと親縁関係にある太平洋諸島の住民（第4章ではメラネシア人とミクロネシア人について触れた）が移住した事例の二つを紹介し、複雑な社会経済や政治の仕組み（第1章）や森林破壊（第4章）に関する初期条件の違いが結果におよぼした影響を調べた。そして三番目の事例では、政治制度に関しても、富や所得の均等に関しても初期条件が大きく異なる新世界の三つの国を取り上げた（第3章）。この研究では、「攪乱」は内因的なものだったと考えられる。銀行制度の必要性が各国で生じたのは、どこでも特許銀行が存在していなかったからで、ほかの研究事例のように外部からの侵略や徴税制度の強制など、外因性の攪乱とは関係ない。

本書のケーススタディのほとんどは、攪乱の違いや初期条件の違いがもたらした結果の違いの説明に重点を置いている。しかし同様に興味をそそられるのは、攪乱や初期条件が大きく異なっているのに似たような結果がもたらされるケースだ。かつてヨーロッパの植民地支配を受けた七つの場所でのフロンティア社会の発展を比較してみると（第2章）、結果が同じである点に何よりも驚かされる。ヨーロッパの異なる国から移民はやって来て、母国の制度を導入し、しかもフロンティアが爆発的な成長を始めたときの産業革命の発達段階も様々だったが、どのフロンティア社会もよく似ていることには強い印象を受ける。ブーム、バスト、移出救済という三段階から成るサイクルも同じならば、都市の発達、輸送関連インフラ、木材消費量、農場や家畜の状態も同じで、資本の注入や移民、地域外からのモノの導入に関して問題を抱えており、地域外への移出を増やすためには距離の克服が前提条

攪乱	考察結果
ポリネシア人の入植（＋入植期間の違い）	社会政治的・経済的に複雑な社会
フロンティアへの移民の爆発的増加（出身国も時期も異なる）	ブーム、バスト、移出救済のサイクル
銀行の必要性	銀行制度の設立
一方はフランス、もう一方はスペインによる植民地支配（＋異なった独裁者）	富、輸出経済、森林面積、浸食
人間の入植（＋入植した部族や入植期間の違い）	森林破壊
奴隷貿易の有無（＋4種類の異なる奴隷貿易）	現在の所得
植民地時代の3種類の異なった地税徴収制度	学校、電力、道路（＋識字率、選挙戦、結果）
3つの異なった形でのナポレオンによる侵略	経済的成長の指標としての都市化

研究で比較対象になった事例の数である（すなわち、比較された島、国、地域
には太字の単語があるが、これは初期条件の違い（すなわち島の物理的環境の
奴隷貿易やナポレオンによる侵略の有無：第4章a、5章、6章、7章）で、それ
因の可能性があるが、結果にとってそれほど、あるいはまったく重要ではない。

本書の8つのケーススタディ

章	主題	比較された事例の数	初期条件
1	ポリネシアの文化進化	3	各島で異なる物理的環境
2	フロンティア社会	7	気温の違い、ヨーロッパの外の土地
3	アメリカ・メキシコ・ブラジルの銀行制度	3	**政治制度、富、所得分配の違い**
4a	イスパニョーラ島	2	同じ島の面積がほぼ同じ二つの地域（降水量、傾斜、土壌が異なる）
4b	太平洋諸島	81	**各島で異なる物理的環境**
5	アフリカの奴隷貿易	52	アフリカの異なった地域（＋物理的環境、資源、宗教、植民地支配以前の発達状態、宗主国、法制度の違い）
6	インドにおける公共財	233	インドの異なった地域（＋植民地支配以前の農業生産性、宗教、人口構成の違い）
7	フランス革命の影響	29	ドイツの異なった地域（＋宗教、過去の都市化の割合の違い）

（注）この表には、本書で紹介した8つのケーススタディの特徴を記した。左から3列目の数字は、各
の数）。いちばん右の列には、各研究で解明された結果が記されている。左から4列目と5列目
違い、政治制度の違い：第1章、3章、4章b）、あるいは攪乱の違いや攪乱の有無（すなわち
が結果の違いに大きく影響している。左から4列目と5列目の括弧のなかの項目は、説明要
本文を参照。

件で、先住民に深刻な影響を与え、移民に対する態度が次第にが変化した点も共通している。このような共通の特徴が、あらゆるフロンティア社会で観察される成長の内部力学によって生み出されたことは間違いない。その結果、移民がヨーロッパのどの国の出身で、それぞれが自国の制度を導入しても、あるいはフロンティアの爆発的成長の時期が異なっても、違いは克服されたのである。ただし、同じような結果のあとに異なった結果が生じることもある。たとえば、ヨーロッパの母国に戻った移民の割合や、ブーム／バスト／移出救済のサイクルの頻度と期間には違いが見られる。

初期条件と攪乱の区別はかならずしも明確ではない。太平洋の島々の面積の違いが移住するポリネシア人にとっては初期条件の違いとなり、ナポレオンの軍隊による侵略を受けたか（否か）がドイツ諸邦にとって攪乱の違いとなったのは間違いない。しかし、ブラジル、メキシコ、アメリカ合衆国の銀行制度を理解するためには、これらの三ヵ国の一九世紀の政治制度や富の違いをどのように特徴づければよいだろう。いずれの国でも特許銀行が設立される以前から違いがすでに存在している点に注目すれば、これらの違いは初期条件になる。しかし制度も富も一九世紀に変化していることを考えれば、銀行制度は富の違いの結果であると同時に寄与因子だった可能性が考えられる。

本書では説明しやすさを考え、異なった結果が主に攪乱の違いによるものか、あるいは初期条件の違いによるものか、いずれかに注目した事例研究に焦点を絞る方針で臨んだ。ただし、攪乱に関しても初期条件に関しても同じように異なる事例を比較することは可能だ。二つのタイプの違いに注目すると、研究内容はさらに複雑になるが、その重要性や面白さを考えれば、取り組むだけの価値はある。

攪乱の影響を受けている社会や場所と、そうでない社会や場所を比べる比較研究においては、攪乱を加える特定の場所がいかに「選択されるか」が必然的に問題として浮上する。研究室の実験でいわゆる実験対象の試験管と対照群の試験管を比較する際には、実験者が加える何らかの攪乱（ひとつの化学物質を一方には加え、もう一方には加えないなど）を除けば、どちらも同じ状態である。この場合、実験対象の試験管と対照群の試験管の選択に関して、実験者はまったく無作為に決断する。たとえば、どちらの試験管を選ぶかがコイントスや、乱数発生器を利用して決められる可能性もある。しかし、重要な歴史的決断がコイントスで決められることなど、まずあり得ない。ナポレオンがドイツの特定の公国に侵攻し、ほかに目を向けなかったことには理由があった（第7章）。奴隷商人がアフリカの特定の地域から奴隷を購入し、ほかに目を向けなかったことも同じだ（第5章）。したがって比較史学者は常に、以下の現実的な疑問を問いかけなければならない。攪乱が加えられた場所は、研究対象の結果とは無関係の理由で選ばれたのだろうか（すなわち、結果に関して「無作為」だったのか）。それとも、結果にとって重要な初期条件の違いに基づいて選ばれたのだろうか。

攪乱を加えられた場所とそうでなかった場所、あるいは異なった攪乱が加えられた場所同士を比較した本書のケーススタディはすべて、この疑問に明確な形で取り組み、歴史を動かした人物が特定の場所を特定の攪乱の対象として選んだ（あるいは選ばなかった）際、あとから研究対象にもたらされる結果を期待していなかったことの証拠を積み重ねている。たとえば第7章の分析からは、ドイツのなかで一七九二年から一八一五年にかけてフランス革命軍に侵略された地域は、一八六〇年以降にほかの地域よりも都市化が進んだが、すでに都市化されていた地域にナポレオンが好んで侵攻したからでも、五〇年後にほかよりも都市化が進みそうな地域に侵攻する先見の明があったからでもなかったことを明らかにしている。当時の軍事力や国の状態や地政学的条件を考慮して選ばれたのである。実際のところ平均すれば、彼が標的にした地域はその当時、それ以外の地域に比べて発展が遅れていた。同様に、イギリスの植民地行政官はインド各地に三種類の地税徴収制度を導入し、そのなかのひとつの制度（地主ベースの制度）が採用された地域は今日、ほかの地域よりも様々な指標に関して優れていることが第6章からはわかる。しかし地域に導入される制度は、当時のイギリスでたまたま広く支持されていた植民地関連のイデオロギーや、行政官の好みに左右された。当時の地域の発展状況や、発展を促す何らかの特徴によって決められたわけではない。この点は、決して軽んじるべきではない。攪乱を変数のひとつとしてとらえる比較研究においては、常に慎重に評価する姿勢が大切だ。（ポリネシア人の移住のように）攪乱に関してはおおよそ同じで、初期条件の違いに注目する研究とは取り組み方が違う。実際、第5、6、7章では統計的手法、なかでも特に操作変数法を用い、どのような選択行為が攪乱に影響をおよぼし、観察される結果を招いたのか直接的な形で調べている。

攪乱が効果的に加えられてすぐに結果がもたらされれば、因果説明に取り組む歴史家は幸運だろう。しかし実際には、結果は何十年、場合によっては何世紀もあとになってもたらされる可能性もある（すなわち、攪乱によって社会や政治の制度が変化しても、それ以外に複数の変化が積み重なるまで研究対象に結果が生み出されない場合だ）。

たとえば今日、イスパニョーラ島の西部（ハイチ）が、東部（ドミニカ共和国）よりもはるかに貧しいのは、植民地としての歴史の違いがもたらした結果が大きな原因である（第4章）。フランスによる西部の植民地支配は一八〇四年、スペインによる東部の植民地支配は一八二一年に幕を閉じた。このような歴史の違いの結果として独立当時、元フランス領ハイチは元スペイン領ドミニカ共和国よりもはるかに豊かだった。しかし、植民地時代の歴史の違いはその後の発展に徐々に違いを引き起こし、一世紀以上が経過した時点でドミニカ共和国の経済はハイチを追い越し、大きく引き離すまでになったのである。

あるいはドイツでは、一八一四年よりも以前にフランスに征服された地域で新しい制度が設立されると、それをきっかけに直ちに都市化と経済発展が促されたわけではない。ナポレオンによる征服後に廃止された従来の制度に比べ、新しい制度は産業革命との相性がよかったからだ。しかし一八一四年から数十年が経過してようやく、産業革命はドイツで成果を生み出すようになった。

もうひとつの事例としては、長らく論争の的になってきた問題が挙げられる。技術、経済的発展、生活水準、国力に関し、当初ヨーロッパは中国に後れを取っていたが、最終的に追い越したのはなぜか。[2] 多くの指標によれば、一七〇〇年代に入ってようやくヨーロッパは中国を引き離し、一八〇〇年代にその傾向が顕著になった。そのため一部の著述家は、この二世紀のあいだの出来事、たとえば産業革命や大西洋横断貿易などを急成長の原因として説明している。しかしなかには、もっと早い時期に根本的な原因があったという指摘もある。ヨーロッパと中国のどちらにも古くからの地理的要因が存在していたが、中世になるとヨーロッパでは制度や農業が独自の発展を遂げた。そして何世紀も経過して工業と貿易が大きく発達した結果、技術と経済が飛躍的に成長したのだという。このような現象は、「A＋BがCという結果を引き起こしたが、Aからかなりの時間が経過してからBが発生した」ことが特徴だと言えるが、歴史の解明を試みる歴史学者には共通の悩みの種になっている。ひとりひとりの人間の命の解明に努める心理学者や生物学者が抱える悩みと変わらない。

自然実験で異なった結果が観察される際には、それが本当に「実験者」の指摘する攪乱や初期条件のタイプの違いによって引き起こされたのか、それとも何かほかの違いによって引き起こされたのかという問題が常につきまとう。解釈をあやまるリスクは、研究室のコントロールされた環境で行われる実験でも発生する。有名な事例が、物理学におけるジョセフソン効果の発見だ。当初、研究室で超伝導性を測定したときには結果に統一性がなかったが、やがてブライアン・ジョセフソンは、わずかな温度差が電流の流れを促す独立変数であることに気がついた。超伝導性は従来の認識よりもはるかに高いことが証明されたのである。最初は注目しなかったものが変数であるゆえに誤解が生み出されるリスクは、変数をコントロールできない自然実験においてはるかに大きい。

自然実験においては、様々な各変数の影響を最小限にとどめる努力が最低限必要で、それには注目する各変数以外は、できるかぎり似通ったもの同士を比較対照として選ばなければならない。たとえば本書の第7章でアセモグルらは、ナポレオンに征服された地域とそうでなかった地域を比較する際、ヨーロッパのなかでもドイツに場所を限定した。研究目的とは無関係の文化的なばらつきを減らすためだ。しかし本書では紹介されていないが、これと関連するほかの研究では、アセモグルらは制約を緩和している。ドイツ以外の地域も対象に含めているが、それでもナポレオンがおよぼした影響について同じような結論に達した。あるいは、カーチ（第1章）は太平洋諸島の社会政治的・経済的な複雑さを比較する際、ポリネシア人が入植した島に対象を限定した。しかし、第4章でダイアモンドはこの制約を緩和して、ポリネシア人だけでなくミクロネシア人とメラネシア人が入植した島も対象に含めて比較している。カーチは社会政治的・経済的な複雑さの研究に取り組んだが、ダイアモンドの場合には、入植者の人種の違いに左右されない結果変数（森林破壊）の測定が目的だったからだ。さらにダイアモンドは、カリブ海のイスパニョーラ島で異なる歴史を歩んだ二つの地域を比較したが、そのうえで、比較対象をカリブ海のほかの三つの大きな島、すなわちキューバとジャマイカとプエルトリコにまで拡大すれば、島のあいだのばらつきは複雑になるが興味深いと述べている。ヘイバー（第3章）は一八〇〇年頃からの銀行制度の発達の比較対象を新世界の三ヵ国（アメリカ合衆国、ブラジル、メキシコ）に意識的に限定し、ヨーロッパ諸国を含めなかったが、それは三ヵ国がいずれも銀行の存在しない状況で独立を勝ち取ったからである（かつての植民地政府は、特許銀行の設立を許可しなかった）。ヨーロッパ諸国を含めれば、一八〇〇年の時点ですでに存在していた銀行制度間の違いを制御しなければならず、複雑な作業が増えていただろう。

比較手段として統計手法を利用する際に明確な形で浮上する問題も、自然実験につきまとう悩みの種だ（統計的検定を行わないナラティブな比較にも、この問題は暗に含まれる）。すなわち、統計相関は原因やメカニズムの表れなのだろうか。

もちろん、そうではない。原因やメカニズムを証明するためには、少なくとも三つの段階が必要で、そのすべてが方法論全般にとっての問題になっている。先ず、逆の因果関係の問題について考えなければならない。AとBに相関関係がある場合、予想とは違ってAがBの原因ではなく、BがAの原因である可能性は考えられる。この問題にアプローチする際には、しばしば時間的関係に注目する。最も単純なケースでは、AはBの前に変化したか、あるいはその逆だったのかを確認する。ちなみに、原因と結果の方向性を解明するためには、グレンジャーの因果性と呼ばれる統計的手法がよく使われるが、さらに高度なテクニックが採用されるときもある。たとえば最近の研究[3]では、人間がリラックスした状態から緊張した状態にシフトするとき、脳のどの領域が別の領域を刺激するのか明らかにされるが、そこでは独立変数と従属変数の位相差が、変動の頻度に応じてどのように変化するかに注目している。

二番目に、いわゆる欠落変数バイアスを考慮しなければならない。すなわち、「実験者」によって撹乱の原因として確認された変数が、実際には関連性のある複数の要素による変化の一部であり、実験では注目されなかった何らかの変数が結果を引き起こした可能性が考えられる（本質的に自然実験では、この問題の発生を最小限にとどめる努力をしているが、三つ前の段落で紹介したように、それが完全に成功する可能性はない）。バナジーとアイヤーはイギリス統治下のインドの地税徴収制度の研究（第6章）で、アセモグルらはナポレオンによる征服がおよぼした影響の研究（第7章）で、この問題に取り組んでいる。統計学者はこの問題の解決に多くのテクニックを利用しているが、なかでもよく使われるのが重回帰分析だ。ここでは、ほかにも可能性のある説明要因の影響を明確な形で試したうえで、そのような形でほかの変数を考慮した場合、当初注目していた変数による説明が通用しなくなるどうかを確認する。

三番目に、AがBを引き起こしたことを裏付ける確実な証拠が手に入ったとしても、AがBを引き起こしたメカニズムを解明するためには、さらなる証拠が必要とされる場合が多い。たとえば、生態学的に脆弱な太平洋諸島に人間が移住した事例では、人間の入植とその後の森林破壊との相関関係が確認されている。ここでは間違いなく入植活動が森林破壊を促したのであり、その逆ではない。しかしそこを観察するだけでは、入植活動が森林破壊を引き起こしたメカニズムは確認されない。人間の行動の直接的な影響（森林を燃やす、木を切り倒す、木材を燃料に使う）、あるいは人間の様々な行動の間接的な影響（人間が持ち込んだネズミが木の実を食べたり、かじったりした）が関わっていた可能性がある。これらのメカニズムを確認するために役立つ追加情報としては、斧の刃を入れた切り株、暖炉で灰になった薪の樹木種、ネズミの歯に残された木の実の食べかすなどから得られる考古学的・古植物学的証拠など考えられる。

比較や定量化を伴わないナラティブな歴史研究と同じく統計分析においても、過度にシンプルな説明と過度に複雑な説明のあいだの妥協点を探る作業は欠かせない。まず、最初にいくつかの説明要因を確認し、その時点でほかの説明要因を探す作業をやめてしまえば、統計分析による説明はシンプルになりすぎてしまう恐れがある。そこで統計学者は重回帰分析にさらなる独立変数を加え、残差分析を行なうことによって、分析の第一段階で確認された以外の説明要因の確認に努める。それとは逆に、不要なまでに複雑な説明は信頼性に欠ける恐れがある。たとえば「二つの変数があれば、象を描いてみせよう。三番目の変数が加われば、鼻を振らせてみせよう」という発言はしばしば引用されるが、素直には信じられない。実際、統計学者はいわゆるF検定などを定期的に行い、試験的に追加された変数にはかなりの説明能力があって、別の変数を無作為に選ぶ場合よりも大きな効果を発揮するかどうかの確認に努める。

概して、適切だと思われる独立変数の数が多いほど、これらの変数の効果を確認するために多くの事例を比較しなければならない。逆に、分析の材料となる事例が多いほど、確認すべき説明要因の数は増える。本書で比較のスケールが二番目に大きいのが、森林破壊という結果の原因を探るため、第4章でロレットとダイアモンドが太平洋の八一の島々を比較したケースだ。ここではデータベースが充実していたおかげで、以下の九つの独立変数に注目することができた。いずれも統計的に重要であると同時に、周囲におよぼす影響のメカニズムを理解しやすい。島の降水量、気温、誕生からの年数、風で運ばれた灰、風で運ばれた塵、マカテアの有無、面積、海抜、孤立度の九つである。これらの影響の一部については、研究の進行中に同僚からロレットとダイアモンドに提案された。二人とも当初は、重要な効果をもたらす可能性など考えもしなかったものばかりだ。森林破壊には実にたくさんの要因が関わっているので、大きなデータベースを構築して統計を駆使しないかぎり、正しい評価を行うことはまず不可能だろう。ロレットとダイアモンドは最初、二つの事例——降水量が多くて気温が高く、森林破壊がそれほど進んでいないマルケサス半島と、乾燥が激しく気温がそれほど高くなく、森林破壊が大きく進行しているイースター島——に関する個人的な知識に基づいて推測を行った。十分な分析からは、降水量と気温の重要性についての直感の正しさが確認されたが、いま振り返ってみると、二つだけをナラティブに比較するだけでは、推測の根拠として不十分だったように思える。

しかし、データベースが十分に大きければ、ほぼすべての影響を発見できるわけではない。たとえば、ロレットとダイアモンドは当初、森林破壊の進行具合は四つの異なる耕作方法に左右されるのではないかと考えた。水田耕作、乾田耕作、パンの実の樹木栽培、タヒチアン・チェスナットとカナリウムの樹木栽培だ。しかし、これらの四種類の耕作方法のそれぞれが八一の島におよぼした影響をまとめるために二年の歳月を費やしたものの、当初の直観を裏付ける証拠は見つからなかった。四種類の耕作方法のいずれも、森林破壊との重要な関係を統計的に見いだせなかった。

分子生物学者、物理学者、化学者、天文学者と比べ、社会科学者は残念ながら曖昧な概念を研究しなければならない。分子生物学者らの研究対象は定義や量の測定が簡単で、直観的にわかりやすいものばかりだ。速度、重量、化学反応速度、光度は具体的に確認できる。しかし、私たち社会科学者が関心を抱くのは、人間の幸福、動機、成功、安定性、繁栄、経済の発展などだ。幸せを測定するための計測器をどのようにして作ればよいだろうか。人間の幸せは、モリブデン〔高融点金属のひとつ〕の原子のように明確に定義できず、重量を測定するのも難しいが、それでも理解して説明することの重要性は勝るとも劣らない。

社会科学の研究が直面する現実的な困難の多くは、幸せなど、曖昧で測定しにくいけれども重要な概念の「操作化」〔概念を定量的に測定可能な変数として定義すること〕に伴って発生する。測定可能であると同時に、曖昧な概念の本質を概ね把握・反映している何らかの要素を確認しなければならない。たとえば、今日の経済的発展に興味のある歴史学者は、コンピュータのボタンにタッチするだけで、国民所得に関する正確なデータを大量に手に入れられる。しかしアセモグルら〔第7章〕が理解したいのは、一九世紀のヨーロッパの経済的発展にナポレオンが与えた影響の良し悪しであって、当時はまだ所得は測定されず、一覧表も作成されていない。ではどうすべきか。アセモグルらは、経済的発展という曖昧な概念の「操作化」に取り組んだ。すなわち、一九世紀はじめにすでにデータが定量化されており、しかも経済的発展を反映しているため、代役になり得る要素を見つけようとした。そして都市化、特に人口五〇〇〇人以上の都市に暮らす住民が人口全体に占める割合に注目したのである。経済歴史学者が都市化の数字は代理の要素として役立つと判断したのは、歴史を振り返ってみると、農業生産性が高くて輸送網が発達している地域、すなわち「経済発展」という曖昧な要素に適合する地域のみが、都市の人口を支えられるからだ。都市化や幸福など、曖昧でも重要なものの測定に取り組んだ経験のない数学者や物理学者は、概念の操作化に取り組む社会科学者の努力をしばしば冷笑する。そして自分たちの態度を正当化するため、前後の状況を無視して操作化が行われている事例を引き合いに出す(4)。

では、歴史研究における量的データや測定値の重要性はどうか(5)。科学全般において、定量化の役割は過大評価も過小評価もされている。まず過大評価だが、物理学では定量化が常に欠かせないため、定量化はあらゆる科学にとって不可欠だと物理学者は誤解している。たとえば偉大な物理学者のケルヴィン卿は以下のように記している。「あなたが話題にしているものの測定が可能で、数字で表現できるときは、正しい理解がなされている。しかし測定できず、数字で表現もできないときは、知識は乏しく物足りない。知識を手に入れかけているかもしれないが、いくら考えても科学の段階には到達しない」。たとえば、定量化は生物学における最大の進歩、すなわちダーウィンの著書『種の起源』にほとんど貢献していない。ただし、行動学や文化人類学など、科学のなかには質的な記述から始まる分野もあるが、そのような分野でさえ、現象の頻度を数えたり数字で表現したりすることが習慣になっている。影響の大きさや推定される原因については、できるかぎり数字で表現するほうが役に立つ。そうすれば数値解析が可能になるだけでなく、学者はデータの収集に真剣に取り組むからだ。その結果、ほかの学者にも確認してもらえるような、客観的な測定値が提供される。

しかし、学者が影響や原因を数字で表現できないときでも、その強さを弱、中、強とおおまかにランク付けするだけで、多くの分析作業が可能だ。たとえば、ロレットとダイアモンド（第4章）は太平洋諸島の森林破壊の進行状況を具体的な数字で表現できなかったが、五段階の評価を考案した。ほぼゼロ、穏やか、深刻、非常に深刻、完全の五段階だ。その結果、九つの作用すなわち独立変数の影響を確認することができた。人類史以外の多くの学問に携わる学者は、数値化されていない変数に対処しなければならない。彼らのために開発された統計的検定の多くは、歴史学者にとっても役に立つだろう。

原因と結果を数字で表現できるにせよ、弱から強まで大まかにランク付けするだけにせよ、確認される関係については統計的に評価しなければならない。評価を行えば、主な結論について抱いた印象が間違ったまま通用するリスクが回避されるだけでなく、思いもよらなかった結論が明らかになる可能性もある（たとえばロレットとダイアモンドは、島が誕生してからの年数、火山灰、風で運ばれた中央アジアの塵が太平洋の島におよぼした影響を発見して驚いた）。

人類史にかぎらずどの学問分野も、狭い範囲に集中的に取り組むケーススタディと、シンセシス（統合や概括を通じて広い範囲に取り組む研究）とのあいだの緊張関係を経験する。ケーススタディを実践する学者はシンセシスを非難して、表面をなぞっただけで奥行きがなく、あまりにも単純化されていると指摘する。一方、シンセシスを実践する学者はケーススタディを非難して、細かい記述は説得力に欠け、特定のケーススタディ以外には何も解明できないと指摘する。成熟した学問分野の学者は最終的に、学問的理解のためにはどちらのアプローチも必要だと認識するようになった。信頼性のあるケーススタディがなければ、シンセシスは何もまとめられない。そして健全なシンセシスがなければ、スペシャリストにはケーススタディの枠組が提供されない。したがって、歴史のケーススタディという馴染み深いアプローチにとって、比較史は脅威をおよぼすわけではない。それどころか、従来のアプローチを豊かにする手段を提供してくれる。

ケーススタディとシンセシス、あるいは記述と論理的説明の緊張関係は、学問分野ごとに異なった形で展開する。物理学や化学ではこの緊張関係が最小限にとどまり、どちらもお互いに相手を必要としていることを理論家も実験者も当然の事実として受け止めている。いまや、狭い範囲のケーススタディを大きな枠組みに当てはめる作業が日常的に行われている。一方、操作的な実験ではなく自然実験を利用する学問分野では、近年ふたつのアプローチのあいだに緊張関係が生じ、文化人類学と野生生物の生態学では特にその傾向が目立つ。文化人類学者は人類の文化をどれもユニークな存在と見なし、一般化に抵抗してきた。しかしようやく今日、特定の部族に関する長年の研究成果を公表する人類学者のほぼすべてが、出版物にわざわざひとつのセクションを設け、一般的な理論の展望について述べたうえで、バリエーションに富む文化のなかで研究対象の民族を位置づけている。

生態学の分野ではケーススタディと一般化のあいだの緊張関係が一九六〇年代から一九七〇年代にかけて高まった。理論の一般化と数学的モデルのどちらにおいても、新たな進歩がつぎつぎと達成されたからだ。その結果、ほぼ二〇年にわたって激しい論争が繰り広げられた。たとえば、従来の野生生物の生態学者は、ひとつの動物種や植物種、たとえばフィリピン・ムナフムシクイチメドリを対象とする長期的な研究に生涯をささげてきた。比較、モデル化、理論化、一般化の試みは「表面的」で「あまりにも単純化されている」と嘲笑し、「私のように、フィリピン・ムナフムシクイチメドリの詳しい研究を通じて、豊かな知識を手に入れたわけではなく、そんな状態で研究の真似事に基づいて一般化を進めている」と酷評した。そして仲間の学者たちに、ほかの鳥類の研究においても自分と同じように微妙な違いに目を配り、豊かな知識を手に入れてこそ学問の進歩は実現すると警告した。これに対し、理論を重視するジェネラリストはつぎのように反論した。「フィリピン・ムナフムシクイチメドリとほかのイチメドリや鳥類との類似点や相違点はなぜ、どのように発生したのか理解しないかぎり、フィリピン・ムナフムシクイチメドリのことすら理解はできない」。

今日の生態学では、ケーススタディと一般化という対照的なアプローチは、かつてよりもうまく共存している(6)。いまやほとんどの生態学者が、自分たちの研究分野が考案する一般的枠組みが、バクテリアやタンポポやキツツキなど、実に多彩な生物種に当てはまることを認識している。このような枠組みが提供されるからこそ、植物や動物の王国のなかの違いを理解できるのだ。この鳥はこのように行動し、あの鳥はあのように行動すると記述するだけでは、もはや十分ではない。鳥の主要ジャーナルはいまでも個々の鳥類に関する研究報告を掲載しているが、どの研究も大きな枠組みに当てはめることを義務付けるようになった。

大きな枠組みのなかで個々のケースを説明するアプローチは、科学の素晴らしい特徴のひとつだ。たとえば、ダーウィンはガラパゴス諸島のマネシツグミと南米のマネシツグミの関連性に気づいただけでなく、ガラパゴス諸島のほかの鳥類も南米の鳥類と密接に関わっていることに注目した。この観察結果に刺激されたダーウィンとウォレスは、生物地理学という大きな枠組みのなかに自分たちが発見した事実を当てはめ、そのうえで解明を試みた。生物地理学は、歴史、分散、進化、起源、大陸の移動といった要素を結合した学問である。一方、モリブデンの原子を研究する化学者は、それをひとつのユニークな現象として説明する代わりに、元素周期表、原子理論、量子力学に基づいた枠組みのなかにモリブデンの原子の性質を当てはめたうえで説明している。

本書のケーススタディは、人類の歴史に関する二つの総体的結論の正しさを裏付けている。まず、歴史の比較そのものは、あらゆる疑問に回答を提供するわけではないが、ひとつのケーススタディだけからは不可能な洞察を得ることができる。たとえば、一九世紀末のフランスが一九世紀末のドイツや一六世紀末のフランスとなぜ異なるのか考察しなければ、一九世紀のフランスを理解することはできない。そして第二に、結論を提供するときには可能なかぎり定量的な証拠を集め（少なくとも結果を大から小までランク付けする）、そのうえで結論の妥当性を統計的に検査するので、結論の信頼性が強化される。

スペシャリストの歴史学者の一部は、暗に反対意見を述べる。常にというわけではないが、公然と反論するときもあり、それについてはプロローグで紹介した。たとえば、つぎのような発言が考えられる。「私は四〇年におよぶ学者としての人生をアメリカの内乱の研究にささげてきたが、未だに十分に理解できない。それなのに、内乱全般についてどのように論じられるだろう。いや、アメリカの内乱をスペインの内乱と比較するのも不可能だ。私はスペインの内乱の研究に四〇年の歳月を費やしていないのだから。逆に、スペインの内乱を研究する学者が私の縄張りに侵入し、アメリカの内乱について何か発言したら、これ以上の侮辱はない」。たしかに、ひとつの出来事を長年研究していれば、それはひとつのアドバンテージになるだろう。しかし出来事を従来とは異なる新鮮な視点から眺めたうえで、ほかの出来事の研究から手に入れた経験や洞察にそれを応用すれば、従来とは異なるタイプのアドバンテージが得られる。そのようなアドバンテージを利用したいと願う歴史学者や社会科学者にとって、本書が役に立つガイドラインとなれば幸いだ。

歴史は実験できるのか
——自然実験が解き明かす人類史

2018年6月15日　初版第1刷発行

編著者————ジャレド・ダイアモンド＋ジェイムズ・A・ロビンソン
訳　者————小坂恵理
発行者————古屋正博
発行所————慶應義塾大学出版会株式会社
〒108-8346　東京都港区三田2-19-30
TEL〔編集部〕03-3451-0931
〔営業部〕03-3451-3584〈ご注文〉
〔　〃　〕03-3451-6926
FAX〔営業部〕03-3451-3122
振替　00190-8-155497
http://www.keio-up.co.jp/
装　丁————Boogie Design
ＤＴＰ————アイランド・コレクション
印刷・製本——中央精版印刷株式会社
カバー印刷——株式会社太平印刷社

Printed in Japan ISBN 978-4-7664-2519-2

編著者紹介

ジャレド・ダイアモンド（Jared Diamond）

1937年生まれ。カリフォルニア大学ロサンゼルス校。専門は進化生物学、生理学、生物地理学。1961年にケンブリッジ大学でPh.D.取得。著書に『銃・病原菌・鉄：一万三〇〇〇年にわたる人類史の謎』でピュリッツァー賞。『文明崩壊：滅亡と存続の命運を分けるもの』（以上、草思社）など著書多数。

ジェイムズ・A・ロビンソン（James A. Ribinson）

1960年生まれ。シカゴ大学公共政策大学院（刊行当時はハーバード大学）。1993年にイェール大学でPh.D.取得。専門は政治経済学、比較政治学。共著に『国家はなぜ衰退するのか：権力・繁栄・貧困の起源』（早川書房）がある。

訳者紹介

小坂恵理（こさか　えり）

翻訳家。慶應義塾大学文学部英米文学科卒業。主な訳書にステイル『ブレトンウッズの戦い』（日本経済新聞出版社）、カリアー『ノーベル経済学賞の40年（上・下）』（筑摩選書）、ハンソン『全能エミュレーションの時代（上・下）』（NTT出版）などがある。

原註

プロローグ

ロバート・シュナイダーとその同僚たち、ほかにも私たち著者の多くの同僚たち、署名入り匿名を問わず大勢の査読者の方々のご協力に対し、この場をかりて謝辞を述べたい。時間を惜しまず貴重な提案をくださったおかげで、本書の枠組は定まり中身は充実した。

1) エルンスト・マイヤーは、歴史的な科学と非歴史的な科学の違いについて思慮深い意見を書き残している。たとえば、彼の以下の著書を参照。*This Is Biology: The Science of the Living World* (Cambridge, MA, 1997).
2) F. Vogel and N. Chakravartti, "ABO Blood Groups and Smallpox in a Rural Population of West Bengal and Bihar (India)," *Human Genetics* 3 (1966): 166–180.
3) 自然実験で原因を推測する際の落とし穴については、以下のなかで論じられている。Jared Diamond, "Overview: Laboratory Experiments, Field Experiments, and Natural Experiments," in Jared Diamond and Ted Case, eds., *Community Ecology* (New York, 1986), pp. 3–22; William Shadish, Thomas Cook, and Donald Campbell, *Experimental and Quasi-experimental Designs for Generalized Causal Inference* (Boston, 2002); James Mahoney and Dietrich Rueschermeyer, eds., *Comparative Historical Analysis in the Social Sciences* (New York, 2003); Joshua Angrist and Jorn- Steff an Pischke, *Mostly Harmless Econometrics: An Empiricist's Companion* (Princeton, NJ, 2008)(『「ほとんど無害」な計量経済学』大森義明・小原美紀・田中隆一・野口晴子訳、NTT出版、2013年); Guido Imbens and Donald Rubin, *Causal Inference in Statistics, and in the Social and Biomedical Sciences* (Cambridge, 2008); and Thad Dunning, "Improving Causal Inference: Strengths and Limitations of Natural Experiments,"*Political Research Quarterly* 61 (2008): 282–293.
4) Lawrence Stone, "The Revival of Narrative: Reflections on a New Old History," *Past and Present*, no. 85 (1979): 3–24, quotation pp. 10–11.
5) ロバート・ブレナーの以下の論文で取り上げられた論争は、その一例として考えられる。"Agrarian Class Structure and Economic Development in Preindustrial Europe," *Past and Present*, no. 70 (1976): 30–75. 論争に登場する論文は、いずれも以下の著書から集められたものだ。T.H.Aston and C.H. Philpin, eds., *Agrarian Class Structure and Economic Development in Pre- industrial Europe* (New York, 1987). この論争では、黒死病のもたらした結果が西ヨーロッパと東ヨーロッパで大きく異なる理由が争点になっている。本書のあとがきで解説する用語を使うならば、攪乱が同じでも場所によって初期条件が異なると、異なる結果が導き出される経緯について考察している。
6) 数量経済史を巡る論争については、以下の著書で探究されている。Robert William Fogel and G.R.Elton, *Which Road to the Past? Two Views of History* (New Haven, CT, 1983).
7) この内容の一部は、ジャレド・ダイアモンドによる以下の章からの引用である。

"Die Naturwissenschaft , die Geschichte und Rotbrustige Saft säuger," in James Robinson and Klaus Wiegandt, eds., *Die Ursprünge der Modernen Welt* (Frankfurt am Main, 2008), pp. 45–70

第1章

1) この言葉が1756年に出版されたC・ド・ブロスの以下の著書*Histoire des Navigations aux Terres Australes* (Paris, 1756) のなかでの造語であることは間違いないが、クック本人はこれを使っていない。
2) James Cook, "Journal," in J. C. Bea glehole, ed., *The Journals of Captain James Cook, The Voyage of the Resolution and Discovery, 1776–1780* (Cambridge, 1967), p. 279.
3) Marshall Sahlins, *Social Stratifi cation in Polynesia* (Seattle, 1958); Irving Goldman, *Ancient Polynesian Society* (Chicago, 1970). ポリネシアに関する初期の比較研究には、R・W・ウィリアムソンによる全3巻の以下の大作などが含まれる。*The Social and Political Systems of Central Polynesia* (Cambridge, 1924). オセアニアの人類史に比較アプローチを採用することの価値については、以下の論文で十分に論じられている。 Ward H. Goodenough, "Oceania and the Problem of Controls in the Study of Cultural and Human Evolution," *Journal of the Polynesian Society* 66 (1957): 146–155.
4) ポリネシア人のカヌーの比較分析に関しては、以下を参照。 Ben Finney,"Ocean Sailing Canoes," in K. R. Howe, ed., *Vaka Moana: Voyages of the Ancestors* (Auckland, New Zealand, 2006), pp. 100–153.
5) Douglas Oliver, *Oceania: Th e Native Cultures of Australia and the Pacific Islands*, 2 vols. (Honolulu, 1989).
6) ポリネシア歴史言語学の長い歴史については、以下に簡潔に要約されている。Jeff Marck, *Topics in Polynesian Language and Culture History*, Pacific Linguistics 504 (Canberra, 2000).
7) Stephen J. Gould, "Evolution and the Triumph of Homology," *American Scientist* 74 (1986): 60–69; Ernst Mayr, *The Growth of Biological Thought* (Cambridge, MA, 1982).
8) 生物的進化と文化進化が並行していたことを前提とするモデルの理論の発展については、以下のふたつの重要な著書で論じられている。 Peter J. Richerson and Robert Boyd, *Not by Genes Alone: How Culture Transformed Human Evolution* (Chicago,2005) and Stephen Shennan, *Genes, Memes and Human History* (London,2002). 特にシェナンは、文化進化論と考古学的データを組み合わせ、長い時間におよぶ進化の過程を追跡している。
9) Ernst Mayr, *This Is Biology: The Science of the Living World* (Cambridge, MA, 1997), p. 29.
10) ポリネシアを対象とした考古学ならびに先史学の現在の概要に関しては、以下に紹介されている。 Patrick V. Kirch, *On the Road of the Winds: An Archaeological History of the Pacific Islands before European Contact* (Berkeley, CA, 2000).
11) 相同的な特徴には、共通の先祖から受け継いだ条件が保持されている。相似的な

特徴は、先祖から受け継いだ文化が複数の血縁集団に分かれてから発生したもので、通常は類似した条件や課題に対応した結果として生まれる。共在的な特徴は、文化的境界の向こうからの借り物である。これらの重要な特徴の区別ならびに「文化の系統発生」の性質に関しては、以下に詳しく論じられている。R. Boyd, M. B. Mulder, W. H. Durham, and P. J. Richerson, "Are Cultural Phylogenies Possible?" in P. Weingart, S. D. Mitchell, P. J. Richerson, and S. Maasen, eds., *Human by Nature: Between Biology and the Social Sciences* (Mahwah, NJ, 1997), pp.355–386.

12) Patrick V. Kirch and Roger C. Green, Hawaiki, *Ancestral Polynesia: An Essay in Historical Anthropology* (New York, 2001). 系統発生モデルのオリジナルの定式化に関しては、以下を参照。 A. K. Romney, "The Genetic Model and Uto-Aztecan Time Perspective," *Davidson Journal of Anthropology* 3 (1957): 35–41. ロムニーが最初に考案した命題の方法論的詳細は、以下のなかでさらに詰められている。E. Z. Vogt, "The Ge ne tic Model and Maya Cultural Development," in E. Z. Vogt and A. Ruz L., eds., *Desarrollo Cultural de los Mayas* (Mexico, D. F., 1964), pp. 9–48.

13) Peter Bellwood, *First Farmers: The Origins of Agricultural Societies* (Malden, MA, 2005).『農耕起源の人類史』(長田俊樹・佐藤洋一郎訳、京都大学学術出版会、2008年)

14) 語彙統計学ではたとえば、「同語源語」だと推定される言葉が登場する統計的頻度に注目して言語間の比較を行う。この方法には多くの言語を速やかに比較できる長所が備わっているが、受け継がれ共有されてきた同語源語を借り物の言葉と区別することができない。言語年代学では、語彙は一定した速度で変化するという仮定を語彙統計学のデータに当てはめ、言語の年代を推定する。この方法は、今日では広く受け入れられてはいない。

15) このようなポリネシア諸言語の系統樹モデルは、以下に掲載されている。Kirch and Green, *Hawaiki, Ancestral Polynesia*, figure 3.5.

16) ポリネシア人の故郷にはフィジー諸島が含まれるときがあるが、これは正しくない。フィジーとトンガとサモアにはいずれも西暦900年頃、東ラピタ文化複合体に所属する民族が定住した。そのなかでもトンガとサモア諸島(それに小さなフツナ島とウベア島を含める)に定住した子孫のコミュニティのひとつから、後に第1千年紀のあいだに古代ポリネシア文化が生まれたのである。したがって、ポリネシアの文化はフィジーの文化と直近のルーツを共有しているが、厳密にはフィジー諸島はポリネシア人の故郷に含まれないのである。

17) 言語学的には、最初にポリネシア祖語言語共同体がトンガ祖語と中核ポリネシア祖語の集団に分かれた。そして後に中核ポリネシア祖語の集団が、エリシア祖語と東ポリネシア祖語の集団に分裂した。ポリネシア諸言語の区別については、以下に細かく解説されている。Marck, *Topics in Polynesian Language and Culture History.*

18) 以下を参照。Kirch and Green, *Hawaiki, Ancestral Polynesia*, pp. 42–44.

19) この事例の詳細に関しては以下を参照。 Kirch and Green, *Hawaiki, Ancestral Polynesia*, pp. 149–153, table 6.2, figure 6.2.

20）ニュージーランドはいくつかの点で特異な存在である。規模に関しては「亜大陸」で（地質学的には古代ゴンドワナ大陸の名残である）、気候は温帯に属する（ポリネシアのほかの地域は熱帯または亜熱帯に属する）。西暦1200年頃ニュージーランドにやって来たポリネシア人の入植者たちは、このように大きく異なる環境に適応しなければならなかった。そのためマオリ族の文化は、ルーツを同じくするほかのポリネシア文化と多くの点でかけ離れたのである。

21）マンガイアとハワイにポリネシア人が最初に入植した年代に関しては、かなり意見が分かれる。しかし、東ポリネシア全域で最近行なわれた放射性炭素年代測定によれば、ポリネシア人がこの地域に進出したのは西暦900年から1100年のあいだである可能性が高い。

22）ハワイとマンガイアのいずれにも、キャプテン・ジェイムズ・クックは有名な太平洋への航海で訪れている。どちらも1777年から1779年にかけての、運命的な三度目の航海のあいだだった。

23）古代ポリネシアの社会、政治、儀式の仕組みについては、完全に再現された形が以下に紹介されている。Kirch and Green, *Hawaiki, Ancestral Polynesia*, pp. 201–276.

24）ここでは複合「社会」である点を強調すべきだろう。南トンガからサモアにかけて地理的に分布している多くの島には、多様な社会共同体が存在していた。

25）C. Levi- Strauss, *The Way of the Masks*（Washington, DC, 1982）, pp. 172–187.（『仮面の道』新潮社、山口昌男・渡辺守章訳、1977年）

26）個々のカーインガすなわちイエのランク付けは、古代ポリネシア社会では厳密な階層ではなく、ヘテラキカルすなわち頂点を持たない並列構造だったと考えられる。

27）ポリネシアの太陰暦については以下を Kirch and Green, *Hawaiki Ancestral Polynesia*, pp. 267–276, 儀式のサイクルをまとめた図表は、図9.5を参照。

28）サウとその古代ポリネシア社会における意味に関する問題については、以下を参照。M.Taumoefolau, “From *Sau ‘Ariki to Hawaiki,” *Journal of the Polynesian Society* 105（1996）: 385–410.

29）古代ポリネシア人の入植場所のリストは、以下に掲載されている。 Kirch and Green, *Hawaiki, Ancestral Polynesia*, table 3.2.

30）Te Rangi Hiroa, *Mangaian Society*, Bernice P. Bishop Museum Bulletin 122（Honolulu, 1934）.

31）マンガイア諸島に関しては、以下でもっと広く論じられている。Patrick V. Kirch, *The Wet and the Dry: Irrigation and Agricultural Intensifi cation in Polynesia*（Chicago, 1994）, pp. 269–287. そのなかで引用されている参考文献も参照。

32）これらの伝統に関しては、以下で広く論じられている。Te Rangi Hiroa, *Mangaian Society*, pp. 26–83.

33）初期の宣教師たちはネズミの捕獲についての記述を残しており、キリスト教が導入されたあとは土曜日を中心に行なわれたと報告している。安息日である日曜日の食事のおかずになるからだ。

34）Virginia L. Butler, “Changing Fish Use on Mangaia, Southern Cook Islands,” *International Journal of Osteoarchaeology* 11（2001）: 88–100.

35) 干ばつがマルケサスの植生におよぼした影響については、以下で論じられている。The effects of drought on the Marquesan vegetation are described by A. M. Adamson, *Marquesan Insects: Environment*, Bernice P. Bishop Museum Bulletin 139 (Honolulu, 1936).

36) 以下は、マルケサス諸島に関して民族誌の立場から取り上げた優れた著書である。Edward S. C. Handy, *The Native Culture of the Marquesas*, Bernice P. Bishop Museum Bulletin 9 (Honolulu, 1923). マルケサス諸島の社会組織の再分析は、以下で行われている。Nicholas Thomas, *Marquesan Societies: Inequality and Political Transformation in Eastern Polynesia* (Oxford, 1990). マルケサスに関する歴史研究方法については、グレッグ・デニングの著書、特に以下を大いに参考にした。*Islands and Beaches: Discourse on a Silent Land, Marquesas 1774–1880* (Honolulu, 1980).

37) 概して人類学者はこのような社会的単位を「血縁」集団と呼ぶが、ポリネシア先住民のコンセプトでは「遡及」集団になる。植物にたとえるなら、先祖を「幹」すなわち土台として、最新世代の子孫が系図の分岐構造の先端を形成しているからだ。したがって、ひとつの祖先系統からひとつの集団が発生している。

38) この言葉は意味的にやや複雑なプロセスを経て生まれた。ポリネシア祖語のカイナンガは、通常の音韻推移を通じてエイナアとなった。Kとngがマルケサスでは声門閉鎖音となり、そこに接頭辞のmataが付け加えられたのである。

39) 以下を参照。Patrick Kirch, "Chiefship and Competitive Involution: Th e Marquesas Islands of Eastern Polynesia," in T. Earle, ed., *Chiefdoms: Power, Economy, and Ideology* (New York, 1991), pp. 119–145.

40) マルケサス諸島を取り上げた初期の考古学関連書のなかでは、以下のものが重要である。Ralph Linton, *Archaeology of the Marquesas Islands*, Bernice P. Bishop Museum Bulletin 23 (Honolulu,1925), and Robert Carl Suggs, *The Archaeology of Nuku Hiva, Marquesas Islands, French Polynesia*, American Museum of Natural History Anthropological Papers 49 (New York, 1961). マルケサス諸島の研究で考古学と文化史が統合される最近の傾向については、以下を参照。Barry V. Rolett, *Hanamiai: Prehistoric Colonization and Cultural Change in the Marquesas Islands*, Yale University Publications in Anthropology 81 (New Haven, CT, 1998).

41) Thomas, *Marquesan Societies*, p. 175.

42) コハラの耕地制度に関する最近の考古学的研究については、以下を参照。 T. N. Ladefoged, M. W. Graves, and R. P. Jennings, "Dryland Agricultural Expansion and Intensification in Kohala, Hawai'i Island," *Antiquity* 70(1996): 861–880, and T. N. Ladefoged, M. W. Graves, and M. D. McCoy, "Archaeological Evidence for Agricultural Development in Kohala, Island of Hawai'i," *Journal of Archaeological Science* 30 (2003): 923–940.

43) Patrick V. Kirch, "Agricultural Intensification: A Polynesian Perspective," in Joyce Marcus and Charles Stanish, eds., *Agricultural Strategies* (Los Angeles, 2006), pp. 191–220.

44) Harold C. Brookfi eld, "Intensification and Disintensification in Pacific Agricul-

ture: A Theoretical Approach," *Pacific Viewpoint* 13 (1972): 30–48. 以下も参照。H. C. Brookfield, "Intensifiation Revisited," *Pacific Viewpoint* 25 (1984): 15–44.

45) E. Boserup, *The Conditions of Agricultural Growth: The Economics of Agrarian Change under Population Pressure* (Chicago, 1965). 以下も参照。Kirch, "Agricultural Intensification," pp. 200–203. 収獲サイクルの集約化に関しては以下を参照。

46) 異文化との接触以前の習慣だった耕作の結果として土地の栄養分が枯渇したことは、マウイ島のカヒキヌイで実践されている乾燥栽培システムの最近の事例からも明らかだ。以下を参照。A. S. Hartshorn, P. V. Kirch, O. A. Chadwick, and P. M. Vitousek, "Prehistoric Agricultural Depletion of Soil Nutrients in Hawai'i," *Proceedings of the National Academy of Sciences* 103 (2006): 11092–11097.

47) 異文化との接触以前のハワイにおける「古代国家」レベルの社会誕生の概要に関しては、以下を参照。Patrick V. Kirch, *From Chiefdom to Archaic State: Social Evolution in Hawaii* (Provo, UT, 2005).

48) 何よりもこのような状況のときにキャプテン・クックはハワイに到着したので、祭司たちは彼をロノ神の再来だと宣言する気持ちになったのである。以下を参照。Marshall Sahlins, *Historical Metaphorsand Mythical Realities: Structure in the Early History of the Sandwich Islands Kingdom* (Ann Arbor, MI, 1981).

49) Marshall Sahlins, *Stone Age Economics* (Chicago, 1972), p. 141.（『石器時代の経済学』山内昶訳、法政大学出版局、2012年）

50) 古代ハワイの寺院の階層に関しては、以下を参照。Valerio Valeri, *Kingship and Sacrifice: Ritual and Society in Ancient Hawaii* (Chicago, 1985).

51) Sahlins, *Social Stratification*, p. ix.

第2章

本章の一部は、以下からの引用に変更を加えた。James Belich, *Replenishing the Earth: The Settler Revolution and the Rise of the AngloWorld*, published by Oxford University Press, 2009, ここでは、オックスフォード大学出版局の許可を得て使用している。

1) Margaret Walsh, *The American West: Visions and Revisions*(New York, 2005), p. 46.

2) この部分は、そして特に記述がなければほかのすべての統計も、信頼性の高いB・R・ミッチェルの以下の著書の様々な巻からの引用である。*International Historical Statistics*, 4th ed., 3 vols. (London, 1998).

3) Peter Bakewell, *A History of Latin America: Empires and Sequels, 1450–1930* (Oxford, 1997), p. 460.

4) Rory Miller, *Britain and Latin America in the 19th and 20th Centuries* (London, 1993), pp. 106–107; Alistair Hennessy and John King, eds., *The Land that England Lost: Argentina and Britain, a Special Relationship* (London, 1992); Donald C. Castro, *The Development and Politics of Argentine Immigration Policy, 1852–1914: To Govern Is to Populate* (San Francisco, 1991); Jose C. Moya, *Cousins and Strangers: Spanish Immigrants in Buenos Aires, 1850–1930* (Berkeley, CA, 1998). アルゼンチンの経済成長に関しては、以下を参照。Jeremy Adelman,

Frontier Development: Land, Labor, and Capital on the Wheatlands of Argentina and Canada, 1890–1914 (New York, 1994); Samuel Amaral, *The Rise of Capitalism on the Pampas: The Estancias of Buenos Aires* (Cambridge, 1997); Alan M. Taylor, "Peopling the Pampa: On the Impact of Mass Migration to the River Plate, 1870–1914," *Explorations in Economic History* 34 (1997): 100–132; Gerardo della Paolera and Alan M. Taylor, eds., *A New Economic History of Argentina* (New York, 2003).

5) D. C. M. Platt, "Canada and Argentina: The First Preference of the British Investor," *Journal of Imperial and Commonwealth History* 123 (1985): 77–92.

6) Nicolas Spulber, *Russia's Economic Transitions: From Late Tsarism to the New Millennium* (New York, 2003), p. 7. 以下も参照 Igor V. Naumov, *The History of Siberia*, ed. David N. Collins (London, 2006); Steven G. Marks, *Road to Power: The Trans- Siberian Railway and the Colonization of Asian Russia, 1850–1917* (Ithaca, NY, 1991); Alan Wood, ed., *The History of Siberia: From Russian Conquest to Revolution* (London, 1991); James Forsyth, *A History of the Peoples of Siberia: Russia's North Asian Colony 1581–1990* (New York,1992). (『シベリア先住民の歴史』彩流社、森本和男訳、1998年)

7) T. S. Fedor, *Patterns of Urban Growth in the Russian Empire during the 19th Century* (Chicago, 1975); John Foster Fraser, *The Real Siberia, Together with an Account of a Dash through Manchuria* (London, 1902), pp. 85–87, 38; Mark Gamsa, "California on the Amur, or the 'Zheltuga Republic' in Manchuria (1883–1886)," *Slavonic and Eastern European Review* 81 (2003): 236–266; Eva- Maria Stolberg, "The Siberian Frontier between 'White Mission' and 'Yellow Peril,' 1890s–1920s," *Nationalities Papers* 32 (2004): 165–181.

8) J. P. Baughman, "The Evolution of Rail- Water Systems of Transportation in the Gulf Southwest 1826–1890," *Journal of Southern History* 34 (1968): 357–381; Annie Germain and Damaris Rose, Montreal: *The Quest for a Metropolis* (Chichester, 2000), p. 24.

9) 特定の「進歩促進型産業」についての詳しい記述に関しては、以下を参照。James Belich, *Making Peoples: A History of the New Zealanders from Polynesian First Settlement to the End of the 19th Century* (Auckland, 1996), chapter 14.

10) Harry N. Scheiber, *Ohio Canal Era: A Case Study of Government and the Economy, 1820–1861* (Athens, Ohio, 1969), pp. 121–123.

11) Alejandro Bendana, *British Capital and Argentine Dependence, 1816–1914* (New York, 1988), pp. 161, 143.

12) Douglas McCalla, *Planting the Province: The Economic History of Upper Canada, 1784–1870* (Toronto, 1993), p. 207.

13) Leonid M. Goryushkin, "The Economic Development of Siberia in the Late 19th and Early 20th Centuries," *Sibirica* 2 (2002): 12–20.

14) G. R. Hawke, *The Making of New Zealand: An Economic History* (Cambridge,1985), pp. 68–69.

15) E. A. Boehm, *Prosperity and Depression in Australia, 1887–1897* (Oxford,1971),

p. 138.

16）J. S. Holliday, *Rush for Riches: Gold Fever and the Making of California*（Berkeley, CA, 1999）, p. 183.

17）これはJ・G・スミスによる指摘で、以下に引用されている。Frederick H. Armstrong, *City in the Making: Progress, People and Perils in Victorian Toronto*（Toronto, 1988）, p. 253; RolloArnold, *New Zealand's Burning: The Settlers' World in the Mid- 1880s*（Wellington, New Zealand, 1994）; W. Bruce Lincoln, *The Conquest of a Continent: Siberia and the Russians*（Ithaca, NY, 1994）, p. 263.

18）Michael Williams, *Americans and Their Forests: A Historical Geography*（New York, 1989）, p. 156.

19）David E. Nye, *America as Second Creation: Technology and Narratives of New Beginnings*（Cambridge, MA, 2003）, p. 193; Williams, *Americans and Their Forests*, pp. 344–347, 354.

20）Lance E. Davis and Robert E. Gallman, "Capital Formation in the United States during the Nineteenth Century," in Peter Mathias and M. M. Postan eds., *The Cambridge Economic History of Europe*（Cambridge, 1978）, p. 56.

21）Glen McLaren, *Big Mobs: The Story of Australian Cattlemen*（Fremantle, Australia, 2000）, p. 115; Malcolm J. Kennedy, *Hauling the Loads: A History of Australia's Working Horses and Bullocks*（Melbourne, 1992）, p. 67.

22）F. M. L. Thompson, "Nineteenth- Century Horse Sense," *Economic History Review*, new series, 29（1976）: 60–81.

23）R. B. Lamb, *The Mule in Southern Agriculture*（Berkeley, CA, 1963）.

24）Fraser, The Real Siberia, p. 50; Roy Hora, *The Landowners of the Argentine Pampas: A Social and Political History, 1860–1945*（Oxford, 2001）, pp. 59–60.

25）オーストラリアを対象にした議論に関しては、以下を参照。Philip McMichael, *Settlers and the Agrarian Question: Foundations of Capitalism in Colonial Australia*（New York, 1984）, pp. 175–180, and Barrie Dyster, "The 1840s Depression Revisited," *Australian Historical Studies* 25（1993）: 589–607. ニュージーランドの事例に関しては、以下を参照。 James Belich, *Paradise Reforged: A History of the New Zealanders from the 1880s to the Year 2000*（Auckland, New Zealand, 2001）, pp. 32–38. アメリカの事例に関しては、以下を参照。Charles W. Calomiris and Larry Schweikart, "The Panic of 1857: Origins, Transmission, and Containment," *Journal of Economic History* 51（1991）: 807–834.

26）Douglas E. Booth, "Transportation, City Building, and Financial Crisis: Milwaukee, 1852–1868," *Journal of Urban History* 9（1983）: 335–363.

27）Th omas Cochran, *Frontiers of Change: Early Industrialization in America*（New York, 1981）, p. 31.

28）S. J. Butlin, "British Banking in Australia," *Royal Australian Historical Society Journal and Proceeding* 49（1963）: 81–99.

29）Caroll Van West, *Capitalism on the Frontier: Billings and the Yellowstone Valley in the 19th Century*（Lincoln, NE, 1993）, p. 196.

30）以下からの引用。Henry Slater, "Land, Labour and Capital in Natal: The Natal

Land and Colonisation Company, 1860–1948," *Journal of African History* 16 (1975): 257–283.

31) Lance E. Davis and Robert E. Gallman, *Evolving Financial Markets and International Capital Flows: Britain, the Americas, and Australia,1865–1914* (Cambridge, 2001), pp. 653–654; Donna J. Guy, "De pen den cy, the Credit Market, and Argentine Industrialization, 1860–1940," *Business History Review* 58 (1984): 532–561.

32) Goryushkin, "The Economic Development of Siberia."

33) Allan G. Bogue, "Farming in the Prairie Peninsula, 1830–1890," *Journal of Economic History* 23 (1963): 3–29.

34) T. W. Acheson, "The 1840s: De cade of Tribulation," in Phillip A. Buckner and John G. Reid, eds., *The Atlantic Region to Confederation. A History* (Toronto, 1994), p. 311.

35) Glen S. Dumke, *The Boom of the Eighties in Southern California* (San Marino,-CA, 1944), p. 175.

36) Darrel E. Bigham, *Towns and Villages of the Lower Ohio* (Lexington, KY, 1998), p. 4; David McGill, *Ghost Towns of New Zealand* (Wellington, New Zealand, 1980).

37) D. L. Burn, "Canada and the Repeal of the Corn Laws," *Cambridge Historical Journal* 2 (1929): 252–272.

38) Belich, *Paradise Reforged*, chapter 2.

39) Robert Ankli, "Ontario's Dairy Industry, 1880–1920," *Canadian Papers in Rural History* 8 (1992): 261–275; Derrick Rixson, *The History of Meat Trading* (Nottingham, UK, 2000), p. 264.

40) Harold Innis, *Staples, Markets and Cultural Change: Selected Essays*, ed.Daniel Drache (Montreal, 1995).

41) Richard White, "It's Your Misfortune and None of My Own": *A History of the American West* (Norman, OK, 1991); Elliott West, *The Contested Plains:Indians, Goldseekers, & the Rush to Colorado* (Lawrence, KS, 1998); D. W. Meinig, *The Shaping of America: A Geographical Perspective on 500 Years of History*, 4 vols. (New Haven, CT, 1986–2004); William Cronon, *Nature's Metropolis: Chicago and the Great West* (New York, 1991).

42) Belich, *Making Peoples*, chapter 16.

43) Claudio Veliz, *The New World of the Gothic Fox: Culture and Economy in English and Spanish America* (Berkeley, CA, 1994); J. V. Fifer, *The Master Builders: Structures of Empire in the New World* (Durham, UK, 1996); J. H.Elliott, *Empires of the Atlantic World: Britain and Spain in America, 1492–1830* (New Haven, CT, 2006), e.g., p. 206.

44) Wallace Carson, "Transportation and Traffic on the Ohio and Mississippi before the Steamboat," *Mississippi Valley Historical Review* 7 (1920): 26–38; Jeffrey S. Adler, *Yankee Merchants and the Making of the Urban West: The Rise and Fall of Antebellum St. Louis* (New York, 1991), p. 23.

45）W. J. Petersen, *Steamboating on the Upper Mississippi* (Iowa City, 1937), p. 73.
46）Peter Baskerville, "Donald Bethune's Steamboat Business: A Study of Upper Canadian Commercial and Financial Practice," *Ontario History* 67, no. 3 (1975): 135–149; Gerald Tulchinsky, *The River Barons: Montreal Businessmen and the Growth of Industry and Transportation, 1837–1853* (Toronto, 1977), p. 38. Also see R. F. Palmer, "First Steamboat on the Great Lakes," *Inland Seas* 44 (1988): 7–20, and Walter Lewis, "The First Generation of Marine Engines in Central Canadian Steamers, 1809–1837," The Northern Mariner 7 (1997): 1–30.
47）Edgar Dunsdorfs, *The Australian Wheat- Growing Industry, 1788–1948* (Melbourne, 1956), p. 69. 以下も参照。 Frank Broeze, "Distance Tamed: Steam Navigation to Australia and New Zealand from Its Beginnings to the Outbreak of the Great War," *Journal of Transport History* 10 (1989): 1–21.
48）Graeme Wynn, *Timber Colony: A Historical Geography of Early 19th- Century New Brunswick* (Toronto, 1981), p. 33.
49）Ronald Hope, *A New History of British Shipping* (London, 1990), pp. 261–263; James Watt, "The Influence of Nutrition upon Achievement in Maritime History," in Catherine Geissler and Derek J. Oddy, eds., *Food, Diet and Economic Change Past and Present* (Leicester, UK, 1993), p. 77.
50）Yrjo Kaukiainen, "Shrinking the World: Improvements in the Speed of Information Transmission, c. 1820–1870," *Europe an Review of Economic History* 5 (2001): 1–28.
51）Eric Richards, *Britannia's Children: Emigration from England, Scotland, Wales, and Ireland since 1600* (Hambledon, UK, 2004). 以下も参照。 Frank Broeze, *Island Nation: A History of Australians and the Sea* (Sydney, 1998);"British Intercontinental Shipping and Australia, 1813–1850," *Journal of Transport History* 4 (1978): 189–207; and "The Costs of Distance: Shipping and the Early Australian Economy, 1788–1850," *Economic History Review* 28 (1975): 582–597.
52）Erik Banks, *The Rise and Fall of the Merchant Banks* (London, 1999), p. 92.
53）C. E. McDowell and H. M. Gibbs, *Ocean Transportation* (New York, 1954),p. 35.
54）Dorian Gerhold, "The Growth of the London Carrying Trade, 1681–1838," *Economic History Review*, new series, 41, no. 3 (1988): 406.
55）Daniel B. Klein and John Majewski, "Turnpikes and Toll Roads in Nineteenth Century America," in EH.Net Encyclopedia, edited by Robert Whaples.February 10, 2008, http://eh.net/encyclopedia/article/ Klein.Majewski.Turnpikes.
56）D. Urlich Cloher, "Integration and Communications Technology in an Emerging Urban System," *Economic Geography* 54 (1978): 1–16.
57）Ronald E. Shaw, *Erie Water West: A History of the Erie Canal* (Lexington, KY, 1990), p. 261 and passim.
58）Clay McShane and Joel Tarr, "The Decline of the Urban Horse in America," *Journal of Transport History* 24 (2003): 177–198.
59）Howard Bodenhorn, *A History of Banking in Antebellum America* (New York, 2000); Hugh Rockoff , "Banking and Finance," in Stanley L. Engerman and Rob-

ert E. Gallman, eds., *The Cambridge Economic History of the United States*, vol. 2: *The Long Nineteenth Century* (Cambridge, 2000); Davis and Gallman, "Capital Formation in the United States during the Nineteenth Century," p. 63; J. Van Fenstermaker, "The Statistics of American Commercial Banking, 1782–1818," *Journal of Economic History* 25 (1965): 400–413; Peter L. Rousseau and Richard Sylla, "Emerging Financial Markets and Early US Growth," *Explorations in Economic History* 42 (2005): 1–26; Alice Techova et al., eds., *Banking, Trade, and Industry: Europe, American and Asia from the 13th Century to the 20th Century* (Cambridge, 1997); Iain S.Black, "Money, Information and Space: Banking in Early- Nineteenth Century England and Wales," *Journal of Historical Geography* 21 (1995): 398–412; Banks, *Rise and Fall of the Merchant Banks;* Geoffrey Jones, British Multinational Banking, 1830–1990: A History (Oxford, 1993); Lance Davis and Robert Huttenback, *Mammon and the Pursuit of Empire: The Economics of British Imperialism,* abridged edition (Cambridge, 1988).

60) Charles Sellers, *The Market Revolution: Jacksonian America, 1815–1846* (New York, 1991), p. 135.

61) Davis and Gallman, *Evolving Financial Markets*, pp. 55, 64. アメリカ西部の北東部での投資に関しては、以下を参照。John Denis Haeger, *The Investment Frontier: New York Businessmen and the Economic Development of the Old Northwest* (Albany, NY, 1981); Naomi R. Lamoreaux, *Insider Lending: Banks, Personal Connections and Economic Development in Industrial New England* (New York, 1994); Lance E. Davis and Robert J. Cull, "International Capital Movements, Domestic Capital Markets, and American Economic Growth, 1820–1914," in Engerman and Gallman, eds., *Cambridge Economic History of the US*, vol. 2, 733–812.

62) David Vincent, *Literacy and Popular Culture in England, 1750–1914* (Cambridge, 1989) and *The Rise of Mass Literacy: Reading and Writing in Modern Europe* (Malden, MD, 2000); (『マス・リテラシーの時代：近代ヨーロッパにおける読み書きの普及と教育』北本正章監訳、新曜社、2011年) Jon P. Klancher, *The Making of English Reading Audiences, 1790–1832* (Madison, WI, 1987); Patricia Anderson, *The Printed Image and the Transformation of Popular Culture, 1790–1860* (Oxford, 1991); Yrjo Kaukianen, "Shrinking the World: Improvements in the Speed of Information Transmission, c. 1820–1870," *European Review* of Economic History 5 (2001): 20; Allan R. Pred, "Urban Systems Development and the Long Distance Flow of Information through Preelectronic US Newspapers," Economic Geography 47 (1971): 498–524.

63) C. A. Bayly, *The Birth of the Modern World, 1780–1914: Global Connections and Comparisons* (Oxford, 2004), p. 19; Daniel R. Headrick, *The Tentacles of Progress: Technology Transfer in the Age of Imperialism, 1850–1940* (New York, 1988) and *When Information Came of Age: Technologies of Knowledge in the Age of Reason and Revolution, 1700–1850* (Oxford, 2000).

64) Stuart M. Blumin, "The Social Implications of US Economic Development," in

Engerman and Gallman, eds., *Cambridge Economic History of the US*, vol. 2, p. 828.

65） Charles G. Steffen, "Newspapers for Free: The Economics of Newspaper Circulation in the Early Republic," *Journal of the Early Republic* 23 (2003):381–419.

66） Headrick, *When Information Came of Age*, p. 190.

67） Lewis Mumford, *Technics and Civilization* (London, 1934), pp. 109–110.

68） Peter S. Onuf, *Statehood and the Union: A History of the Northwest Ordinance* (Bloomington, IN, 1987), pp. 1, 33; R. A. Billington, *Westward Expansion: A History of the American Frontier*, 3rd ed. (New York, 1967), p. 210.以下も参照。Andrew R. L. Cayton, *The Frontier Republic: Ideology and Politics in the Ohio Country, 1780–1825* (Kent, Ohio, 1986), pp. 7–9.

69） 以下での引用。 Francis S. Philbrick, *The Rise of the West* (New York, 1965), p. 357.

70） Timothy Flint, *Recollections of the Last Ten Years in the Valley of the Mississippi* (1826, reprint ed. Carbondale, IL, 1968), p. 128.

71） Stuart M. Blumin, "The Social Implications of US Economic Development,"in Engerman and Gallman, eds., *Cambridge Economic History of the US*, vol. 2, p. 837.

72） David Hackett Fischer and James C. Kelly, Away, I'm Bound *Away: Virginia and the Westward Movement* (Richmond, VA, 1993).

73） Richards, *Britannia's Children*, p. 109.

74） The Times Digital Archive, 1785–1985, http://infotrac.galegroup.com.helicon.vuw.ac.nz/itw/infomark/111/1/1/purl = rc6_TTDA?sw_aep = vuw; Internet Library of Early Journals, http://www.bodley.ox.ac.uk/ilej/.

75） Northern New York Historical Newspapers, http://gethelp.library.upenn.edu/guides/hist/onlinenewspapers.html.

76） Charlotte Erickson, *Invisible Immigrants: The Adaptation of English and Scottish Immigrants in Nineteenth- Century America* (London, 1972); Randy W. Widdis, *With Scarcely a Ripple: Anglo- Canadian Migration into the United States and Western Canada, 1880–1920* (Montreal, 1998), p. 199.

77） Michael Johns, "Industrial Capital and Economic Development in Turn of the Century Argentina," *Economic Geography* 68 (1992): 188–204. Also see Adelman, *Frontier Development*, pp. 109–112; Moya, *Cousins and Strangers*.

78） Mark Bassin, "Inventing Siberia: Visions of the Russian East in the Early Nineteenth Century," *American Historical Review* 96 (1991): 763–794.

79） Boris N. Mironov, "The Development of Literacy in Russia and the USSR from the Tenth to the Twentieth Centuries," *History of Education Quarterly* 31 (1991): 229–252; V. A. Skubnevskii and I. M. Goncharov, "Siberian Merchants in the Latter Half of the Nineteenth Century," *Sibirica* 2 (2002):21–42.

80） Willard Sunderland, "Peasant Pioneering: Russian Peasant Settlers Describe Colonization and the Eastern Frontier, 1880s–1910s," *Journal of Social History* 34 (2001): 895–922. 以下も参照。 Sunderland, "Peasants on the Move: State Peasant Resettlement in Imperial Russia, 1805–1830s," *Russian Review* 52 (1993): 472

–485, 478, and footnote 27, and "An Empire of Peasants . . . ," in Jane Burbank and David L. Ransel, eds., *Imperial Russia: New Histories for the Empire* (Bloomington, IN, 1998); David Moon, "Peasant Migration and the Settlement of Russia's Frontiers, 1550–1897," *Historical Journal* 40 (1997): 859–893.

第3章

草稿に関しては、アーロン・ベルグ、ジャレド・ダイアモンド、ロス・レヴィン、ノエル・モーラー、ジェイムズ・ロビンソン、ハミルトン・ウルマーが貴重なコメントを寄せてくれた。この場をかりて感謝したい。本章の一部については、旧バージョンが以下に掲載されている。"Political Institutions and Financial Development: Evidence from the Political Economy of Bank Regulation in Mexico and the United States," in Stephen Haber, Douglass C. North, and Barry R. Weingast, eds., *Political Institutions and Financial Development* (Stanford, CA, 2008), pp. 10–59.

1) Raghuram G. Rajan and Luigi Zingales, "Financial Dependence and Growth," *American Economic Review* 88 (1998): 559–586; Ross Levine, "The Legal Environment, Banks, and Long Run Economic Growth," *Journal of Money, Credit, and Banking* 30 (1998): 596–620; Levine, "Finance and Growth: Theory and Evidence," in Philippe Aghion and Steven Durlauf, eds., *Handbook of Economic Growth* (Amsterdam, 2005), pp. 251–278.
2) Thorsten Beck, Asli Demirguc- Kunt, and Ross Levine, "A New Database on Financial Development and Structure," www .go .worldbank .org (accessed February 12, 2008).
3) James R. Barth, Gerard Caprio Jr., and Ross Levine, *Rethinking Bank Regulation:Till Angels Govern* (New York, 2006), chapter 5; Michael D. Bordo and Peter Rousseau, "Legal- Political Factors and the Historical Evolution of the Finance- Growth Link," National Bureau of Economic Research Working Paper 12035 (Cambridge, MA, 2006); Philip Keefer, "Beyond Legal Origin and Checks and Balances: Political Credibility, Citizen Information, and Financial Sector Development," in Stephen Haber, Douglass C. North, and Barry R. Weingast, eds., *Political Institutions and Financial Development* (Stanford, CA, 2008), pp. 125–155.
4) アメリカの銀行制度の規模が大きくなった理由を、経済史家はイギリスの政治制度と結びつけて考えてきた。以下を参照。Laurence J.Broz and Richard S. Grossman, "Paying for Privilege: The Political Economy of Bank of England Charters, 1694–1844," *Explorations in Economic History* 41 (2004): 48–72; P. L. Cottrell and Lucy Newton, "Banking Liberalization in England and Wales, 1826–1844," in Richard Sylla, Richard Tilly, and Gabriel Tortella, eds., *The State, the Financial System, and Economic Modernization* (Cambridge, 1999), pp. 75–117. アメリカとイギリスの銀行制度の相対的規模に関しては、以下を参照。Peter Rousseau and Richard Sylla, "Emerging Financial Markets and Early U.S. Growth," *Explorations in Economic History* 42 (2004): 1–26.

5) Alexander Keyssar, *The Right to Vote: The Contested History of Democracy in the United States* (New York, 2000), p. 8.
6) Richard Sylla, John B. Legler, and John Wallis, "Banks and State Public Finance in the New Republic: The United States, 1790–1860," *Journal of Economic History* 47 (1987): 391–403; John Wallis, Richard E. Sylla, and John B. Legler, "The Interaction of Taxation and Regulation in Nineteenth Century U.S. Banking," in Claudia Goldin and Gary D. Libecap, eds., *The Regulated Economy: A Historical Approach to Political Economy* (Chicago:University of Chicago Press, 1994), pp. 122–144.
7) Howard Bodenhorn, *State Banking in Early America: A New Economic History* (New York, 2003), pp. 17, 244.
8) Wallis, Sylla, and Legler, "The Interaction of Taxation and Regulation," pp.135–139; Bodenhorn, *State Banking in Early America*, p. 142; John Majewski, "Jeffersonian Political Economy and Pennsylvania's Financial Revolution from Below, 1800–1820" (mimeo, University of California, Santa Barbara, 2004).
9) Carl Lane, "For a 'Positive Profit': The Federal Investment in the First Bank of the United States, 1792–1802," *William and Mary Quarterly* 54 (1997): 601–612; James O. Wettereau, "The Branches of the First Bank of the United States," *Journal of Economic History* 2 (1942): 66–100; Richard Sylla, "Experimental Federalism: The Economics of American Government, 1789–1914," in Stanley Engerman and Robert Gallman, eds., *The Cambridge Economic History of the United States*, vol. 2: *The Long Nineteenth Century* (New York, 2000), pp. 483–542; Hugh Rockoff , "Banking and Finance, 1789–1914," in Engerman and Gallman, eds., *The Cambridge Economic History of the United States*, vol. 2, pp. 643–684.
10) Bray Hammond, "Jackson, Biddle, and the Bank of the United States," *Journal of Economic History* 7 (1947): 1–23; Peter Temin, "The Economic Consequences of the Bank War," *Journal of Political Economy* 76 (1968): 257–274; Stanley L. Engerman, "A Note on the Economic Consequences of the Second Bank of the United States," *Journal of Political Economy* 78 (1970): 725–728; Rockoff , "Banking and Finance," pp. 643–684.
11) Arthur Grinith III, John Joseph Wallis, and Richard E. Sylla, "Debt, Default,and Revenue Structure: The American State Debt Crisis in the Early 1840s,"National Bureau of Economic Research, Historical Working Paper (Cambridge, MA, 1997); Sylla, "Experimental Federalism"; Bodenhorn, *State Banking in Early America*, pp. 86, 148, 152, 228–234.
12) Stanley L. Engerman and Kenneth L. Sokoloff , "The Evolution of Suffrage Institutions in the New World," National Bureau of Economic Research Working Paper 8512 (2001); Keyssar, *The Right to Vote*, p. 29.
13) Bodenhorn, *State Banking in Early America*, p. 12.
14) Rousseau and Sylla, "Emerging Financial Markets and Early U.S. Growth," pp. 1–26.
15) Ta- Chen Wang, "Courts, Banks, and Credit Markets in Early American Devel-

opment" (PhD diss., Stanford University, 2006), p. 83.

16) Bodenhorn, *State Banking in Early America*, pp. 134, 186–188; Howard Bodenhorn, "Bank Chartering and Political Corruption in Antebellum New York: Free Banking as Reform," in Edward Glaeser and Claudia Goldin, eds., *Corruption and Reform: Lessons from America's Economic History* (Chicago: University of Chicago Press, 2008), pp. 231–258; Frank Otto Gatell,"Sober Second Thoughts on Van Buren, the Albany Regency, and the Wall Street Conspiracy," *Journal of American History* 53 (1966): 26; David Moss and Sarah Brennan, "Regulation and Reaction: The Other Side of Free Banking in Antebellum New York," Harvard Business School Working Paper 04–038 (2004), p. 7.

17) Bodenhorn, *State Banking in Early America*, pp. 186–192; Wallis, Sylla, and Legler, "The Interaction of Taxation and Regulation," pp. 122–144; Moss and Brennan, "Regulation and Reaction."

18) Howard Bodenhorn, "Entry, Rivalry, and Free Banking in Antebellum America," *Review of Economics and Statistics* 72 (1990): 682–686; Howard Bodenhorn, "The Business Cycle and Entry into Early American Banking," *Review of Economics and Statistics* 75 (1993): 531–535; Andrew Economopoulos and Heather O'Neill, "Bank Entry during the Antebellum Period," *Journal of Money, Credit, and Banking* 27 (1995): 1071–1085; Kenneth Ng, "Free Banking Laws and Barriers to Entry in Banking, 1838–1860," *Journal of Economic History* 48 (1988): 877–889; Hugh Rockoff ,"The Free Banking Era: A Reexamination," *Journal of Money, Credit, and Banking* 6 (1974): 141–167; Hugh Rockoff , "New Evidence on Free Banking in the United States," *American Economic Review* 75 (1985): 886–889.

19) Charles W. Calomiris and Eugene N. White, "The Origins of Federal Deposit Insurance," in Claudia Goldin and Gary D. Libecap, eds., *The Regulated Economy: A Historical Approach to Political Economy* (Chicago, 1994),p.151; Lance E. Davis and Robert E. Gallman, *Evolving Financial Markets and International Capital Flows: Britain, the Americas, and Australia, 1865–1914* (New York, 2001), p. 268; Richard Sylla, *The American Capital Market,1846—1914: A Study of the Effects of Economic Development on Public Policy* (New York, 1975), pp. 249–252.

20) Moss and Brennan, "Regulation and Reaction"; Sylla, The American Capital Market, pp. 62–73; Davis and Gallman, *Evolving Financial Markets*, p. 272.

21) Calomiris and White, "The Origins of Federal Deposit Insurance," pp. 145–188; Davis and Gallman, *Evolving Financial Markets*, p. 272.

22) Michael D. Bordo, Hugh Rockoff , and Angela Redish, "The U.S. Banking System from a Northern Exposure: Stability versus Efficiency," *Journal of Economic History* 54 (1994): 325–341.

23) Carlos Manuel Peláez, "The Establishment of Banking Institutions in a Backward Economy: Brazil, 1800–1851," *Business History Review* 49 (1975):460–461.

24) Author's estimates, based on data in Peláez, "The Establishment of Banking Institutions," pp. 459, 462.

25）Peláez, "The Establishment of Banking Institutions," pp. 456–463.

26）William Summerhill, *Inglorious Revolution: Political Institutions, Sovereign Debt, and Financial Underdevelopment in Imperial Brazil* (New Haven, CT, forthcoming).

27）Carlos Manuel Peláez and Wilson Suzigan, *Historia Monetária do Brasil: Análise da Política, Comportamento e Instituiçoes Monetárias* (Brasília,1976), pp. 82–87.

28）同上, p. 103.

29）Summerhill, *Inglorious Revolution*; Anne G. Hanley, *Native Capital: Financial Institutions and Economic Development in Sao Paulo, Brazil, 1850–1905* (Stanford, CA, 2005), p. 38.

30）Peláez and Suzigan, *Historia Monetária do Brasil*, chapter 4; Hanley, *Native Capital*, p. 123; Steven Topik, *The Political Economy of the Brazilian State, 1889–1930* (Austin, TX, 1987), pp. 28–29.

31）Paolo Neuhaus, *História Monetária do Brasil, 1900–45* (Rio de Janeiro,1975), p. 22; Gail D. Triner, *Banking and Economic Development: Brazil, 1889–1930* (New York, 2000), p. 47.

32）Triner, *Banking and Economic Development*, p. 18.

33）Neuhaus, *História Monetária do Brasil*, p. 22; Triner, *Banking and Economic Development*, p. 47.

34）以下の複数の号のデータから計算。*Jornal do Commercio*

35）Steven Topik, "State Enterprise in a Liberal Regime: The Banco do Brasil, 1905–1930," *Journal of Interamerican Studies and World Affairs* 22 (1980):402, 413.

36）Gail D. Triner, "Banks, Regions, and Nation in Brazil, 1889–1930," *Latin American Perspectives* 26 (1999): 135.

37）Topik, "State Enterprise in a Liberal Regime," pp. 402–417.

38）以下の複数の号のデータから計算。*Jornal do Commercio*

39）Morris Bornstein, "Banking Policy and Economic Development: A Brazilian Case Study," *Journal of Finance* 9 (1954): 312–313.

40）David W. Walker, *Business, Kinship, and Politics: The Martinez del Rio Family in Mexico, 1824–1867* (Austin, TX, 1987), chapters 7 and 8; Barbara Tennenbaum, *The Politics of Penury: Debt and Taxes in Mexico, 1821–1856* (Albuquerque, NM, 1986).

41）Robert Potash, *The Mexican Government and Industrial Development in the Early Republic: The Banco de Avío* (Amherst, MA, 1983), p. 118.

42）Noel Maurer and Andrei Gomberg, "When the State Is Untrustworthy:Public Finance and Private Banking in Porfirian Mexico," *Journal of Economic History* 64 (2004): 1087–1107; Carlos Marichal, "The Construction of Credibility: Financial Market Reform and the Renegotiation of Mexico's External Debt in the 1880's," in Jeffrey L. Bortz and Stephen H. Haber, eds., *The Mexican Economy, 1870–1930: Essays on the Economic History of Institutions, Revolution, and Growth* (Stanford, CA, 2002), pp. 93–119.

43）Maurer and Gomberg, "When the State Is Untrustworthy," pp. 1087–1107; Noel

Maurer, *The Power and the Money: The Mexican Financial System, 1876–1932* (Stanford, CA, 2002), pp. 34–40; Stephen Haber, Armando Razo, and Noel Maurer, *The Politics of Property Rights: Political Instability, Credible Commitments, and Economic Growth in Mexico, 1876–1929* (New York, 2003), chapter 4.

44) Armando Razo, *Social Foundations of Limited Dictatorship: Networks and Private Protection during Mexico's Early Industrialization* (Stanford, CA, 2008), p. 78.

45) Stephen Haber, "Industrial Concentration and the Capital Markets: A Comparative Study of Brazil, Mexico, and the United States, 1830–1930," *Journal of Economic History* 51 (1991): 559–580; Noel Maurer and Stephen Haber, "Related Lending and Economic Performance: Evidence from Mexico," Journal of Economic History 67 (2007): 551–581.

46) Maurer and Haber, "Related Lending and Economic Performance," pp. 551–581.

47) Haber, Razo, and Maurer, *The Politics of Property Rights*, pp. 88–90; Razo, *Social Foundations of Limited Dictatorship*, pp. 101–165.

48) Stephen Haber, "Banking with and without Deposit Insurance: Mexico's Banking Experiments, 1884–2004," in Asli Demirguc- Kunt, Edward Kane, and Luc Laeven, eds., *Deposit Insurance around the World: Issues of Design and Implementation* (Cambridge, MA, 2008), pp. 219–252.

49) Marichal, "The Construction of Credibility," pp. 93–119; Maurer, The Power and the Money, pp. 16–18; Gustavo Aguilar, "El sistema bancario en Sinaloa (1889–1926): Su infl uencia en el crecimento económico," in Mario Cerutti and Carlos Marichal, eds., *La banca regional en México, 1870–1930* (Mexico City, 2003), pp. 47–100; Mario Cerutti, "Empresariado y banca en el norte de México, 1879–1910: La fundación del Banco Refaccionario de la Laguna," in Cerutti and Marichal, eds., *La banca regional en México, 1870–1930*, pp. 168–215; Leticia Gamboa Ojeda, "El Banco Oriental de Mexico y la formación de un sistema de banca, 1900–1911," in Cerutti and Marichal, eds., *La banca regional en México, 1870–1930*, pp. 101–133; Leonor Ludlow, "El Banco Mercantil de Veracruz, 1898–1906," in Cerutti and Marichal, eds., *La banca regional en México, 1870–1930*, pp. 134–167; María Guadalupe Rodríguez López, "La banca porfi riana en Durango," in Mario Cerruti, ed., *Durango (1840–1915)* : Banca, transportes, tierra e industria (Monterrey, Nuevo León, 1995), pp. 7–34; María Guadalupe Rodríguez López, "Paz y bancos en Durango durante el Porfiriato," in Cerutti and Marichal, eds., *La banca regional en México, 1870–1930*, pp. 254–290; Maria Eugenia Romero Ibarra, "El Banco del Estado de México, 1897–1914," in Cerutti and Marichal, eds., *La banca regional en México, 1870–1930*, pp. 216–251; Jaime Olveda, "Bancos y banqueros en Guadalajara," in Cerutti and Marichal, eds., *La banca regional en México, 1870–1930*, pp. 291–320.

50) Mexico, Secretaria de Hacienda, *Anuario de Estadística Fiscal, 1911–12* (Mexico City, 1912), pp. 236, 255.

51) Maurer, *The Power and the Money*, pp. 85–87.

52）Haber, "Industrial Concentration," pp. 559–580; Maurer and Haber, "Related Lending and Economic Performance," pp. 551–581.
53）Haber, Razo, and Maurer, *The Politics of Property Rights*, chapter 5.
54）Maurer, *The Power and the Money*, pp. 134–159; Haber, Razo, and Maurer, *The Politics of Property Rights*, chapter 4

第4章

リチャード・テューリッツ、マット・スミス、ピーター・ゾルとは、イスパニョーラ島について有益な議論を交した。この場をかりて感謝する。デューク大学とUCLAの歴史学部などに所属するメンバーとは、刺激的なブレインストーミングを行なった。題材は以下から取り上げた。*Collapse: How Societies Choose to Fail or Succeed*, © 2005. Published by Viking Penguin, a division of Penguin Group（USA）Inc.（『文明崩壊—滅亡と存続の命運を分けるもの』楡井浩一訳、草思社、2005年）の第2章より。

1）Axel Ockenfels and Joachim Weimann, "Types and Patterns: An Experimental East- West- German Comparison of Cooperation and Solidarity," *Journal of Public Economics* 71（1999）: 275–287.
2）ハイチとドミニカ共和国の比較研究には、以下のものが含まれる。 Rayford Logan, *Haiti and the Dominican Republic*（New York, 1968）; Rafael Emilio Yunén Z., *La Isla Como Es*（Santiago, Republica Dominicana, 1985）; Bernardo Vega, *Trujillo y Haiti*（Santo Domingo, 1988 and 1995）; Brenda Gayle Plummer, *Haiti and the United States: The Psychological Moment*（Athens, GA, 1992）, chapter 8; and Michele Wecker, *Why the Cocks Fight: Dominicans, Haitians, and the Struggle for Hispaniola*（New York, 1999）. ハイチに関する文献の入門書には、以下のものが含まれる。C. L. R. James, *The Black Jacobins*, 2nd ed.（London, 1963）; Mats Lundahl, *Peasants and Poverty: A Study of Haiti*（London, 1979）; Lundahl, *The Haitian Economy: Man, Land, and Markets*（London, 1983）; Lundahl, Politics or Markets? Essays on Haitian Underdevelopment（London, 1992）; Michael Dash, *Culture and Customs of Haiti*（Westport, CT, 2001）; Lauren T. Dubois, *Avengers of the New World*（Cambridge, MA, 2004）; John Garrigus, Before Haiti（New York,2006）; David Nicholls, *From Dessalines to Duvalier: Race, Colour, and National Independence in Haiti*（Cambridge, 1992）; そして、すでに引用した以下 Brenda Gayle Plummer's *Haiti and the United States.*は、ドミニカ共和国の標準的な歴史書である。Frank Moya Pons, *The Dominican Republic: A National History*（Princeton, NJ, 1998）; Moya Pons, *Manual de Historia Dominicana*, 9th ed.（Santiago, Republica Dominicana, 1999）; and Roberto Cassá, *Historia, Social y Económica de la Republica Dominicana*, 2 vols.（Santo Domingo, Republica Dominicana, 1998 and 2001）. ドミニカ共和国のさらに詳しい研究書には、以下のものが含まれる。 Martin Clausner, *Rural Santo Domingo: Settled, Unsettled, Resettled*（Philadelphia, 1973）, and Harry Hoetink, *The Dominican People, 1850–1900: Notes for a Historical Sociology*（Baltimore, MD, 1982）. 以下は、ドミニカ共和国のトルヒーヨ時代を取り上げている。 Howard Wiarda, *Dictatorship and*

Development: The Methods of Control in Trujillo's Dominican Republic (Gainesville, FL, 1968);Claudio Vedovato, *Politics, Foreign Trade and Economic Development: A Study of the Dominican Republic* (London, 1986); and Richard Lee Turits, *Foundations of Despotism: Peasants, the Trujillo Regime, and Modernity in Dominican History* (Palo Alto, CA, 2002). すでに引用した David Nicholls's From Dessalines to Duvalierならびに以下 Michel- Rolph Trouillot, *Haiti, State against Nation: The Origins and Legacy of Duvalierism* (New York, 1990).は、ハイチのデュヴァリエ時代を取り上げている。私はかつて、『文明崩壊』の第11章で、ハイチとドミニカ共和国を比較した。

3) ここで使われている「群を抜いて豊かな植民地」というフレーズには、「国民総生産がきわめて高い」という意味が込められている。一般的に「豊か」や「貧しい」という言葉は、「国民総生産の高さや低さ」もしくは「1人当り平均所得の高さや低さ」を表現するために使われる。私がかつてのテキストで今日のハイチをアメリカ全体の最貧国と述べた際には、1人当り平均所得に注目した。ハイチの現代の人口はおよそ800万。1人当り平均所得と人口を掛け合わせると、ハイチの国民総所得（総生産と関連するが、同じではない）は南米大陸のふたつの国（ガイアナとスリナム）よりも高くなる。どちらも1人当り所得はハイチの3倍ちかくに達するが、人口は10分の1もしくは20分の1にすぎないからだ。
もちろん、植民地時代のサン・ドマングすなわちハイチが豊かだったからと言って、ほとんどのハイチ国民が豊かだったわけではない。それどころか、植民地時代にはハイチ国民の大半がアフリカ出身の非常に貧しい奴隷で、働きすぎや栄養不良で大勢が命を落とした。ハイチの豊かな富は少数派のフランス人農園主によって支配され、それ以外には、およそ3万人のカラードと呼ばれる自由黒人が重要な役割を果たした。今日では、ハイチの人口の95パーセントが黒人で、残りは（ほとんどが）ムラート（白人と黒人の混血）と（僅かな）白人で構成されている。エリート階級のムラートは1946年まで政治権力をふるった。エリートは未だにフランス語を話す。以下を参照。*Nicholls, From Dessalines to Duvalier.* イスパニョーラ島を共有するふたつの国の人口構成の平均差が存在するのは事実だが、イメージを考慮して違いはしばしば誇張される。たとえばドミニカ人は、均質性、白人の比重の大きさ、ヨーロッパからの移民の多さを強調し、黒人が多く、白人の移民が少ない（と言われる）ハイチの人口構成との違いを際立たせる傾向がある。

4) フランス領サン・ドマングの富の主な源泉は砂糖を栽培する大規模プランテーションだった。ハイチでは革命のあと、土地を所有するようになった小作農が農業の中心となり、コーヒーを主要な換金作物として栽培した。コーヒーは、ハイチの山がちな地形に合っていたのだ。フランスの植民地時代の最後の10年間、コーヒーの輸出量は大きく増加した。そのため輸出農業（ひいては森林破壊）が（砂糖プランテーションに適した）海岸の平野から山がちな内陸部にまで広がった。スペインも1500年代にイスパニョーラ島の植民地で大規模な砂糖プランテーションを開墾したが、16世紀の終わりごろになると、議論が分かれる様々な理由で衰退してしまった。20世紀になって、ドミニカ共和国では大規模な砂糖プランテーションが再建された。

5) イスパニョーラ島ではスペイン領だった部分よりもフランス領だった部分のほうが最終的に奴隷の人数が多くなったが、その理由については議論が分かれる。論争については以下を参照。*Turits, Foundations of Despotism*, chapter 1; Moya Pons, *The Dominican Republic*, chapter 2; and Cassá, *Historia Social y Económica de la Republica Dominicana*, chapters 7–9. 奴隷を購入したのはフランスやスペインの政府ではなく、個人だった。奴隷の価格はフランス領よりもスペイン領のほうが高く、手に入りにくかった。スペイン政府が政策の一環として奴隷に高い税金を課したことは、少なくとも理由のひとつだろう。スペイン政府が1790年に奴隷税の税率を下げると、スペイン領キューバへの奴隷の輸入が急増したことからも、この要因は明らかに重要な役割を果たしている。したがって、私のテキストで論じられている疑問は、つぎのように言い換えてもよいだろう。なぜフランス政府ではなくスペイン政府は、個人が奴隷を購入しやすい環境の整備に関心も意欲も持たなかったのだろう。詳しくは以下を参照。*David Eltis, Economic Growth and the Ending of the Transatlantic Slave Trade* (New York, 1987).

6) いわゆるクレオール語には様々な種類があるが、それぞれ世界中で独自に発達した。言語学者は、接触状況で生まれる言語をふたつのタイプに区別する。いわゆるピジン言語は、母国語の異なる集団同士（入植者と労働者、貿易商人と現地の住民などの組み合わせ）が意思疎通を図る必要性から生まれる。これに対してクレオール語は、ピジン言語を第二言語として話す人たちの子どもの世代がピジン言語を一次言語として採用し、独自に発達させた結果として生まれた。クレオール化に関しては、以下に論じられている。Robert A. Hall Jr., *Pidgin and Creole Languages* (Ithaca, NY, 1966); Derek Bickerton, *Roots of Language* (Ann Arbor, MI, 1981)（『言語のルーツ』（筧登寿雄訳、大修館書店、1985年）; and Bickerton, *Language and Species* (Chicago, 1990).

7) ハイチの現在の貧困に言語がどのような影響をおよぼしたかに関しては、意見が分かれる。ほとんどの歴史学者はほかの要因、たとえば政治の不安定、人口過剰、通信インフラの未整備などを指摘する。ハイチの人たちは言語障壁を超えてドミニカ共和国やほかのカリブ海諸国、アメリカ合衆国へと大量に移住した。カリブ海の小国、英連邦、かつてフランスの植民地だった海外県（マルティニーク、グアドループ、ドミニカ、セントルシア）でフランス語とのあいだに生まれたクレオール語を話す人たちにとって、ハイチクレオール語は理解可能だ。ハイチへの外国からの干渉や、ヨーロッパ、北米、アラブからの移民にとって、クレオール語が妨げになることはなかった。ハイチ国民のなかでも諸外国とのビジネスや外交に関わる機会が最も多いエリート層は、フランス語（しばしば英語とスペイン語も）を話す。しかし、ほとんどのハイチ国民はハイチクレオール語しか話さず、カリブ海以外の場所ではコミュニケーションが不可能なことも事実だ。一方、ドミニカ国民のほとんどはスペイン語を話すが、これは世界中で4億人が話す言語である。この事実がもたらした結果は、さらに研究すべきだろう。

8) Barbara F. Grimes, ed., *Ethnologue: Languages of the World*, vol. 1 (Dallas, TX, 2000). ドミニカ共和国とハイチで各言語を話す住民の人数がまとめられている。ドミニカ共和国に関しては301頁、ハイチに関しては311頁に掲載。

9) ハイチが独立してから数十年が経過した1825年から1838年にかけてようやく、フ

ランス、イギリス、オランダ、デンマーク、スウェーデンはハイチを国家として外交的に承認した。バチカンは1860年、アメリカ合衆国は1862年だった。ただし、ハイチに対するこのような外交面での排斥行為の影響で、ハイチ国民が外国人への不信感を募らせたのは事実かもしれないが、これらを誇張すべきでも、大きな障害だったとみなすべきでもない。1807年には、すでにイギリスの貿易商人がハイチとの取引を始めており、外交的に承認されない時期のあいだも、ハイチにとってアメリカは主要な輸入国だった。1890年代にはレバノンからの移民が順調で、1895年にはおよそ2000人が貿易で重要な役割を果たしていたが、1905年にはその多くが国外追放された。

10) 現在、ドミニカ国民は自分たちの国の歴史のこの時期を、Espana Boba（愚かなスペイン）という軽蔑的な言葉で表現している。（Moya Pons, *The Dominican Republic*, p. 117）.

11) Moya Pons, *The Dominican Republic*, p. 218.

12) これに関連したもうひとつの要因は、ハイチの人口密度がドミニカ共和国よりもずっと高かったことである。この違いのおかげで、ハイチに比べてドミニカ共和国では空地や遊休地がずっと多かった。19世紀を通じて、ドミニカ共和国の土地の多くは住民がまばらで、イノシシや野牛の狩猟を主な目的として利用された。このような土地は海外からの入植者や投資家にとって大きな魅力で、20世紀に入ると、大規模な砂糖プランテーションの開拓が期待された。ドミニカ共和国がハイチを凌ぎ、輸出もヨーロッパからの投資も好調になったのは、人口密度の低さの影響が大きかったと一部の歴史学者は考えている。島を分け合うふたつの国の言語の違い、ハイチ国民が外国人に抱いた不安、ハイチの合法性を認めることへの諸外国の抵抗よりも、こちらのほうが重要だったという。

13) トルヒーヨとデュヴァリエの人物像や、ふたりの違いについての解釈は、歴史学者のあいだで意見が分かれる。イスパニョーラ島を半分に分け合う相手との緊張状態を原動力とするナショナリズムがなければ、トルヒーヨもデュヴァリエも、どちらも権力の維持に成功できなかっただろう。そしてもうひとつ、デュヴァリエとトルヒーヨがそれぞれ権力を握ったときは、時代も国際的状況も異なっていたことを考慮しなければならない。トルヒーヨが権力への階段を上り始めた1920年代には、アメリカ海軍が未だにドミニカ共和国を占領しており、彼は当初、占領軍と密接に連携し合った。対照的に、デュヴァリエが権力を獲得した1957年には、親米派の大統領が20年にわたって続いていた。（トルヒーヨは1920年代にアメリカと協力して国民の支持を得たが）デュヴァリエは残忍ながらもアメリカとの協力を拒んだおかげで、国民から指導者としての合法性を認められたのである。

14) ハイチとドミニカ共和国が異なる発展の軌跡をたどった経緯を理解するうえで重要な要因は、ほかにもたくさん考えられるが、紙面の制約上、詳しく探求することはできない。たとえば、20世紀に入るとハイチとドミニカ共和国のどちらも、景気を浮揚させるために観光業の育成を繰り返し目指した。努力がすべて成功につながったわけではないが、ドミニカ共和国のほうが成功した事例は多かった。ブレンダ・ゲイル・プラマーは「ハイチ観光業の黄金時代」のなかで、ハイチでは観光業が公約を果たせなかったいきさつについて論じている。20世紀にアメリカはイスパニョーラ島のどちらの部分も占領し、住民の生活を向上させようとする

意志をある程度持ち合せていたが、ふたつの国には異なった結果がもたらされた。たとえば、アメリカ人測量士に対する農民の抵抗はドミニカ共和国よりもハイチのほうが強かった。そして、膠着状態が続いていた支配階級エリートと農民が歩み寄るまでの経緯も、ふたつの国は同じではなかった。それは以下のような結果に如実に表れている。ハイチのエリートは輸出や輸入に課税して金を稼いだが、農民のことはほとんど顧みず、輸送機関やインフラの供給を怠った。実現していれば、ハイチの小作農の生活は改善される可能性があった。一方、ドミニカ共和国では両者が歩み寄り、農民は一定の支援やインフラを提供されたので、換金作物の生産が可能になり、テロリスト政府の支配下でも上手にバランスが取れた。

15) Jo Anne Van Tilburg, *Easter Island: Archaeology, Ecology and Culture* (Washington, DC, 1994); John Flenley and Paul Bahn, *The Enigmas of Easter Island* (New York, 2002); John Loret and John T. Tanacredi, eds., *Easter Island: Scientific Exploration into the World's Environmental Problems in Microcosm* (New York, 2003); Diamond, *Collapse*, chapter 2.（『文明崩壊』第2章）

16) 最近では、従来とは異なる見解も登場している。それによれば、イースター島の社会はヨーロッパ人が到着する以前にポリネシア人の影響で崩壊したのではなく、ヨーロッパ人の到着後に彼らの影響で崩壊したのであり、森林破壊の原因はヒトではなくネズミだったという。以下を参照。Terry Hunt, "Rethinking the Fall of Easter Island," *American Scientist* 94 (2006): 412–419. しかし、ヨーロッパ人がやって来る以前の5世紀以上にわたる考古学、花粉学、古生物学関連の豊富な証拠からは、ヨーロッパ人到来以前の深刻な影響がうかがわれる。たとえば島のすべての種の陸鳥とほとんどの種の海鳥が食用に乱獲されて死に絶え、樹木のほぼすべての種も絶滅した。森林が破壊されたおかげで土壌は浸食した。（漁業に必要なカヌーを建造するための木材がなくなると）イルカやマグロを肉の供給源として利用する機会は減少した。さらに（木材がなくなると）薪の代わりに農業廃棄物をかまどの燃料として使うようになった。主な食糧源だったヤシの樹液やナッツはなくなり、高地のプランテーションは放棄された。やがて戦闘が島の全域に広がると、人びとは身を守るため洞窟に避難して暮らすようになった。そして最後に（石像を運んで設置するために必要な木材がなくなると）石像を建立する余裕がなくなったのである。以下を参照。Jared Diamond, "Easter Island Revisited," *Science* 317 (2007): 1692–1694. ヤシの木は地面に近い部分で切り取られ、幹も木の実も焼かれていることからは、森林破壊がネズミではなくヒトによるものだと考えられる。（Andreas Mieth and Hans-Rudolf Bork, "History, Origin and Extent of Soil Erosion on Easter Island [Rapa Nui]," *Catena* 63 [2005]: 244–260）.

17) Peter Bellwood, The Polynesians: *Prehistory of an Island People*, revised ed. (London, 1987); Patrick Vinton Kirch, *The Lapita Peoples: Ancestors of the Oceanic World* (Cambridge, MA, 1997); Matthew Spriggs, *The Island Melanesians* (Cambridge, MA, 1997).

18) 広く利用されているこれらの統計的手法に関して短期集中講義を行っておく。簡潔に言えば、二変量相関とは、ふたつの変数の値の推移が密接に関わり合う傾向を持っているかどうかを調べるもので、特に選ばれたふたつの変数のみを調べる。最初に選んだふたつの変数のあいだに真の因果関係が成立しているのではなく、

実際には何か3番目の変数の介在が密接な関わりが生み出しているのかどうかまでは追求しない。たとえば、ロールスロイスの所有者の寿命が長いのは、ロールスロイスを所有すると寿命が延びるからではなく、富が仲介となって効果をもたらしているからだ。ロールスロイスを所有するためには富が必要で、富があれば良質の医療や食事が手に入り、それが直接的に寿命を延ばすからである。多変数回帰は、ひとつの従属変数（変動について説明される変数）とふたつ以上の独立変数（変動について説明できる可能性のある変数）の関わり合いを同時に調べることによって、二変量相関の制約の緩和を目指す。関連性の強さをランク付けして、二変量相関が弱いものや、実際に別の変数が介在しているケースを取り除いていく。多変数ツリーモデルは、複数の変数で構成されるクラスターのなかから、ひとつの従属変数に作用しているものをひとつまたは複数確認し、クラスターを強さによってランク付けする。残差分析では、何らかの統計分析を行なったあとでも（すなわち多変数回帰分析のあと）、解明できずに残された従属変数の変動（いわゆる残差変動）を確認する。そのうえで残差変動の解明を行えば、統計的分析の第一段階よりもさらに多くの結論が得られる。実際、残差分析は「データの外れ値」、すなわち統計分析の第一段階の予測よりも高い／低い値のポイントに注目する。

19）二変量回帰ならびに多変数回帰の係数、予測変数が多変数ツリー解析に入力される順序、被説明変数、統計分析の詳細に関してまとめた表は、以下に掲載されている。Barry Rolett and Jared Diamond, “Environmental Predictors of Pre-European Deforestation on Pacifi c Islands,” *Nature* 431 (2004): 443–446. 20. Amy Austin and Peter Vitousek, “Nutrient Dynamics on a Precipitation Gradient in Hawaii,” *Oecologia* 113 (1998): 519–529; O. A. Chadwick, L. A. Derry, P. M. Vitousek, B. J. Huebert, and L. O. Hedin, “Changing Sources of Nutrients during Four Million Years of Ecosystem Development,” *Nature* 397 (1999): 491–497; P. Ginoux et al., “Sources and Distributions of Dust Aerosols Simulated with the GOCART Model,” *Journal of Geophysical Research* 106 (2001): 20255–20273.

21）Patrick Vinton Kirch, *The Evolution of the Polynesian* Chiefdoms (Cambridge, 1984); Kirch, *On the Road of the Winds: An Archaeological History of the Pacific Islands before European Contact* (Berkeley, CA, 2000).

第5章

私は今回、アフリカの奴隷貿易に関する大量の文献に目を通したが、そこで生じた疑問の数々に大勢のアフリカ歴史学者の方々が対応してくれた。以下に名前を紹介し、謝辞を述べたい。ラルフ・オーステン、デイヴィッド・エルティス、ジョセフ・イニコリ、デイヴィッド・ゲッガス、メアリー・カラシュ、マーティン・クライン、パトリック・マニング、G・ウゴ・ヌウォケジ、アブダル・シェリフ。そして本章は、ジャレド・ダイアモンド、エバ・ヌグ、ジム・ロビンソン、ロバート・シュナイダーからのコメントのおかげで大幅に改善された。本章のタイトルは、ボストングローブ誌の2008年4月20日号に掲載された、フランシー・ラトゥールのストーリーのタイトルを拝借した。この記事は、本章で紹介される研究について論じている。

1）たとえば、以下を参照。See, for example, Paul E. Lovejoy, *Transformations in Slavery: A History of Slavery in Africa*, 2nd ed. (Cambridge: Cambridge University Press, 2000).

2）Walter Rodney, How *Europe Underdeveloped Africa* (London: Bogle-L'Ouverture Publications, 1972); Basil Davidson, *Black Mother: The Years of the African Slave Trade* (Boston: Little, Brown and Company, 1961).

3）Patrick Manning, *Slavery and African Life* (Cambridge: Cambridge University-Press, 1990), p. 124.

4）Joseph Inikori, "Africa in World History: The Export Slave Trade from Africa and the Emergence of the Atlantic Economic Order," in B. A. Ogot, ed., *General History of Africa*, vol. 5: *Africa from the Sixteenth to the Eighteenth Century* (Berkeley: University of California Press, 1992), p. 108. 以下も参照。Joseph C. Miller, *Way of Death: Merchant Capitalism and the Angolan Slave Trade, 1730–1830* (Madison: University of Wisconsin Press, 1988).

5）国家の形成や政治の安定に奴隷貿易がおよぼした影響に関しては、以下を参照。Mario Azevedo, "Power and Slavery in Central Africa: Chad (1890–1925)," *Journal of Negro History* 67 (1982): 198–211; Boubacar Barry, *Senegambia and the Atlantic Slave Trade* (Cambridge: Cambridge University Press, 1998), pp. 36–59. 政治や社会の分裂に奴隷貿易がおよぼした影響に関しては、以下を参照。Andrew Hubbell, "A View of the Slave Trade from the Margin: Souroudougou in the Late Nineteenth- Century Slave Trade of the Niger Bend," *Journal of African History* 42 (2001): 25–47. 司法制度に奴隷貿易がおよぼした影響について取り上げた研究に関しては、以下を参照。Martin Klein, "The Slave Trade and Decentralized Societies," *Journal of African History* 42 (2001): 49–65; Walter Hawthorne, "The Production of Slaves Where There Was No State: The Guinea- Bissau Region, 1450-1815," *Slavery & Abolition* 20 (1999): 97–124; Walter Hawthorne, *Planting Rice and Harvesting Slaves: Transformations along the Guinea- Bissau Coast, 1400–1900* (Portsmouth, NH: Heinemann, 2003).

6）以下を参照。John D. Fage, "Slavery and the Slave Trade in the Context of West African History," *Journal of African History* 10 (1969): 393–404; David Northrup, *Trade without Rulers: Pre- colonial Economic Development in Southeastern Nigeria* (Oxford: Clarendon Press, 1978).

7）Northrup, *Trade without Rulers*, p. 174.

8）Patrick Manning, "Contours of Slavery and Social Change in Africa," *American Historical Review* 83 (1988): 835–857.

9）Hawthorne, *Planting Rice and Harvesting Slaves*; Hubbell, "A View of the Slave Trade from the Margin."

10）Lovejoy, *Transformations in Slavery*; Patrick Manning, *Slavery and African Life* (Cambridge: Cambridge University Press, 1990).

11）Philip D. Curtin, *The Atlantic Slave Trade: A Census* (Madison: University of Wisconsin Press, 1969).

12）以下を参照。David Eltis, Stephen D. Behrendt, David Richardson, and Herbert S.

Klein, *The Trans- Atlantic Slave Trade: A Database on CD- ROM* (New York: Cambridge University Press, 1999); Gwendolyn Midlo Hall, *Slavery and African Ethnicities in the Americas: Restoring the Links* (Chapel Hill: University of North Carolina Press, 2005).

13) Manning, *Slavery and African Life;* Patrick Manning, "The Slave Trade: The Formal Demography of a Global System," in Joseph E. Inikori and Stanley L. Engerman, eds., *The Atlantic Slave Trade: Effects on Economies, Societies, and Peoples in Africa, the Americas, and Europe* (London: Duke University Press, 1992), pp. 117–128; Patrick Manning and W.S. Griffiths, "Divining the Unprovable: Simulating the Demography of African Slavery," *Journal of Interdisciplinary History* 19 (1988): 177–201.

14) データベースの参照文献に関しては、以下を参照。*Eltis et al., The Trans- Atlantic Slave Trade*; David Eltis and David Richardson, "Missing Pieces and the Larger Picture: Some Implications of the New Database" (mimeo, 2006).

15) Ivana Elbl, "Volume of the Early Atlantic Slave Trade, 1450–1521," *Journal of African History* 38 (1997): 31–75.

16) Ralph A. Austen, "The Trans- Saharan Slave Trade: A Tentative Census," in Henry A. Gemery and Jan S. Hogendorn, eds., *The Uncommon Market: Essays in the Economic History of the Atlantic Slave Trade* (New York: Academic Press, 1979), pp. 23–75; Ralph A. Austen, "The 19th Century Islamic Slave Trade from East Africa (Swahili and Red Sea Coasts): A Tentative Census," Slavery & Abolition 9 (1988): 21–44; Ralph A. Austen, "The Mediterranean Islamic Slave Trade out of Africa: A Tentative Census," *Slavery & Abolition* 13 (1992): 214–248.

17) Barry W.Higman, *Slave Populations of the British Caribbean, 1807–1834* (Kingston, Jamaica: The Press, University of the West Indies, 1995).

18) Mary C. Karasch, *Slave Life in Rio de Janeiro* (Princeton, NJ: Princeton University Press, 1987).

19) Frederick P. Bowser, *The African Slave in Colonial Peru* (Stanford, CA: Stanford University Press, 1974).

20) Abdul Sheriff , "Localisation and Social Composition of the East African Slave Trade, 1858–1873," *Slavery & Abolition* 9 (1988): 131–145. インドのボンベイに送られた9人の奴隷について取り上げた小さなサンプルもあり、以下に掲載されている。

Joseph E. Harris, *The African Presence in Asia* (Evanston, IL: Northwestern University Press, 1971). このあと述べられているが、これらのデータはインド洋経由奴隷貿易の民族サンプルにも含まれている。

21) アブダル・シェリフが以前に調べたリストは、以下の文書からのものだ。AA 12/3 in the Zanzibar National Archives. そのほかの2つのリストは、以下の文書からのものだ。AA 12/9 and document AB 71/9.

22) 2つのサンプルは、以下からのものだ。 Georges Dionne, Pascal St- Amour, and Désiré Vencatachellum, "Adverse Selection in the Market for Slaves in Mauri-

tius, 1825–1835" (mimeo, 2005), and from Barbara Valentine, "The Dark Soul of the People: Slaves in Mauritius, 2000," Data 0102, South African Data Archive, 2000.

23）League of Nations, "U.K. Government Reports to the League," *Council Documents*, C. 187 (I). M. 145. VI. B (1936): 36–39; League of Nations, "U.K. Government Reports to the League," *Council Documents*, C. 188. M. 173. VI. B (1937): 19–20.

24）サンプルは以下からのものだ。 Jay Spaulding, "The Business of Slavery in the Central Anglo Egyptian Sudan, 1910–1930," *African Economic History* 17 (1988): 23–44; Martin A. Klein, "The Slave Trade in the Western Sudan during the Nineteenth Century," *Slavery & Abolition* 13 (1992): 39–60.

25）連れ去られたと推定される奴隷の人数の算出方法が、ここには簡単に紹介されている。計算の詳細についてはすべて、これよりも以前の研究に記録されている。以下を参照。Nathan Nunn, "The Long- Term Effects of Africa's Slave Trades," *Quarterly Journal of Economics* 122, no. 2 (2008): 569–600.

26）Higman, *Slave Populations of the British Ca rib be an, 1807–1834*; Sigismund Wilhelm Koelle, *Polyglotta Africana; or A Comparative Vocabulary of Nearly Three Hundred Words and Phrases, in More than One Hundred Distinct African Languages* (London: Church Missionary House, 1854); Mary C. Karasch, *Slave Life in Rio de Janeiro; Gonzalo Aguirre Beltran, La Poblacion Negra de Mexico, 1519–1810* (Mexico City: Fondo de Cultura Economica, 1940); Adam Jones, "Recaptive Nations: Evidence Concerning the Demographic Impact of the Atlantic Slave Trade in the Early Nineteenth Century," *Slavery & Abolition* 11 (1990): 42–57; David Pavy, "The Provenience of Colombian Negroes," *Journal of Negro History* 52 (1967): 35–58.

27）Curtin, *The Atlantic Slave Trade; George Peter Murdock, Africa: Its Peoples and Their Cultural History* (New York: McGraw- Hill Book Company, 1959); Hall, *Slavery and African Ethnicities in the Americas.*

28）以下を参照。Harold D. Wax, "Preferences for Slaves in Colonial America," *Journal of Negro History* 58 (1973): 371–401.

29）以下を参照。Paul E. Lovejoy, "Ethnic Designations of the Slave Trade and the Reconstruction of the History of Trans- Atlantic Slavery," in Paul E. Lovejoy and David V. Trotman, eds., *Trans- Atlantic Dimensions of Ethnicity in the African Diaspora* (New York: Continuum, 2003), p. 32.

30）Manuel Moreno Fraginals, "Africa in Cuba: A Quantitative Analysis of the African Population in the Island of Cuba," in Vera Rubin and Arthur Truden, eds., *Comparative Perspectives on Slavery in New World Plantation Societies* (New York: New York Academy of Sciences, 1977), p. 190. オリジナルでは強調されている。

31）たとえば、以下を参照。 Jean- Pierre Tardieu, "Origins of the Slaves in the Lima Region in Peru (Sixteenth and Seventeenth Centuries)," in Doudou Diene, ed., *From Chains to Bonds: The Slave Trade Revisited* (New York: Berghahn Books,

2001), pp. 43–55.

32) 以下の記述を参照。 Karasch, Slave Life in Rio de Janeiro, pp. 4–9, and in Christian Georg Andreas Oldendorp, *C.G.A.Oldendorp's History of the Mission of the Evangelical Brethren on the Caribbean Islands of St. Thomas, St. Croix, and St. John* (1777; reprint, Ann Arbor, MI: Karoma Publishers, 1987), p. 169.

33) たとえば、以下を参照。David Northrup, "Igbo and Myth Igbo: Culture and Ethnicity in the Atlantic World, 1600–1850," *Slavery & Abolition* 21 (2000): 1–20.

34) 以下を参照。Douglas B. Chambers, " 'My Own Nation': Igbo Exiles in the Diaspora,"*Slavery & Abolition* 18 (1997): 73–77; Douglas B. Chambers, "The Significance of Igbo in the Bight of Biafra Slave- Trade: A Rejoinder to Northrup's 'Myth Igbo,'" *Slavery & Abolition* 23 (2002): 101–120.

35) Curtin, *The Atlantic Slave Trade*, p. 63.

36) たとえば、以下を参照。Lovejoy, *Transformations in Slavery*, pp. 63–64; Jan Vansina, *Paths in the Rainforests* (Madison: University of Wisconsin Press, 1990), p. 218.

37) 以下を参照。Russell Lohse, "Slave- Trade Nomenclature and African Ethnicities in the Americas: Evidence from Early Eighteenth- Century Costa Rica," *Slavery & Abolition* 23 (2002): 73–92.

38) 統計的証拠は以下に掲載されている。Nunn, "The Long- Term Effects of Africa's Slave Trades."

39) 以下を参照。 G. Ugo Nwokeji and David Eltis, "Characteristics of Captives Leaving the Cameroons for the Americas, 1822–37," *Journal of African History* 43 (2002): 191–210; Paul E. Lovejoy, "Background to Rebellion: The Origins of Muslim Slaves in Bahia," *Slavery & Abolition* 15 (1994): 151–180.

40) Patrick Manning, "Contours of Slavery and Social Change in Africa," *American Historical Review* 88 (1983): 839.

41) 本章で使われている所得の測定値は以下からのものだ。 Angus Maddison, *The World Economy: Historical Statistics* (Paris: Organisation for Economic Cooperation and Development, 2003). どちらの測定値も自然対数なので、グラフは対数尺度を表している。

42) 直線は、以下の推定方程式のOLS推定を示している。ln (所得$_i$) = $\beta_0 + \beta_1$ 、ln (奴隷貿易$_i$) + ε_i. 係数β_0は 7.52、標準誤差は 0.123。係数β_1は −0.118 、標準誤差は0.025。どちらの係数も統計的有意性のレベルは1%である。回帰には52の観測値があり、R^2は0.31。

43) 前と同じように、以下の方程式が成り立つ。ln (所得$_i$) = $\beta_0 + \beta_1$、ln (奴隷貿易$_i$) + ε_i. 推定係数β_0は 7.38、標準誤差は 0.158。係数β_1は −0.100、標準誤差は0.029。どちらの係数も統計的有意性のレベルは1%である。回帰には42の観測値があり、R^2は0.23。ここからはエジプト、チュニジア、アルジェリア、モロッコ、リビア、コモロ、セイシェル、モーリシャス、カーボベルデ、サントメ・プリンシペが省略されている。

44) アフリカのほかの地域とは異なり、北アフリカではすべての国にシビル・ローに基づく法制度が整備されている。ほかの地域では、イギリスのコモン・ローに基

づく法制度が存在する国もあれば、大陸法に基づく法制度が存在する国もある。

45）今度は、以下のような推定方程式が成り立つ。ln（所得$_i$）＝$\beta_0+\beta_1$、ln（奴隷貿易$_i$）$+\mathbf{X}'\boldsymbol{\beta}+\varepsilon_i$。$\mathbf{X}$は制御変数のベクトル、$\boldsymbol{\beta}$は係数のベクトルである。係数$\beta_1$は －0.093、標準誤差は 0.025で、係数$b_1$の統計的有意性のレベルは1％である。回帰には52の観測値があり、R^2は0.77。

46）統計用語で表現するなら、この数字は奴隷貿易と所得の偏相関プロットを示している。

47）ふたつの項目の一方では、推定係数β_1は －0.076、標準誤差は 0.019。もう一方では、推定係数は －0.075、標準誤差は 0.026。どちらの係数も統計的有意性のレベルは1％である。

48）推定係数と標準誤差はそれぞれ推定係数b_1は －0.088、標準誤差は0.020。係数の統計的有意性のレベルは1％である。

49）Vansina, *Paths in the Rainforests*, p. 200.

50）以下を参照。Joseph E. Inikori, "The Struggle against the Trans- Atlantic Slave Trade," in A. Diouf, ed., *Fighting the Slave Trade: West African Strategies* (Athens: Ohio University Press, 2003), p. 182.

51）Colin McEvedy and Richard Jones, *Atlas of World Population History* (Harmondsworth, UK: Penguin Books, 1978).

52）以下のような推定方程式が成り立つ。ln（奴隷貿易$_i$）＝$\beta_0+\beta_1$、ln（人口密度$_i$）$+\varepsilon_i$。推定係数β_1は 1.23、標準誤差は0.374。係数の統計的有意性のレベルは1％である。

53）ここで使われている歴史上の推定人口の具体的な測定値は、1400年から1900年のあいだの平均である。これは1400年、1500年、1600年、1700年、1800年、1900年の人口を合計して6で割り算した値だ。

54）以下のような推定方程式が成り立つ。ln（奴隷貿易$_i$）＝$\beta_0+\beta_1$、ln（人口密度$_i$）$+\varepsilon_i$. 推定係数β_1は0.735、標準誤差 0.376。係数の統計的有意性のレベルは1％である。

55）統計的結果に関しては、以下を参照。 Nunn, "The Long Term Effects of Africa's Slave Trades."

56）IV推定によれば、係数β_1は －.208、標準誤差は 0.053。係数の統計的有意性のレベルは1％である。

57）以下を参照。 Koelle, Polyglotta Africana; Lovejoy, "Background to Rebellion." 58.たとえば、以下を参照。 Joseph E. Inikori, "Africa and the Trans- Atlantic Slave Trade," in Toyin Falola, ed., *Africa*, vol. 1: *African History before 1885* (Durham, NC: Carolina Academic Press, 2000), pp. 389–412.

59）以下を参照。 Hubbell, "A View of the Slave Trade from the Margin," pp. 25–47; Azevedo, "Power and Slavery in Central Africa," pp. 198–211; Klein, "The Slave Trade and Decentralized Societies," pp. 56–57.

60）Koelle, *Polyglotta Africana*.

61）Charles Piot, "Of Slaves and the Gift : Kabre Sale of Kin during the Era of the Slave Trade," *Journal of African History* 37 (1996): 31–49.

62）Abdullahi Mahadi, "The Aft ermath of the Jihad in the Central Sudan as a Major

Factor in the Volume of the Trans- Saharan Slave Trade in the Nineteenth Century," in Elizabeth Savage, ed., *The Uncommon Market: Essays in the Economic History of the Atlantic Slave Trade* (London: Frank Cass, 1992), pp. 111–128; Hawthorne, "The Production of Slaves Where There Was no State," pp. 108–109.

63) たとえば、以下の説明を参照。Boubacar Barry, "Senegambia from the Sixteenth to the Eighteenth Century: Evolution of the Wolof, Sereer, and 'Tukuloor,' " in Ogot, ed., *General History of Africa*, vol. 5, pp. 262–299; Inikori, "The Struggle against the Trans- Atlantic Slave Trade," pp. 170–198; Martin Klein, "Defensive Strategies: Wasulu, Masina, and the Slave Trade," in Sylviane A. Diouf, ed., *Fighting the Slave Trade: West African Strategies* (Athens: Ohio University Press, 2003), pp. 62–78.

64) Lovejoy, *Transformations in Slavery*, pp. 68–70.具体例に関しては、以下を参照。Barry, *Senegambia and the Atlantic Slave Trade*, pp. 36–59; A. A. Boahen, "The States and Cultures of the Lower Guinean Coast," in Ogot, ed., *General History of Africa*, vol. 5, p. 424; Allen F. Isaacman, "The Countries of the Zambezi Basin," in J. F. A. Ajayi, ed., *General History of Africa*, vol. 6 (Paris: Heinemann International, 1989), pp. 179–210; I. N. Kimambo, "The East African Coast and Hinterland, 1845–1880," in Ajayi, ed., *General History of Africa*, vol. 6, p. 247; Patrick U. Mbajedwe, "Africa and the Trans- Atlantic Slave Trade," in Falola, ed., *Africa*, vol. 1, pp. 341–342; Inikori, "The Struggle against the Trans- Atlantic Slave Trade," pp. 170–198; Elizabeth Colson, "African Society at the Time of the Scramble," in L. H. Gann and Peter Duignan, eds., *Colonialism in Africa*, 1870–1960, vol. 1: *The History and Politics of Colonialism*, 1870–1914 (Cambridge: Cambridge University Press, 1969),pp. 36–37.

65) William Tordoff , "The Ashanti Confederacy," *Journal of African History* 3(1962): 399–417; A. A. Boahen, "The States and Cultures of the Lower Guinean Coast," in Ogot, ed., *General History of Africa*, vol. 5, p. 422.

66) 以下を参照。Boahen, "The States and Cultures of the Lower Guinean Coast," p. 424.

67) Robin Law, *The Oyo · Empire c.1600–c.1836: A West African Imperialism in the Era of the Atlantic Slave Trade* (Oxford: Clarendon Press, 1977).

68) William Easterly and Ross Levine, "Africa's Growth Tragedy: Policies and Ethnic Divisions," *Quarterly Journal of Economics* 112 (1997): 1203–1250.

69) これらの当初の発見を裏付ける最近の証拠に関しては、以下を参照。 Alberto Alesina, Reza Baquir, and William Easterly, "Public Goods and Ethnic Divisions," *Quarterly Journal of Economics* 114 (1999): 1243–1284; Edward Miguel and Mary Kay Gugerty, "Ethnic Diversity, Social Sanctions, and Public Goods in Kenya," *Journal of Public Economics* 89 (2005): 2325–2368.

70) イースタリーとレヴィンのオリジナルの論文で使われている測定値は、同じ国から無作為に選ばれた個人が異なる民族集団に所属している確率である。同じ測定値の更新バージョンは以下からの引用。Alberto Alesina, Arnaud Devleeschauwer, William Easterly, Sergio Kurlat, and Romain Wacziarg, "Fractionalization,"

Journal of Economic Growth 8 (2003): 155–194.

71）以下のような推定方程式が成り立つ。 民族多様性$_i$ = $\beta_0 + \beta_1$ ln（輸出$_i$）+ ε_i. 推定係数β_1は －0.046、標準誤差は 0.007。係数の統計的有意性のレベルは1%である。奴隷貿易によって説明される民族多様性の変動比率は回帰のR^2で求められ、0.50.となる。したがって、民族多様性の変動の50%は奴隷貿易によって説明できることになる。

72）2000年の1人当り平均所得が14000ドル未満の国は、途上国として定義される。この定義によれば、最も貧しい先進国はポルトガル、最も豊かな途上国はバルバドスになる。

73）数字は以下のデータに基づいている。*the Penn World Tables,* これは経済学で所得を研究する際、最も一般的に使われるソースである。

74）実際、推定方程式では所得と奴隷貿易の対数を使うので、計算を行うときには所得と奴隷貿易の対数が使われる。

第6章

ジャレド・ダイアモンド、ジェイムズ・ロビンソン、ロバート・シュナイダー、そしてふたりの匿名のレフェリーから、きわめて貴重な提案をいただいた。この場をかりて謝辞を述べる。カテリーヌ・クイは、研究助手として素晴らしい働きをしてくれた。

1）Douglass C. North, Institutions, *Institutional Change and Economic Per formance* (Cambridge, 1990).

2）以下を参照。 Avner Greif, "Contract Enforceability and Economic Institutions in Early Trade: The Maghribi Traders' Coalition," *American Economic Review* 83 (1993): 525–548 and "Reputation and Coalitions in Medieval Trade: Evidence on the Maghribi Traders," *Journal of Economic History* 49 (1989): 857–882; Douglass C. North and Barry Weingast, "Constitutions and Commitment: The Evolution of Institutions Governing Public Choice in Seventeenth- Century England," *Journal of Economic History* 49 (1989): 803–832; Stephen Haber, Noel Maurer, and Armando Razo, *The Politics of Property Rights: Political Instability, Credible Commitments and Economic Growth in Mexico, 1876–1929* (Cambridge, MA, 2003).

3）Rafael La Porta, Florencio Lopez de Silanes, Andrei Shleifer, and Robert Vishny, "Law and Finance," *Journal of Political Economy* 106 (1998): 1113–1155.

4）これらの研究から得られた結論に対しては、ほかの時期に行われた研究による反論がある。たとえばラグラム・ラジャンとルイジ・ジンガレスは、コモンローを採用した国が、1913年には金融の発展の先頭に立っていないことを発見している。("The Great Reversals: The Politics of Financial Development in the 20th Century," *Journal of Financial Economics* 69 [2003]: 5–50).あるいはフランスの法制度は19世紀、アメリカの制度よりもはるかに大きな柔軟性をもたらした。(Naomi R. Lamoreaux and Jean- Laurent Rosenthal, "Legal Regime and Contractual Flexibility: A Comparison of Business's Organizational Choices in France and the United States during the Era of Industrialization," *American Law and*

Economics Review 7 [2005] : 28–61).

5) インドは1947年、独立国家になった。

6) Stanley L. Engerman and Kenneth L. Sokoloff , "Colonialism, In e quality and the Long- Run Paths to Development," National Bureau of Economic Research Working Paper no. 11057 (Cambridge, MA, 2005).

7) Abhijit Banerjee and Lakshmi Iyer, "History, Institutions and Economic Performance: The Legacy of Colonial Land Tenure Systems in India," *American Economic Review* 95 (2005): 1190–1213.

8) Stanley L. Engerman and Kenneth L. Sokoloff , "The Evolution of Suffrage Institutions in the New World," National Bureau of Economic Research Working Paper no. 8512 (Cambridge, MA, 2001).

9) 私たちの方法は、この地域を対象に現在行われている研究の結果とも一致している。たとえば、以下を参照。Daron Acemoglu, Maria Angelica Bautista, James A. Robinson, and Pablo Querubin, "Economic and Political In equality in Development: The Case of Cundinamarca, Colombia," National Bureau of Economic Research Working Paper no. 13208 (Cambridge, MA, 2007); Abhijit Banerjee and Rohini Somanathan, "The Political Economy of Public Goods: Some Evidence from India," *Journal of Development Economics* 82 (2007): 287–314.

10) かつて東パキスタンだったバングラデシュは、1975年に独立した。イギリスに直接的に支配された地域と間接的に支配された地域の長期的な経済効果の比較については、以下を参照。Lakshmi Iyer, "Direct versus Indirect Colonial Rule in India: Long-Term Consequences," *Review of Economics and Statistics* (forthcoming).

11) 後には、借地人、あるいは所有者の代理人の権利を保護する措置の一部が採用された。権利の正確な説明や転借権の内容に関しては、以下を参照。Dharma Kumar, ed., *The Cambridge Economic History of India*, vol. 2 (Cambridge, 1982), chapters I and II. 12. Tapan Raychaudhuri, "The Mid- Eighteenth- Century Background," in Kumar, ed., *The Cambridge Economic History of India*, vol. 2, p. 13; B. H. Baden- Powell, *The Land- Systems of British India*, vol. 3 (Oxford, 1892), p. 455; Ratnalekha Ray, *Change in Bengal Agrarian Society, 1760–1850* (New Delhi, 1979); Tirthankar Roy, *The Economic History of India, 1857–1947* (New Delhi, 2000), p. 38.

13) 地税徴収制度の確立にイデオロギーや経済学説が果たした役割については、以下にわかりやすく論じられている。Ranajit Guha, *A Rule of Property for Bengal: An Essay on the Idea of Permanent Settlement* (Paris, 1963); Eric Stokes, *The English Utilitarians and India* (Oxford, 1959); Eric Stokes, "The Land Revenue Systems of the North- Western Provinces and Bombay Deccan 1830–80: Ideology and the Official Mind," in The Peasant and the Raj: *Studies in Agrarian Society and Peasant Rebellion in Colonial India* (Cambridge, 1978).

14) 地籍に関する調査では、土地、土地の境界線、目立つ地理的特徴について詳しい調査が行われる。通常これは、所有権の評価だけでなく、課税ベースの基礎固めも目的としていた。永代土地制度が採用された地域の多くでは、このような調査

は行われなかった。地主からの固定収入をイギリスは保証されたので、細かい情報は不要だったのである。

15）Nilmani Mukherjee, *The Ryotwari System in Madras, 1792–1827* (Calcutta, 1962), p. 25.

16）同上

17）インド北部の地税徴収政策については、以下にわかりやすく記述されている。Babu Ram Misra, *Land Revenue Policy in the United Provinces, under British Rule* (Benares, 1942); W. H. Smith, *Final Report on the Revision of Settlement in the District of Aligarh* (Allahabad, 1882), p. 114. 大地主はザミンダールではなく、しばしばタルクダールと表現される。アウド地方では、タルクダールはきわめつきの大地主の特権階級で、「地所にあるすべての村で剥奪されず、相続や譲渡可能な至上の肩書を保証される」ことがイギリスによって正式に認められていた。(A. F. Millett, *Report on the Settlement of the Land Revenue of the Sultanpur District* [Lucknow, 1873], p. 68).

18）F. W. Porter, *Final Settlement Report of the Allahabad District* (Allahabad, 1878), p. 108.

19）Misra, *Land Revenue Policy in the United Provinces*, p. 100.

20）Roy, *The Economic History of India, 1857–1947*, p. 38.

21）J. F. Macandrew, *Report of the Settlement Operations of the Rai Bareli District* (Lucknow, 1872); Denzil Charles Jelf Ibbetson, *Report on the Revision of Settlement of the Panipat Tahsil and Karnal Parganah of the Karnal District, 1872–1880* (Allahabad, 1883), p. 96; J. Wilson, *Final Report on the Revision of Settlement of the Sirsa District in the Punjab, 1879–83* (Calcutta, 1884).

22）これらの法律や、それが州レベルの貧困率におよぼした影響については、以下にわかりやすく論評されている。 Timothy Besley and Robin Burgess, "Land Reforms, Poverty Reduction and Growth: Evidence from India," *Quarterly Journal of Economics* 115 (2000): 341–388. この論文は、すべての土地改革を4つのカテゴリーに分類している。州と耕作農民のあいだの仲介者の廃止（地主は仲介者に含まれる）、借地人に土地保有権を保証するための借地権改革、土地所有権の条件設定、農地整備法の4つだ。ベスリーとバーゲスは、最初のふたつの改革が貧困の大幅な減少につながったことを発見した。そこからは、地主ベースの徴税制度が貧困レベルを引き上げていた可能性が推測される。土地改革に関する2人のデータを利用すると、地主ベースの制度が支配的だった州のほうが、土地改革に関する法案の可決に熱心だったことがわかる。1957年から1992年にかけて、これらの州で可決された土地改革法案の数は平均で6.5、それ以外の州の平均は3.5だった。

23）調査からは、インフラの提供に関する広範な情報が提供される。この情報は以下で使われている。Banerjee and Somanathan, "The Political Economy of Public Goods"; Abhijit Banerjee, Lakshmi Iyer, and Rohini Somanathan, "History, Social Divisions and Public Goods in Rural India," *Journal of the Europe an Economic Association* 3 (2005): 639–647. 公共財の供給に関するデータは、もっと早い時期に関しても入手可能だ。 Banerjee and Iyer, "History, Institutions and Economic

Performance," には、1981年の時点での、地主に支配されていた地域とそれ以外の地域の違いが記録されている。本章では、ふたつの理由から1991年のデータを選んだ。先ず、歴史的状況の違いが長期的におよぼす影響が強調される。つぎに、エリートの政治権力についての具体的な仮説を試すために利用する選挙関連のデータは、1977年以前のものは一貫性に欠けている。

24) 収入を得られる地所は、複数の村の一部またはひとつ以上の村から構成される。イラーハーバード県では、収入を得られる地所の平均数は各村で1.4だった。ウッタル・プラーデシュ州、マディヤ・プラデーシュ州、パンジャブ州の複数の県を対象に、私たちは県レベルの土地決済に関する報告書を入手した。これらの決裁書は、1870年代から1880年代にかけて、イギリスの行政官によって作成されたものだ。私たちは、地主への支払い義務のない村や地所や土地（のいずれかとして報告されたもの）の比率を、「地主に支配されなかった地域の割合」として計算した。ボンベイ管区、ベンガル管区、オリッサ州、ベラール、そして一部の県に関しては、県レベルの決済報告書がなかった。そのため地主に支配されなかった地域の割合の数値はゼロ、あるいは、県で支配的だった地税徴収制度についての歴史的記述に基づいて1が割り当てられた。情報源には以下が含まれる。Baden Powell, *The Land Systems of British India;* Rai M. N. Gupta, *Land System of Bengal* (Calcutta, 1940); Kumar, ed., *The Cambridge Economic History of India,* vol. 2; Misra, *Land Revenue Policy in the United Provinces;* Mukherjee, *The Ryotwari System in Madras, 1792-1827;* and Govindlal Dalsukhbhai Patel, *The Land Problem of Re- organized Bombay State* (Bombay, 1957). マドラス管区の県に関する地主に支配されなかった地域の割合、ならびにすべての県の県レベルの地図は、以下から入手した。Baden- Powell, *The Land- Systems of British India.* これらの地図は、http:// www.mapsofindia .com .の地図を使った現在の県の区分とマッチしていた。

25) 仮定を統計的にテストする際の厳密な処理方法に関しては、以下を参照。Jeffrey R. Wooldridge, *Introductory Econometrics: A Modern Approach* (Cincinnati, 2002), chapter 4.

26) これらの集団は歴史的に恵まれない境遇に置かれた。伝統的に指定カーストは、ヒンドゥー教のカーストの階層の底辺に所属した。一方、指定部族はヒンドゥー教のカースト制度から大部分が締め出されている。これらの集団を対象に、インド憲法は複数の差別撤廃措置を提供している。

27) ほかの変数に関しても、同様の結果が得られる。すでに説明したが、小学校に関する変動の7%、高校に関する変動の17%、電力供給に関する変動の28%が、植民地時代の地税徴収制度の違いだけで説明できる。地理的変数や人口統計学的変数を加えると、説明可能な変動の数字は順番に26%、43%、48%に上昇する。

28) このような格差は、農業の意欲と生産性の低下につながるとストークスは論じている。以下を参照。Eric Stokes, "Dynamism and Enervation in North Indian Agriculture: The Historical Dimension," in Eric Stokes, ed., *The Peasant and the Raj: Studies in Agrarian Society and Peasant Rebellion in Colonial India* (Cambridge, 1978). 地主と耕作農民のあいだに金貸しが介在すると、生産的な資産への投資意欲は低下するとバドゥーリは論じている。農民に土地を貸すことによって

得られる利子所得が、長期的に低下してしまうからだ。以下を参照。Amit Bhaduri, "The Evolution of Land Relations in Eastern India under British Rule," *Indian Economic and Social History Review* 13 (1976): 45–53. この見解には、ロイが以下で反論している。*The Economic History of India, 1857–1947*, pp. 91–95. 政府の投資に関する見解については、以下を参照。Amiya K. Bagchi, "Reflections on Patterns of Regional Growth in India under British Rule," *Bengal Past and Present* 95 (1976): 247–289.

29) ジニ係数は、所得や資産の不平等を測る指標として広く使われている。ここでは、完全に平等な場合の数値はゼロ（すなわち、社会に所属する全員の所得が同じ状態）、完全に不平等な場合の数値は1とする（すなわち、社会でひとりの人物がすべての所得を独占する状態）。ジニ係数が大きいほど、所得や資産の分配は不平等になる。さらに、ジニ係数を全体の平均所得水準で割り算すれば、社会から無作為に選んだふたりの平均差を計算することができる。以下を参照。Corrado Gini, "Measurement of Inequality and Incomes," *Economic Journal* 31 (1921): 124–126.

30) 広範な公共財に対する好みの違いについて取り上げた研究に関しては、以下を参照。Banerjee, Iyer, and Somanathan, "History, Social Divisions and Public Goods in Rural India."

31) 識字率と所得と投票率に関する証拠についての詳しい論評は、以下を参照。Rohini Pande, "Understanding Political Corruption in Low Income Countries," in T. Paul Schultz and John Strauss, eds., *Handbook of Development Economics*, vol. 4 (Amsterdam, 2008). 1977年以降の選挙のデータは、インド選挙委員会の以下のウェブサイトから入手した。(www.eci .gov .in). 州選挙区と行政区のマッチングは、各地の州選挙委員会のウェブサイトから集めた情報に基づいている。カルナタカ州とウッタラカンド州は選挙区と行政区をマッチングできなかったため、私たちの結果から除外されている。

32) 識字率に関する係数は統計的有意性のレベルが5%なので、これらの関係はかなり強いと考えられる。

33) 図 6.8A と6.8C で示されている関係には、地理的変数、人口統計学的特徴、イギリスによる植民地支配の期間といった要素の影響を制御しても、統計的有意性が認められる。同様の関係は、インフラのほかの測定値にも存在している（小学校、高校、電力）。これらの測定値に関しても、当選者の得票率との関係には統計的有意性が認められる。紙面の都合上、これらの結果は割愛するが、求めに応じて著者らから提供することは可能だ。図6.8D の縦軸は、舗装道路が選挙の投票率、当選者の得票率、識字率におよぼす影響を回帰分析して得られた残差である。横軸は、地主のいない比率が同じ変数におよぼす影響を回帰分析して得られた残差である。図 6.8Dの直線の傾きは 0.20で、表6.1に記されている残差の0.25よりもやや少ない。同様に、小学校の傾きは0.01、高校は0.06、電力は0.11で、表6.1に記されている残差は順番に0.07、0.11、0.21となっている。

34) ニーアル・ファーガソンは、大英帝国が普及させた際立った特徴のいくつかを確認している。そのおかげで、ほかの宗主国とは一線を画した。彼のリストにはイギリスの地税徴収制度、英語、スコットランドとイギリスの銀行業、コモンロー、

プロテスタント主義、チームスポーツ、夜警国家、議会、自由というアイデアなどが含まれる。このリストのなかでも、英語と銀行制度は主に都市に影響をおよぼし、リストのそれ以外の制度は、イギリス領インドの各地でほぼ同じように実施された。以下を参照。Niall Ferguson, *Empire: The Rise and Demise of the British World Order and the Lessons for Global Power* (London, 2002), p. xxv. 本書では、本章以外の以下の章でも、歴史的な制度の長期的な影響について取り上げている。ダロン・アセモグル、ダビデ・カントーニ、サイモン・ジョンソン、ジェイムズ・ロビンソン「フランス革命と自然実験――アンシャンレジームから資本主義へ」(第7章)では、ナポレオンに征服されて制度改革が行なわれたヨーロッパの一部の地域で、それが土台となって数十年後に資本主義が成長したことを発見している。そしてネイサン・ナン「奴隷貿易はアフリカにどのような影響を与えたか」(第5章)では、奴隷貿易の影響をまともに受けた国は20世紀になっても経済的成果がふるわないことを発見している。

第7章

エピグラフ: Thomas Nipperdey, *Deutsche Geschichte 1800–1866: Bürgerwelt und starker Staat* (Munich, 1983), p. 1. English translation: *Germany from Napoleon to Bismarck, 1800–1866* (Dublin, 1996). Friedrich Engels quoted by Louis Bergeron, "Remarques sur les conditions du développement industriel en Europe Occidentale à l' époque napoléonienne," *Francia* 1 (1973): 537.

1) 以下の著書は、これらのトピックに関しては、以下の著者の影響力が大きい。Douglass C. North and Robert P. Thomas, *The Rise of the Western World: A New Economic History* (New York, 1973) (『西欧世界の勃興：新しい経済史の試み』速水融・穐本洋哉訳、ミネルヴァ書房、2014年); Eric L. Jones, *The European Miracle: Environments, Economies, and Geopolitics in the History of Europe and Asia* (New York, 1981) (『ヨーロッパの奇跡：環境・経済・地政の比較史』安元稔・脇村孝平訳、名古屋大学出版会、2000年); Kenneth Pomeranz, *The Great Divergence: China, Europe and the Making of the Modern World* (Prince ton, NJ, 2000). (『大分岐：中国、ヨーロッパ、そして近代世界経済の形成』名古屋大学出版会、川北稔訳、2015年)
2) アルフレッド・クロスビーによる造語である。以下を参照。Crosby, *Ecological Imperialism: The Biological Expansion of Europe, 900–1900* (New York, 1986).
3) 多くの異なる種類の制度がアンシャンレジームを構成しており、学者によって強調する事柄は異なる。一部の学者は、絶対主義を統制したことが決め手だと論じる。 しかし、私たちのエッセイとの関連性が強いのは、1789年8月4日の夜、フランス国民議会によって廃止された制度だ。これから論じていくが、そこには貴族の特権やギルドが含まれていた。
4) Adam Smith, *An Inquiry into the Nature and Causes of the Wealth of Nations*, ed. R. H. Campbell and A. S. Skinner (New York, 1976), p. 387. (『国富論』日本経済新聞出版社、山岡洋一訳、2007年)
5) Jerome Blum, *The End of the Old Order in Rural Europe* (Prince ton, NJ, 1978),

p. 356.

6) Jan de Vries and Ad van der Woude, *The First Modern Economy: Success, Failure, and Perseverance of the Dutch Economy, 1500–1815* (New York, 1997), pp. 17, 162–163（『最初の近代経済：オランダ経済の成功・失敗と持続力1500–1815』大西吉之・杉浦未樹訳、名古屋大学出版会、2009年）; Jonathan I. Israel, *The Dutch Republic: Its Rise, Greatness and Fall, 1477–1806* (New York, 1995).

7) 封建主義の終焉に関しては、以下を参照。Rodney Hilton, *The Decline of Serfdom in Medieval England*, 2nd ed. (London, 1983); ギルドの弱体化に関しては、以下を参照。D. C. Coleman, *The Economy of England, 1450–1750* (Oxford, 1977), pp. 73–75; 絶対主義の衰退に関しては、以下を参照。Steven C. A. Pincus, *England's Glorious Revolution: A Brief History with Documents* (New York, 2007);法の支配に関しては、以下を参照。 Edward P. Thompson, *Whigs and Hunters: The Origin of the Black Act* (London, 1975).

8) Henri Pirenne, *Economic and Social History of Medieval Europe* (New York, 1937); Michael M. Postan, "The Rise of the Money Economy," *Economic History Review* 14 (1944): 123–134.

9) Douglass C. North and Barry R. Weingast, "Constitutions and Commitment: Evolution of Institutions Governing Public Choice in Seventeenth Century England," *Journal of Economic History* 49 (1989): 803–832.

10) Max Weber, *The Protestant Ethic and the Spirit of Capitalism* (New York, 1930), p. 11.（『プロテスタンティズムの倫理と資本主義の精神』大塚久雄訳、岩波文庫、1989年）

11) これが真実であるかぎり、処置群は「あたかも」無作為に割り当てられたと考えられる。

12) プロイセンを含め、ドイツのほぼすべての地域がどこかの時点でフランスに侵略された。ただしここでは、一時的に占領された場所ではなく、フランスが支配や改革を試みた場所だけに関心を寄せている。

13) ダレン・アセモグル、ダビデ・カントーニ、サイモン・ジョンソン、ジェイムズ・A・ロビンソンは.同時期に発表された論文 "The Consequences of Radical Reform: The French Revolution" (National Bureau of Economic Research Working Paper no. 14831 [Cambridge, MA, 2009]) のなかで統計ツールを用い、フランス革命がもたらした制度改革とその後の経済成長の関係を示す証拠の国際比較を行ない、本章で紹介しているものと非常に類似点の多い結果を手に入れた。

14) Daron Acemoglu, Simon Johnson, and James A. Robinson, "Reversal of Fortune: Geography and Institutions in the Making of the Modern World Income Distribution," *Quarterly Journal of Economics* 118 (2002): 1231–1294; Paul Bairoch, *Cities and Economic Development*: From the Dawn of History to the Present (Chicago, 1988), chapter 1; Jan de Vries, *The Economy of Europe in an Age of Crisis, 1600–1750* (New York, 1976), p. 164.

15) たとえば、以下を参照。Angus Maddison, *The World Economy: A Millennial Perspective* (Paris, 2001).（『経済統計で見る世界経済2000年史』金森久雄訳、柏書房、2004年）

16) 本章の分析には1750年、1800年、1850年、そして1875年から1910年のあいだの5年ごとのデータが採用されている。国家は1815年後に確定した国境によって定義されており、以下のように構成される。プロイセンはライン州（ライン川の左岸とベルクを含む）、ウェストファリア、プロイセンのそれ以外の地域（かつては神聖ローマ帝国の、後にはドイツ連邦の圏外だった東プロイセンと西プロイセンの州は除外する）に区別される。それにハノーバー、ザクセン、バーデン、ババリア、グッテンベルクを加えた。これらのデータ構築に関しては、以下の付録を参照。Acemoglu et al., "The Consequences of Radical Reform."

17) 計量経済学的に表現するなら、ここではフランスによる侵略という処理変数と、経済開発や都市化のプロキシのあいだの誘導型の関係を調べている。アセモグルらは "The Consequences of Radical Reform," のなかで、このような操作が改革の様々な指数にどう関わっているか調べたうえで、改革と経済発展の測定値とのあいだの関係を調べた。

18) バーデン、ババリア、あるいは最も有名なところではシュタインとハーデンベルク支配下のプロイセンなど対照群に含まれる多くの場所は、改革に慎重だったことをここでは覚えていてほしい。実際にフランスに侵略された地域は19世紀に入り、ほかでは見られないほど急速な都市化を経験したという発見と、この事実とは相いれない。

19) William Doyle, *The Ancien Régime*, 2nd ed. (New York, 2001); Emmanuel Le Roy Ladurie, *The Ancien Régime: A History of France, 1610–1774* (Oxford, 1996).

20) Alfred Cobban, *The Social Interpretation of the French Revolution* (New York, 1964);封建時代の税の重要性に関しては、以下を参照。 Peter Jones, *The Peasantry in the French Revolution* (New York, 1988); Gwynne Lewis, *The Advent of Modern Capitalism in France: The Case of Pierre- François Tubeuf* (New York, 1993); and Alan Forrest, *The Revolution in Provincial Aquitaine, 1789–1799* (Oxford, 1996). 革命で封建時代の税が果たした役割に関しては、以下を参照。 John Markoff , The Abolition of Feudalism: Peasants, Lords, and Legislators in *the French Revolution* (University Park, PA, 1996).

21) Daron Acemoglu, Simon Johnson, and James A. Robinson, "Institutions as the Fundamental Cause of Long- Run Economic Growth," in Philippe Aghion and Steve Durlauf, eds., *Handbook of Economic Growth* (Amsterdam, 2005), pp. 385–472. イギリスとアメリカの産業革命における社会の上昇志向に関しては、以下を参照。François Crouzet, *The First Industrialists: The Problem of Origins* (New York, 1985) and Kenneth L. Sokoloff and B. Zorina Khan, "The Democratization of Invention during Early Industrialization: Evidence from the United States," *Journal of Economic History* 20 (1990): 363–378.

22) Sheilagh Ogilvie, "Guilds, Efficiency, and Social Capital: Evidence from German Proto- industry," *Economic History Review* 57 (2004): 286–333. 修正主義者の見方に関しては、以下を参照。Steven Epstein, *Wage Labor & Guilds in Medieval Europe* (Chapel Hill, NC, 1991); Charles R. Hickson and Earl A. Thompson, "A New Theory of Guilds and European Economic Development," *Explorations in*

Economic History 28 (1991): 127–168.

23) Joel Mokyr, *The Lever of Riches: Technological Creativity and Economic Progress* (New York, 1990), pp. 256–260.

24) Herbert A. L. Fisher, *Studies in Napoleonic Statesmanship: Germany* (Oxford, 1903), p. 19.

25) Jerome Blum, "The Rise of Serfdom in Eastern Europe," *American Historical Review* 62 (1957): 807–836.

26) Timothy C. W. Blanning, *The French Revolution in Germany: Occupation and Resistance in the Rhineland, 1792–1802* (New York, 1983), pp. 20–21.

27) Friedrich Lenger, "Economy and Society," in Jonathan Sperber, ed., *The Shorter Oxford History of Germany: Germany, 1800–1870* (New York, 2004), p. 92.以下の解説も参照。Theodore S. Hamerow, *Restoration, Revolution, Reaction: Economics and Politics in Germany, 1815–1871* (Prince ton, NJ,1958), chapter 3.

28) 同上。p. 96.

29) Herbert Kisch, *From Domestic Manufacture to Industrial Revolution: The Case of the Rhineland Textile Districts* (New York, 1989).

30) この時期のドイツに関する総合的な証拠は、農業の生産性がオランダやイギリスよりも劣っていたことを暗示している。以下を参照。Robert C. Allen, "Economic Structure and Agricultural Productivity in Europe," *Europe an Review of Economic History* 4 (2000): 1–25.　身長や平均余命に関する証拠は、ドイツがこれらの国よりもかなり貧しかったことを暗示している。以下を参照。Richard H. Steckel, "Health and Nutrition in the Pre- industrial Era: Insights from a Millennium of Average Heights in Northern Europe," in Robert C. Allen, Tommy Bengtsson, and Martin Dribe, eds., *Living Standards in the Past* (Oxford, 2005), pp. 227–254.

31) 広範囲を対象に、1795年にプロイセン、スペイン、ヘッセン=カッセルとのあいだで締結された、バーゼルの和約の一部。.

32) Alexander Grab, *Napoleon and the Transformation of Europe* (New York, 2003), pp. 89–90.

33) Michael Rowe, "Napoleon and State Formation in Central Europe," in Philip Dwyer, ed., *Napoleon and Europe* (London, 2001), p. 210; Brendan Simms, "Political and Diplomatic Movements, 1800–1830: Napoleon, National Uprising, Restoration," in Sperber, ed., *The Shorter Oxford History of Germany*, p. 31.

34) Enno E. Kraehe, *Metternich's German Policy* (Prince ton, NJ, 1963).

35) James J. Sheehan, *German History, 1770–1866* (Oxford, 1989), p. 397.

36) 同上p. 402.

37) Alan J. P. Taylor, *The Course of German History: A Survey of the Development of German History since 1815* (London, 1961), pp. 42–43.

38) 1806年にイエナで敗北を喫した後、プロイセンはまずフォン・シュタイン男爵、つぎに旧貴族のハルデンベルクの主導で、社会的・軍事的改革につぎつぎと乗り出した。重要な改革の結果、地方では封建的な制度の多くが消滅し、都市ではギルドが廃止されて商業の自由が採用された。バーデンやウュルテンベルクなど、

フランスの直接支配を受けなかった国家も、慎重な改革を行った。

39) Fisher, *Napoleonic Statesmanship*, pp. 380–381.

40) ナポレオンが制定した民法はライン地方の州で維持されたが、フランスからプロイセンに譲渡されたそれ以外の地域では、例外としてプロイセンの法典に取り換えられた。

41) ドイツの改革に関する英語の文献はきわめて限られているが、以下の詳細な記述は役に立つ。Owen O'Connolly, *Napoleon's Satellite Kingdoms* (New York, 1965); J. Stuart Woolf, *Napoleon's Integration of Europe* (New York, 1991); and Grab, *Napoleon*.

42) Franz Schnabel, *Deutsche Geschichte im neunzehnten Jahrhundert* (Freiburg im Breisgau, 1965), vol. 6, p. 51.

43) Werner Schubert, *Französisches Recht in Deutschland zu Beginn des 19. Jahrhunderts* (Cologne, 1977); "Das französische Recht in Deutschland zu Beginn der Restaurationszeit (1814–1820)," *Zeitschrift der Savigny- Stift ung für Rechtsgeschichte, Germanistische Abteilung 107* (1977): 129–184.

44) Richard Schröder, *Lehrbuch der deutschen Rechtsgeschichte*, 5th ed. (Leipzig, 1907), p. 901.

45) 農奴に対する封建領主の裁判権。

46) Schröder, *Rechtsgeschichte*, p. 937.

47) Schubert, *Französisches Recht zu Beginn des 19. Jahrhunderts*, pp. 97–98.

48) 要約に関しては、以下を参照。Helmut Coing, *Handbuch der Quellen und Literatur der neueren e uropäischen Privatrechtsgeschichte*, vol. 3 (Munich, 1973), pt. 3

49) Dirk Georges, *1810/11–1993: Handwerk und Interessenpolitik* (Frankfurt am Main, 1993), p. 345.

50) 営業の自由を目指す運動についての包括的記述に関しては、以下を参照。 H. A. Mascher, *Das deutsche Gewerbewesen von der frühesten Zeit bis auf die Gegenwart* (Potsdam, 1866); Gustav Schmoller, *Zur Geschichte der deutschen Kleingewerbe* (Halle, 1870); Karl Friedrich Wernet, *Forschungsberichte aus dem Handwerk*, vol. 10: Handwerksgeschichtliche Perspektiven (Münster, 1963).

51) 詳しい記述に関しては、以下を参照。 Mascher, *Gewerbewesen*, p. 497

52) 同上。

53) Friedrich Lütge, *Die mitteldeutsche Grundherrschaft und ihre Aufl ösung*, 2nd ed. (Stuttgart, 1957); *Geschichte der deutschen Agrarverfassung vom frühen Mittelalter bis zum 19. Jahrhundert* (Stuttgart, 1963); Christoph Dipper, *Die Bauernbefreiung in Deutschland* (Stuttgart, 1980).

54) Michael A. Meye, ed., *Deutsch- jüdische Geschichte in der Neuzeit*, vol. 2(Munich, 1996), p. 28.

55) Jacob Toury, *Soziale und politische Geschichte der Juden in Deutschland, 1847–1871: Zwischen Revolution, Reaktion und Emanzipation* (Düsseldorf, 1977), p. 281.

56) Ludwig von Rönne and Heinrich Simon, *Die früheren und gegenwärtigen Verhältnisse der Juden in den saemmtlichen Landestheilen des Preußischen Staates*

(Breslau, 1843); Toury, *Geschichte der Juden*; Meyer, *Deutschjüdische Geschichte.*

57）各パネル（侵略後、プロイセンに譲渡／侵略後、プロイセンに譲渡されず／侵略されず）の最後に示されている平均値は、改革指標の加重平均である。ここでは、以下に掲載され、Paul Bairoch, Jean Batou, and Pierre Chèvre, *La population des villes européennes* (Geneva, 1988)、表の各領土単位に存在する都市の数が、加重値として作用している。

58）Grab, *Napoleon*, p. 20.

59）同上 p. 23.

60）Georges Lefebvre, *The Coming of the French Revolution* (New York, 1847);（『1789年―フランス革命序論』高橋幸八郎他訳、岩波書房、1975年）Albert Soboul, *Understanding the French Revolution* (London, 1988); Cobban, *The Social Interpretation of the French Revolution;* George V. Taylor, "Noncapitalist Wealth and the Origins of the French Revolution," *American Historical Review* 72 (1967): 469–496; François Furet, *Interpreting the French Revolution* (New York, 1981).

61）農業生産性の比較のためのエビデンスに関しては、以下を参照。Allen, *Economic Structure.* 実質賃金については以下を参照。Robert C. Allen, "The Great Divergence in Europe an Wages and Prices from the Middle Ages to the First World War," *Explorations in Economic History* 38 (2001): 411–447. Jean- Laurent Rosenthal, *The Fruits of Revolution: Property, Litigation and French Agriculture, 1700–1860* (New York, 1992); Philip Hoff man, "France: Early Modern Period," 以下 Joel Mokyr, ed., *The Oxford Encyclopedia of Economic History* (New York, 2003) では、フランスのアンシャンレジームは実際、相対的な低開発の一因だったことが、現在では経済学者の総意だと論じている。

62）Rondo E. Cameron, *France and the Economic Development of Europe, 1800–1914: Conquests of Peace and Seeds of War* (Prince ton, NJ, 1961).

63）David S. Landes, *The Unbound Prometheus* (New York, 1969), pp. 142–147. 64. Timothy C. W. Blanning, "The French Revolution and Modernization in Germany," *Central Europe an History* 22 (1989): 109–129; Hamerow, *Restoration, Revolution, Reaction*, pp. 22, 44–45.

65） Kisch, *Domestic Manufacture*, p. 212.

66）Jeffry Diefendorf, *Businessmen and Politics in the Rhineland, 1789–1834*(Prince ton, NJ, 1980), p. 115.

67）Blanning, *The French Revolution in Germany.*

68）ここで紹介している分析は、以下の基礎的調査結果を簡単に解説したものだ。Acemoglu et al., "The Consequences of Radical Reform," ここでは、フランスの改革がドイツの都市化におよぼした影響について、十分な統計的分析が行なわれている。

69）図 7.1 と 7.2 からは、どちらの処置群も1800年以前から都市化が急速に進んでいる可能性が考えられ、フランスに侵略されるずっと以前から際立った成長を始めていたことが暗示される。しかし私たちは以下 Acemoglu et al., "The Conse-

quences of Radical Reform," のなかで、この違いは統計的に重要ではなく、ほかの国と比較したデータにもドイツ国内のデータにも、フランス革命の時代以前に経済が際立って進歩した証拠は存在しないことを示している。

あとがき

1) プロローグの注3に引用されている著書や論文は、あとがきで論じられる問題を掘り下げるうえで役に立つ。
2) David Landes, *The Unbound Prometheus: Technological Change and Industrial Development in Western Europe from 1750 to the Present* (Cambridge, 1969); Douglass North and Robert Thomas, *The Rise of the Western World: A New Economic History* (New York, 1973); E. L. Jones, *The Europe an Miracle: Environments, Economies, and Geopolitics in the History of Europe and Asia*, 2nd ed. (Cambridge, 1987); Graeme Lang, "State Systems and the Origins of Modern Science: A Comparison of Europe and China," *East- West Dialog* 2 (1997): 16–30; Kenneth Pomeranz, *The Great Divergence: China, Europe, and the Making of the Modern World Economy* (Prince ton, NJ, 2000); (『大分岐』); Angus Maddison, *The World Economy: A Millenial Perspective* (Paris, 2001); Jack Goldstone, "Efflorescences and Economic Growth and World History: Rethinking the 'Rise of the West' and the Industrial Revolution," *Journal of World History* 13 (2002): 329–389; Joel Mokyr, *The Enlightened Economy: An Economic History of Britain, 1700–1850* (New Haven, CT, 2007); Jan Luiten van Zanden, "Die mittelalterlichen Ursprünge des 'europäischen Wunders,' " in James Robinson and Klaus Wiegandt, eds., *Die Ursprünge der Modernen Welt* (Frankfurt am Main, 2008), pp. 475–515; Michael Mitterauer, "Mittelalterliche Wurzeln des europäischen Entwicklungsvorsprungs," in James Robinson and Klaus Wiegandt, eds., *Die Ursprünge der Modernen Welt* (Frankfurt am Main, 2008), pp. 516–538.
3) G. Nolte et al., "Robustly Estimating the Flow Direction of Information in Complex Physical Systems," *Physical Review Letters* 100 (2008): 234101-1–234101-4.
4) Jared Diamond, "Soft Sciences Are Oft en Harder than Hard Sciences," *Discover* 8, no. 8 (1987): 34–39.
5) この考察の一部は、ジャレド・ダイアモンドの以下の章からの引用である。"Die Naturwissenschaft, die Geschichte und Rotbrustige Saft säuger," in Robinson and Wiegandt, eds., *Die Ursprünge der Modernen Welt*, pp. 45–70.
6) Robert May and Angela McLean, *Theoretical Ecology*, 3rd ed. (Oxford, 2007).